本书由陕西师范大学出版基金资助出版

陕西师范大学国家重点学科建设项目

张懋镕　主编

中国古代青铜器整理与研究

青铜罍卷

王　宏　著

科　学　出　版　社
北　京

图书在版编目（CIP）数据

中国古代青铜器整理与研究·青铜罍卷 / 张懋镕主编；王宏著. —北京：科学出版社，2016. 11
陕西师范大学国家重点学科建设项目
ISBN 978-7-03-050753-2

Ⅰ. ①中…　Ⅱ. ①张…　②王…　Ⅲ. ①青铜器（考古）-研究-中国
Ⅳ. ①K876. 414

中国版本图书馆CIP数据核字（2016）第284315号

责任编辑：李　茜 / 责任校对：贾娜娜
责任印制：肖　兴 / 封面设计：北京美光制版有限公司

科学出版社 出版
北京东黄城根北街16号
邮政编码：100717
http：//www.sciencep.com
中国科学院印刷厂 印刷
科学出版社发行　各地新华书店经销

*

2016年11月第　一　版　　开本：787 × 1092　1/16
2016年11月第一次印刷　　印张：21　1/4
字数：500 000

定价：198.00元

多卷本《中国古代青铜器整理与研究》编写缘起

经过十几年的准备工作，多卷本的《中国古代青铜器整理与研究》即将出版。回顾往事，真是百感交集。

30年前，我的处女作《释“东”及与“东”有关之字》发表，从那时候起，青铜器的学习与研究注定成为我一生的追求。

29年前，我开始师从李学勤先生研习古文字。中国古文字有很多分支，如甲骨文、金文、战国文字、简牍帛书文字。先生告诉我：“你在陕西，陕西有很多青铜器，你就做金文研究吧。”在先生的指导下，我受到严格的学术训练，这令我终生受益。我的硕士学位论文是《周原出土西周有铭青铜器综合研究》。所谓综合研究，就是从青铜器、古文字、历史文献三方面来研究。从此综合研究成为我研究青铜器遵循的准则与方法。

1989年，西北大学文博学院成立新的专业——博物馆专业，大概考虑到我本科学的是考古，于是把我从文献专业调到博物馆专业。除了继续讲古文字，又开了一门新课“青铜器鉴定”。自此之后，我开始系统研习青铜器，包括没有铭文的青铜器。

在长期的教学与研究工作中，我渐渐对中国古代青铜器有了新的认识。

概而言之，中国古代青铜器的研究，自两宋以来，已有一千多年的历史，取得了丰硕的成果。尤其是近百年来的研究，在青铜器的分期、分区系、分国别、分器类诸方面卓有成效，为世人所瞩目。

回顾历史，也毋庸讳言，我认为就青铜器基础性工作而言，其资料的整理还远远不够。且提一个最基本也是最简单的问题：迄今为止究竟有多少件中国古代青铜容器？（尚且没有涉及兵器、工具、车马器、钱币、铜镜等）几万还是十几万，恐怕连一个非常粗略的估计都没有，专家也说不清楚。家底不清，研究对象模糊，研究很难继续深入。由于中国古代青铜器资料十分庞杂，其收集、整理并非易事，所以这一部分的工作非常重要。说到研究，比如青铜器的定名，鼎、鬲、簋等各类器物的分类研究，它们之间的相互关系，各类纹饰的分类研究，纹饰和器物之间的相互关系，各个阶段铭文的特点，器物、纹饰、铭文三者之间的互动关系以及对断代的作用等等，其研究或不够系统，或不够深入，有些方面甚至是空白。

20多年来，我一直在进行这方面的研究工作，写了《西周方座簋研究》《两周青铜盨研究》《西周青铜器断代两系说刍议》《试论中国古代青铜器器类之间的关系》《青铜器自名现象的另类价值》等文章，希望从器类、断代、地域、定名等多个角度和层面对青铜器进行探索。

同时我也十分关注国内外青铜器研究专家的成果，他们的论著是我案头的必备书籍，我经常地反复阅读，受益无穷。

在研究中，我深感个人力量的有限。从1999年招收青铜器方向研究生起，就逐渐形成了一个构想：如果研究生本人没有更好的研究题目，我就请他来作青铜器中的某一部分，整理、研究某一类青铜器，或某一类纹饰，或某一时段的铭文，等等。经过十多年的积累，已经完成了20多篇硕士和博士学位论文。其中分器类的整理与研究完成多半，某一地区、某一时段的铜器的整理与研究正在进行，纹饰与铭文的分类、分时段研究也做了一部分。这些为多卷本《中国古代青铜器整理与研究》的编撰奠定了基础。同时，我注意到其他先生也在指导研究生做类似的学位论文，对我们也很有启发与帮助。

前几年，在编写《青铜器论文索引》的过程中，与北京线装书局的刘聪建先生多有接触。他听了我的上述介绍后，很感兴趣，遂与我商定，在原有研究生论文的基础上，由我主编，各专题作者分别著述，形成一套多卷本《中国古代青铜器整理与研究》。但由于种种原因，在线装书局只出了三卷。如今，在科学出版社的大力支持下，计划得以重新实现，拟在今后的若干年里，陆续完成和出版20卷以上的著作。

写作多卷本《中国古代青铜器整理与研究》的目的拟在全面、系统整理青铜器资料，充分吸取古今中外研究成果的基础上，对青铜器的形制、纹饰、铭文、组合关系等方面作全方位考察和研究，并试图总结出关于中国古代青铜器产生、发展、消亡的基本途径、规律、特点及其原因。这是一个遥远的目标，但我们有信心一步一步地走近它。

由于这套多卷本《中国古代青铜器整理与研究》的作者都是毕业不久的研究生，眼界有限、文字青涩也在所难免。我的指导也很有限，很多问题我也不懂或知之甚少。当时作学位论文时，我希望他们放大胆子去写，因此他们的观点与我也不尽一致。但无论如何，在阅读他们的学位论文时，在与他们的反复讨论、交流中，我也有很多的收获，这是最令人快乐的事情。我将阅读后的感想写出来，作为序言放在书前，就是希望继续与大家讨论，将《中国古代青铜器整理与研究》延续下去。而随着一本本书稿的出版，这一批年轻的作者也正在走向成熟，这或许是比书稿的出版更有意义的事情。

最后要感谢参加我的研究生学位论文答辩以及审阅论文的诸位先生，并希望今后继续得到你们的批评与帮助。感谢陕西师范大学暨历史文化学院给予的大力支持，感谢科学出版社李茜编辑的辛勤工作，让我们十几年来的梦想终于得以实现。

乙未年立冬后二日张懋镕写于

陕西师范大学中国青铜文化研究中心

再论青铜器组合关系定名法

——以尊、罍、瓿的区分为例（代序）

张懋镕

一、引　言

2004年，张小丽在提交的硕士学位论文《商周青铜尊研究》（以下简称《张文》）中，将二里冈期和殷墟一期出土的小口、广肩、深腹的盛酒器归入青铜尊范围内[①]。2010年，王宏在提交的硕士学位论文《商周青铜罍研究》（以下简称《王文》）中，持不同意见，认为这种小口无耳折肩型式的盛酒器是罍而不是尊[②]。如今在本书中，王宏又修改了自己的观点，将这种型式的盛酒器剔除出罍的范畴，认为它是尊，等于赞同《张文》的观点。对于某一个问题，出现分歧意见，甚至观点有反复，这都是很正常的现象，也说明这个问题的难度很大。为此，我同张小丽和王宏讨论过，究竟这种小口无耳折肩的盛酒器是尊还是罍呢？

关于尊与罍的分歧意见，由来已久，焦点就集中在这种小口无耳折肩的盛酒器上。马承源先生在他主编的那本声名远播的教科书《中国青铜器》中，也未能给出令人满意的答案。在罍一节中，他的看法表述为："罍的器形，见于商代晚期。至今未发现商代早期和中期有罍这种器形。"言下之意，马先生不认为二里冈期的小口广肩的盛酒器是罍。紧接着，马先生又说："当时大的容酒器是大口有肩尊和瓿（瓿），瓿和罍在商代中期前段有一个并存的阶段，之后不久瓿便基本消失了，而代之罍这种大型酒器。"[③]意思是说罍在商代中期之前即商代早期就有了。这句话与上一句话显然是不相吻合的。既然马先生不认为二里冈期和殷墟一期出土的小口广肩的盛酒器是罍，那么是否将它们归入尊类？否也。马先生将其归入瓿、瓿类，即常说的瓿类，而这种看法似乎没有得到学术界的认同。当时资料匮乏，我们也不应苛求马先生。

由中国社会科学院考古研究所编辑的《中国考古学·夏商卷》，在谈到郑州商城

---

① 张小丽：《商周青铜尊研究》，西北大学硕士学位论文，2004年。

② 王宏：《商周青铜罍研究》，陕西师范大学硕士学位论文，2010年。

③ 马承源：《中国青铜器》，上海古籍出版社，2003年，234页。

窖藏青铜器的器类时，有“方鼎、圆鼎、觚、斝、爵、鬲、簋、尊、卣、盘等”①，没有提到罍，似乎也将向阳回族食品厂窖藏出土的小口折肩罍看作尊，不认为商代早中期已经产生罍，与马承源先生的观点接近。

朱凤瀚先生在《中国青铜器综论》一书中（下简称《综论》），将郑州白家庄M2出土的小口折肩罍（M2：1）等器物归入罍中②（图1），从分类学的角度来看，显然比前人要做得好多了。不过朱先生又将郑州白家庄M3出土的小口折肩器（M3：9）归入尊类③（图2），这件器与M2出土的小口折肩器没有多少差别，而在朱先生所划分的尊类器中，只有这一件是小口的，其他均为大口尊，这不免让人感到疑惑。

图1　白家庄M2：1

图2　白家庄M3：9

青铜尊、罍相互混淆情况，已经影响到具体的考古工作。具有代表性的例子是湖北省文物考古研究所编著的《盘龙城——1963～1994年发掘报告》④（下简称《盘龙城》）。城址M1出土罍一件（89HPCYM1：7）（图3），小口折肩，《盘龙城》定为罍（72页），《综论》也定为罍（930页），应该没有问题。王家嘴一号墓出土小口折肩器一件（PWZM1：2）（图4），形制与上器相似，只是形态瘦高一点，《盘龙城》却定为尊（138页），似乎缺乏证据，而《综论》则定为罍（929页），可信从。李家嘴二号墓出土大口折肩器一件（PLZM2：75）（图5），这件器与上述两件器物有所不同，一是口径比较大，二是颈部与肩部分界明确，《盘龙城》定为尊（168页），《综论》也定为尊（917页），我们认为是对的。李家嘴一号墓出土青铜罍二件（PLZM1：7、8）（图6），《盘龙城》认为两件都是尊（194页），《综论》定M1：7为尊，M1：8为罍（921页）。我们认为这两件器均为小口折肩，虽然彼此有一些差别，但总体来说很接近，与PLZM1：8罍与王家嘴一号墓（PWZM1：2）小口折肩器很相似，所

① 中国社会科学院考古研究所：《中国考古学·夏商卷》，中国社会科学出版社，2003年，380页。

② 朱凤瀚：《中国青铜器综论》，上海古籍出版社，2009年，212页。

③ 朱凤瀚：《中国青铜器综论》，上海古籍出版社，2009年，184页。

④ 湖北省文物考古研究所：《盘龙城——1963～1994年发掘报告》，文物出版社，2001年，194页，图一三二、一三三。

以定其为尊是有问题的，应该定为罍。杨家湾四号墓出土一件小口折肩器（PYWM4：1）（图7），《盘龙城》定其为尊（252页），《综论》也定其为尊（925页）。这件器与李家嘴一号墓出土的青铜罍很接近（PLZM1：8），与尊还是有一定的差别，我们认为应定其为罍。杨家湾七号墓出土一件小口折肩器（PYWM7：6）（图8），《盘龙城》定其为尊（252页），《综论》也定其为尊（926页）。这件器与李家嘴二号墓出土的青铜尊很接近（PLZM2：75），定其为尊是有道理的。杨家湾十一号墓出土一件小口折肩器（PYWM11：34）（图9），《盘龙城》定其为尊（281页），《综论》也定其为尊（927页）。这件器与杨家湾四号墓出土的青铜罍很接近（PLZM4：1），恐怕不能叫尊，应称其为罍。

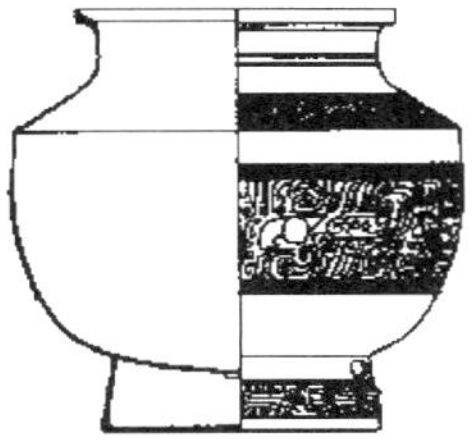
图3　89HPCYM1：7

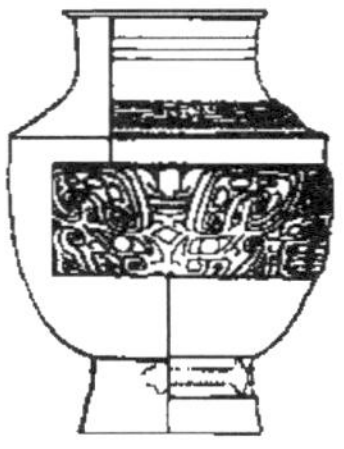
图4　PWZM1：2

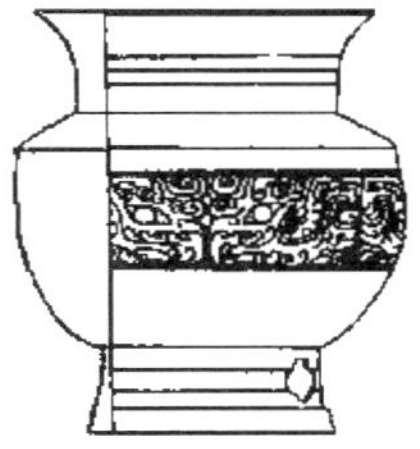
图5　PLZM2：75

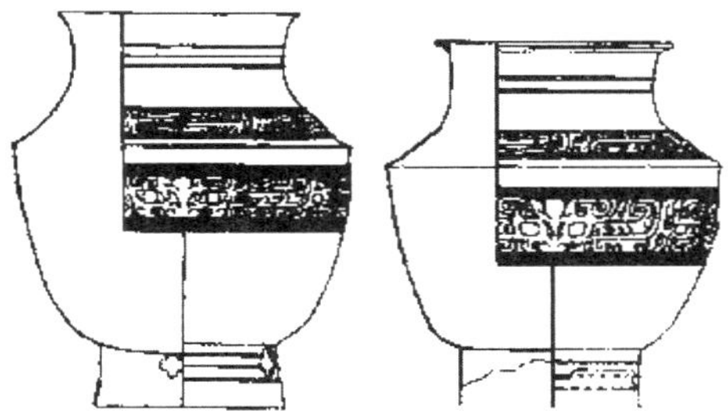
图6　PLZM1：7、8

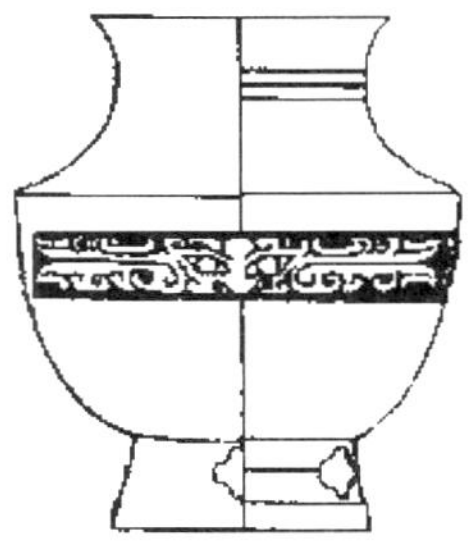
图7　PYWM4：1

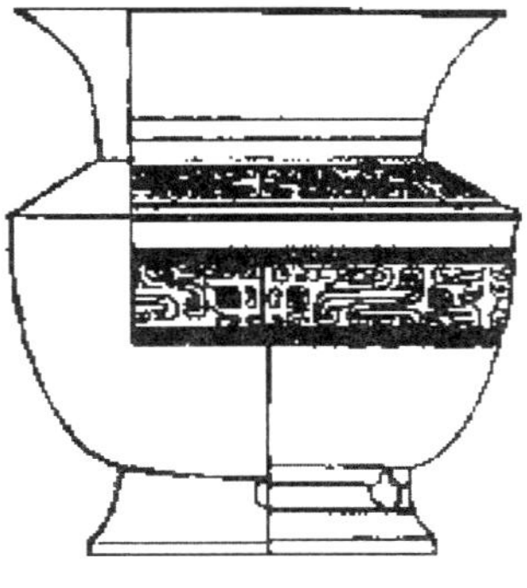
图8　PYWM7：6

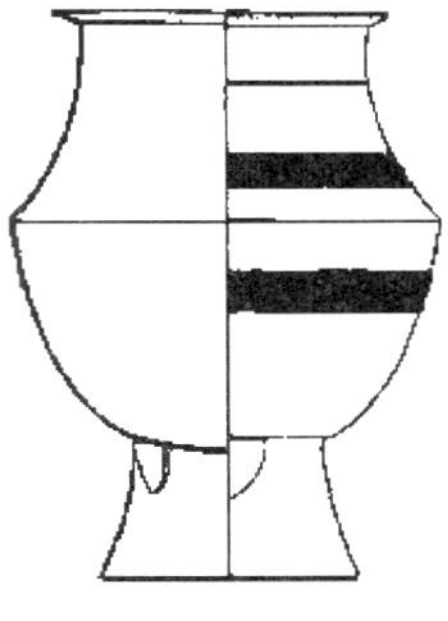
图9　PYWM11：34

综上所述，不仅诸家对于尊和罍的区分存在巨大分歧，即使在同一本书中，关于尊与罍的鉴别也缺乏标准。《张文》曾经综合了各家观点，对青铜尊作了以下限定：

①一般为高体的大型或中型的盛酒器，不排除某些形制与一般的尊相同但已经明器化的小型器；②一般口部外张程度较大，不排除因时代的差异口部外张程度较小的器物；③均有较高的圈足；④形制类似于觚、觯但体高粗者。这四条标准很好，关键是在实践中如何把握分寸，作综合考察。

我是一直认为应将这种小口无耳折肩器归入罍中的。

去年，我为马军霞的书稿《青铜卣卷》写了一篇序言《青铜器定名的新方法：组合关系定名法——以青铜卣的定名为例》[①]，认为青铜器的定名方法，除了学界公认的三条：有自名的器物要依自名定名；无自名的可以参考宋代学者依据史籍著录作出的命名；既无自名，又缺乏史籍著录者，则根据其造型、用途予以定名。窃以为还有第四条，即根据器物在青铜器组合中的相互关系来定名，并以青铜卣的定名为例，来论证这种定名方法的有效性。本文将通过对青铜尊、罍、瓿等器类的区分，进一步阐述和论证用组合关系定名法的合理性与有效性。

二、从出土的尊、卣组合推断青铜尊的基本形态

在青铜器器类中，青铜尊的定名很难。首先是没有自名，什么是青铜尊的标准器，不清楚。虽然金文中常见“尊彝”“宝尊彝”字样，但那是共名，是泛称，而非专名。其次，青铜尊的定名始于宋人，但《考古图》设定的标准并不严格，界限模糊导致后人无所适从，错误频出；再次，如前所言，在造型与用途上，尊极易与青铜罍相混淆，究竟哪些是尊，哪些是罍，尊与罍的区分在哪里，长期以来讲不清楚。

图10　金文“尊”字

先看一看商周甲骨金文中“尊”字的形体，像两手捧着一件酒器（图10）。这件酒器的特点是大口、直领、宽肩、收腹、圜底，和大口尊很相似。至于尖底，是视觉与书写的需要，因为如果画成平底，就缺乏作为器物的立体感了。

考虑到在尊、罍、瓿三类器物中，只有尊与卣形成明确而且稳定的组合形式，所以我们的论证从讨论尊和卣的组合开始。在《青铜器定名的新方法：组合关系定名法——以青铜卣的定名为例》一文中，我们已经举出很多尊和卣的组合例子，为了说明问题，还是需要将这些资料全部罗列，行文不免冗长，敬请读者谅解。以下按铭文字数多寡排序。

其中，尤为重要的证据是一尊二卣的例子。因为一尊配二卣（一大一小）的组合形式为学术界所公认，最有说服力。如果墓葬出土一大一小两件卣，就必然存在与之相配的一件尊，而且尊与卣在纹饰、铭文、艺术风格方面有超乎同墓其他器物的相似

---

① 张懋镕：《青铜器定名的新方法：组合关系定名法——以青铜卣的定名为例（代序）》，《中国古代青铜器整理与研究·青铜卣卷》，科学出版社，2015年。

性，这样我们就能准确判断与卣相配的那件器物是尊而不是罍或瓿。下文括号内注明是何种型式的尊。

（1）1901年陕西宝鸡戴家湾墓地出土：鼎尊一件（《商周》11113）[1]，鼎卣两件（《商周》12525-26，一大一小），为一尊二卣的组合。西周初年器。（大口觚形尊）

（2）1986年山东青州苏埠屯M8出土：融尊一件（《商周》11121），融卣一件（《商周》12563），为一尊一卣的组合。商代晚期器。（大口觚形尊）

（3）1994年山东滕州前掌大M11出土：史尊一件（前掌大264页），史卣两件（《商周》12631-32），为一尊二卣的组合。西周早期器。（大口觚形尊）

（4）1999年河南安阳郭家庄M160出土：亚址尊一件（《商周》11212），亚址卣一件（《商周》12647），是一尊一卣的组合。商代晚期器。（大口觯形尊）

（5）1999年河南安阳刘家庄北M1046出土：亚䣄尊一件（《商周》11213），亚䣄卣一件（《商周》12648），另外还有一件卣无铭文，但与亚䣄卣形制、纹饰相同，唯大小不同，可知这是一尊二卣的组合。商代晚期器。（大口觚形尊）

（6）2004年安阳大司空村M303：马危尊一件（《商周》11236）、马危椭圆体卣二件（《商周》12702-03），形成一尊二卣的组合形式。商代晚期器。（大口觚形尊）

（7）1981年河北正定县新铺商代墓葬出土：◫羊尊一件（《商周》11249），◫羊卣一件（《商周》12727），是一尊一卣的组合。商代晚期器。（大口觚形尊）

（8）1927年陕西宝鸡戴家湾墓地出土：用征尊一件（《商周》11282），用征卣一件（《商周》12733），是一尊一卣的组合。西周早期器。（大口觚形尊）

（9）2011年湖北随州叶家山M65出土：作尊彝尊一件（《商周》11411），作尊彝卣一件（《商周》12875），形成一尊一卣的组合。西周早期器。（大口觚形尊）

（10）1981年陕西长安县斗门镇花园村M17出土：作尊彝尊一件（《商周》11412），作尊彝卣一件（《商周》12876），形成一尊一卣的组合。西周早期器。（大口觯形尊）

（11）1984～1989年山西曲沃县天马—曲村M6214出土：作旅彝尊一件（《商周》11415），作旅彝卣一件（《商周》12880），属于同一组合。西周早期后段器。（大口觚形尊）

（12）1952年河南辉县褚邱出土：聑□妇□尊一件（《商周》11467），聑□妇□卣一件（《商周》12938），是一尊一卣组合。商代晚期器。（大口觚形尊）

（13）1978年扶风齐家村M19出土：作宝尊彝尊一件（《商周》11527）与作宝尊彝卣一件（《商周》12965），形成一尊一卣的组合。西周中期器。（大口觯形尊）

---

① 吴镇烽：《商周青铜器铭文暨图像集成》，本文简称《商周》，上海古籍出版社，2012年。

（14）陕西宝鸡竹园沟M8出土：作宝尊彝尊一件（《商周》11521）与作宝尊彝卣两件（《商周》12967-68），形成一尊二卣组合。西周早期器。（大口觚形尊）

（15）1984～1989年山西曲沃县天马—曲村M6231出土：伯尊一件（《商周》11503），伯卣一件（《商周》13001），形成一尊一卣的组合。西周早期后段器。（大口觯形尊）

（16）1971年河南洛阳北窑铁路二中M26出土：登尊一件（《商周》11507），登卣一件（《商周》13008），是为同一组合。西周早期器。（大口觚形尊）

（17）1982年安徽颍上出土：马天豕父丁尊一件（《商周》11538），马天豕父丁卣一件（《商周》13039），形成一尊一卣的组合。商代晚期器。（大口觚形尊）

（18）1984～1989年山西曲沃县天马—曲村M6081出土：伯尊一件（《商周》11572），伯卣一件（《商周》13059），形成一尊一卣的组合。西周早期后段器。（大口觯形尊）

（19）1972年甘肃灵台白草坡M2出土：㜏伯尊一件（《商周》11595），㜏伯卣两件（《商周》13094-95），形成一尊二卣的组合。西周早期器。（大口觚形尊）

（20）1967年甘肃灵台白草坡M1出土：泾伯尊一件（《商周》11596），泾伯卣两件（《商周》13096-97）。形成一尊二卣的组合。西周早期器。（大口觚形尊）

（21）宝鸡竹园沟M4出土：一件強季尊（《商周》11602），一件強季卣（《商周》13101），形成一尊一卣的组合形式。西周早期器。（大口觯形尊）

（22）1980年陕西宝鸡竹园沟M7出土：伯各尊一件（《商周》11606）与伯各卣两件（《商周》13103-04），形成一尊二卣的组合形式。西周早期器。（大口觚形尊）

（23）1997年河南鹿邑太清宫长子口墓出土：长子口尊一件（《商周》11583），长子口卣两件（《商周》13153-54），形成一尊二卣的组合形式。西周早期器。（大口觯形尊）

（24）2011年湖北随州叶家山M27出土：鱼伯彭尊一件（《商周》11622），鱼伯彭卣一件（《商周》13159），形成一尊一卣的组合。西周早期器。（大口觚形尊）

（25）1976年湖北随州安居公社羊子山出土：𠨘季尊一件（《商周》11688），与传世铜器𠨘季卣（《商周》13202）的风格非常相似，这无疑大大提高了二者为同一组合的可能性。西周早期器。（大口觯形尊）

（26）1961年湖北江陵万城出土：小臣尊一件（《商周》11633），小臣卣一件（《商周》13166），形成一尊一卣的组合。西周早期器。（大口觚形尊）

（27）1999～2000年郑州洼刘西周墓出土：陆尊一件（《商周》11647），陆卣两件（《商周》13187-88），形成一尊二卣的组合形式。西周早期器。（大口觚形尊）

（28）1984～1989年山西曲沃县天马-曲村M6210出土㺇尊一件（《商周》11643），㺇卣一件（《商周》13190），是为同一组合。另外M6069出土㺇卣一件

（《商周》13189），虽然两件卣不在同一墓葬，但相距不远，大小不同而形制、纹饰、铭文相同，入葬前应为同一组合，并与尊形成一尊二卣的组合。西周早期后段器。（大口觚形尊）

（29）1989年山东滕州庄里西村M7出土：史𩰫尊一件（《商周》11662），史𩰫卣一件（《商周》13199），形成一尊一卣的组合。西周早期器。（大口觚形尊）

（30）1981年陕西长安县斗门镇花园村M15出土：戎帆尊一件（《商周》11682），戎帆卣一件（《商周》13209），形成一尊一卣的组合。西周早期器。（大口觯形尊）

（31）1981年陕西长安县斗门镇花园村M15出土：麃父尊一件（《商周》11716），麃父卣一件（《商周》13229），形成一尊一卣的组合。西周早期后段器。（大口觯形尊）

（32）1991年扶风齐家村（91FQ）出土：䣄尊一件（《商周》11706）与䣄卣一件（《商周》13235），形成一尊一卣的组合。西周早期后段器。（大口觯形尊）

（33）1972年陕西扶风刘家村丰M2出土：㦟季遽父尊一件（《商周》11731），㦟季遽父卣两件（《商周》13248-49），这是一尊二卣的组合。西周早期后段器。（大口觚形尊）

（34）1992年河南平顶山应国墓地M84出土：爯尊一件（《商周》11744），爯卣一件（《商周》13273）。形成一尊一卣的组合。西周中期器。（大口觯形尊）

（35）1976年长安县马王镇西周铜器窖藏出土：𩀌尊一件（《商周》11748），𩀌卣一件（《商周》13277）。形成一尊一卣的组合。西周早期器。（大口觚形尊）

（36）1984～1989年山西曲沃县天马—曲村M6384出土：叡尊一件（《商周》11759），叡卣一件（《商周》13282）。形成一尊一卣的组合。西周早期后段器。（大口觚形尊）

（37）传1929年河南洛阳马坡出土：作册䰧尊一件（《商周》11787），作册䰧卣一件（《商周》13308），形成一尊一卣的组合。西周早期后段器。（大口觯形尊）

（38）1976年陕西扶风庄白一号窖藏出土：商尊一件（《商周》11791），商卣一件（《商周》13313），是为尊卣组合。西周早期器。（大口觚形尊）

（39）1976年陕西扶风庄白一号窖藏出土：丰尊一件（《商周》11796），丰卣一件（《商周》13316），为同一组合。西周中期器。（大口觯形尊）

（40）1969年山东黄县归城小刘庄出土：启尊一件（《商周》11778），启卣一件（《商周》13321），形成一尊一卣的组合。西周早期后段器。（大口觯形尊）

（41）1948年洛阳出土：保尊一件（《商周》11801），保卣一件（《商周》13324）。应为同一组合。西周初年器。（大口觚形尊）

（42）传河南洛阳出土：召尊一件（《商周》11802），召卣一件（《商周》13325）。形成一尊一卣的组合。西周早期后段器。（大口觚形尊）

（43）传1929年洛阳马坡出土：士上尊一件（《商周》11798），士上卣两件（《商周》13333-34），是知为一尊二卣组合。西周早期后段器。（大口觚形尊）

（44）据古录记载“器出洛阳”：效尊（《商周》11809）一件，效卣一件（《商周》13346），形成一尊一卣的组合。西周中期器。（大口觯形尊）

根据上述44件尊的形态，我们可以总结出判断何者为青铜尊的两条标准：

第一，大口，这是最主要的条件。上述44件尊中，大口觚形尊28件，大口觯形尊16件，但无论腹部作觯形还是觚形，共同的特点是口大。这是尊与罍的最大区别。尊的口径通常等于或者大于肩的宽度，而罍口径通常小于肩的宽度，甚至不到肩宽的一半。《王文》列举有自名的6件罍，均为小口，以此可以反证尊为大口器物。

第二，一般来说这些青铜尊形体瘦高，通高大于腹径。就高度而言，罍最高，尊其次，瓿最低。与尊相比较，瓿的形态要矮胖得多。

三、从传世的青铜尊推断青铜尊的基本形态

对于传世的青铜器来说，虽然缺乏出土环境信息，不知道组合关系，但是根据形制、纹饰与铭文的高度相似性，可以判断其是否为尊卣组合，从而知道那件与卣关系密切的酒器是尊而不是罍或瓿了。以下按年代前后排序。

（1）巽尊一件（《商周》11104），巽卣两件（《商周》12537-38），有可能是一尊二卣的组合形式。商代晚期器。（大口觚形尊）

（2）危耳尊一件（《商周》11246），危耳卣一件（《商周》12723），可推断为同一组合。商代晚期器。（大口有肩尊）

（3）何父癸䆝尊两件（《商周》11458-59），何父癸䆝卣一件（《商周》12936），应为一组器物。商代晚期器。（大口觚形尊）

（4）母寏日辛尊一件（《商周》11461），母寏日辛卣一件（《商周》12937），这两件器物原本应为一组器物。商代晚期器。（大口有肩尊）

（5）何尊一件（《商周》11705），何卣一件（《商周》13224），这一尊与一卣原本应属同一组合。西周早期前期器。（大口觚形尊）

（6）㕑尊三件（《商周》11698-700），㕑卣一件（《商周》13237），这三尊中的某一尊与一卣原本应属同一组合。西周早期前段器。（大口觯形尊）

（7）戈尊（《商周》11179），戈卣（《商周》12637），这两器很可能为一组器物。西周早期后段器。（大口觚形尊）

（8）仲𢓜尊（《商周》11607），仲𢓜卣（《商周》13109），两器为同一组合的可能性极高。西周早期后段器。（大口觯形尊）

（9）𢓜尊一件（《商周》11644），𢓜卣一件（《商周》13191）。可以推定尊与

卣为同一组合。西周早期后段器。（大口觚形尊）

（10）冏劫尊一件（《商周》11763），冏劫卣一件（《商周》13289），应属于同一组合。西周早期前段器。（大口觚形尊）

（11）觞伯尊一件（《商周》11597），觞伯卣一件（《商周》13093），应属于同一组合。西周早期后段器。（大口觚形尊）

（12）伢尊一件（《商周》11641），伢卣一件（《商周》13182），应属于同一组合。西周早期后段器。（大口觯形尊）

（13）[冊弓]尊一件（《商周》11668），[冊弓]卣一件（《商周》13220），属于同一组合。西周早期后段器。（大口觚形尊）

（14）盩司土幽尊一件（《商周》11720），盩司土幽卣一件（《商周》13225），它们属同一组合。西周早期后段器。（大口觯形尊）

（15）卫尊一件（《商周》11669），卫卣一件（《商周》13222），应属同一组合。西周早期后段器。（大口觚形尊）

（16）敹尊一件（《商周》11723），敹卣一件（《商周》13254），应属同一组合。西周早期后段器。（大口觯形尊）

（17）否叔尊一件（《商周》11771），否叔卣一件（《商周》13299），推定此为尊、卣组合。西周早期后段器。（大口觯形尊）

（18）遣尊一件（《商周》11789），遣卣一件（《商周》13311），这一尊与一卣应属同一组合。西周早期后段器。（大口觯形尊）

（19）作册睘尊一件（《商周》11788），作册睘卣一件（《商周》13320），两器应属同一组合。西周早期后段器。（大口觚形尊）

（20）邢季㚟尊一件（《商周》11603），邢季㚟卣一件（《商周》13102），原本应属同一组合。西周中期器。（大口觯形尊）

（21）屯尊一件（《商周》11727），屯卣一件（《商周》13232），它们属同一组合。西周中期器。（大口觯形尊）

（22）对尊一件（《商周》11708），对卣一件（《商周》13239），应属同一组合。西周中期器。（大口觯形尊）

（23）述尊一件（《商周》11710），述卣一件（《商周》13240），应属同一组合。西周中期器。（大口觯形尊）

（24）次尊一件（《商周》11792），次卣一件（《商周》13314），应属同一组合。西周中期器。（大口觯形尊）

（25）免尊一件（《商周》11805），免卣一件（《商周》13330），可以推定为一组器物。西周中期器。（大口觯形尊）

（26）录㦰尊一件（《商周》11803），录㦰卣两件（《商周》13331-32），这是一尊二卣的组合形式。西周中期器。（大口觯形尊）

（27）叔尊一件（《商周》11818），叔卣一件（《商周》13347），属同一组合。西周中期器。（大口觯形尊）

以上我们例举的27件传世青铜尊，都符合前面我们判断何者为尊的两条标准。其中危耳尊和母䆄日辛尊属于大口有肩尊，这种形态的尊与罍相近，最容易混淆。这两件尊的甄别，为我们判断何者为青铜尊增加了两条标准。

第三，尊的颈部收缩厉害，颈部与肩部有明显或比较明显的分界，而罍的颈部收缩不明显，颈部与肩部分界也不明显，通常从口沿下到折肩处是一条曲线。

第四，相比而言，尊的腹部深度与宽度之比要小于罍的腹部深度与宽度之比。

综上所述，关于尊和罍的区分，我们有了四条标准。窃以为这四点很重要，有可能将衡量的标准进一步细化，便于操作。

四、从墓葬、窖藏青铜器组合看尊、罍、瓿的区分

在同一座墓葬中，青铜器的组合关系是很严密的，其中何者为尊，何者为罍，通常会看得更清楚一点。即便在窖藏中，通过对比，也能判断它们的不同属性。

譬如郑州白家庄M2出土一件兽面纹酒器（M2：1）[①]，简报定其为罍，似乎没有什么反对意见，即学术界倾向于认为它是罍（图11）。它的特点是：第一，器口比较小，明显小于肩径；第二，颈部收缩，颈部与肩部没有分界；第三，腹部有一定的深度。这三点与我们所定罍的标准是比较吻合的，所以它是一件罍。

郑州向阳回族食品厂窖藏出土一件牛首尊（图12），一件羊首罍[②]（图13）。尊口大，口径甚至超过肩径，颈部收缩明显，颈部与肩部分界比较明显，腹部较浅，腹的深度只有宽度的一半。相反，罍口小，口径明显小于肩径，颈部与肩部分界不明显，颈部较长，腹很深，接近腹部的宽度。两相对比，判然有别，是绝好的资料。

图11　白家庄M2：1

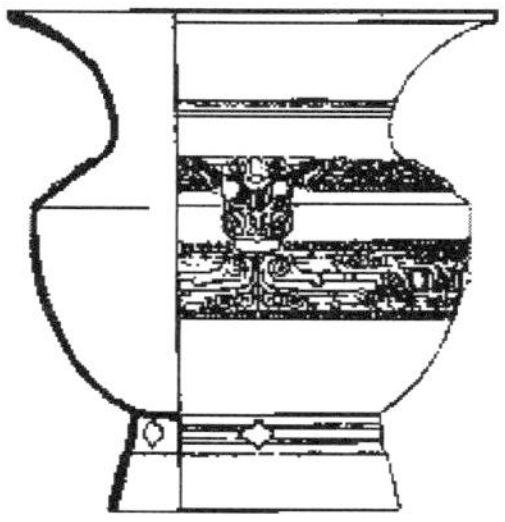

图12　牛首尊

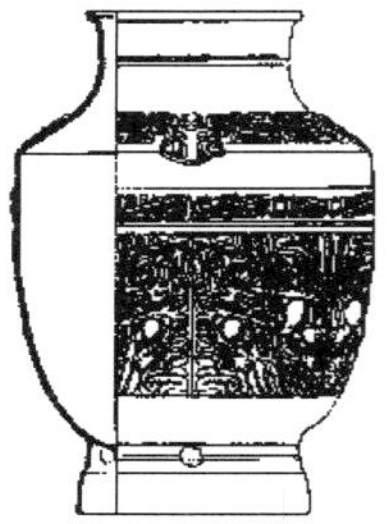

图13　羊首罍

① 河南文物工作队第一队：《郑州市白家庄商代墓葬发掘简报》，《文物参考资料》1955年第10期，37页，图版十二。

② 河南省文物研究所、郑州市博物馆：《郑州新发现商代窖藏铜器》，《文物》1983年第3期，53页，图十一～图十三。

安阳小屯M232出土两件大型盛酒器，R2057形态低矮，颈部极短，圆肩，腹部硕大，是为瓿（图14）。R2056形体较高，颈部较长，折肩，腹部较深，与瓿差别悬殊，是为罍[①]（图15）。

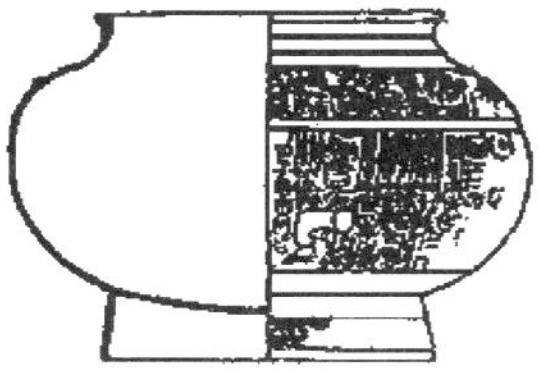

图14 小屯M232：R2057

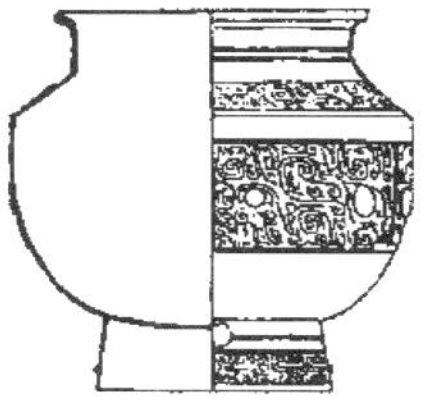

图15 小屯M232：R2056

与M232相近的例子是M388，也出土两件大型盛酒器，R2062形态低矮，圆肩，腹部硕大，是为瓿（图16），R2061形体较高，口不大，颈部与肩部分界不明显，腹部较深，与瓿差别悬殊，是为罍[②]（图17）。

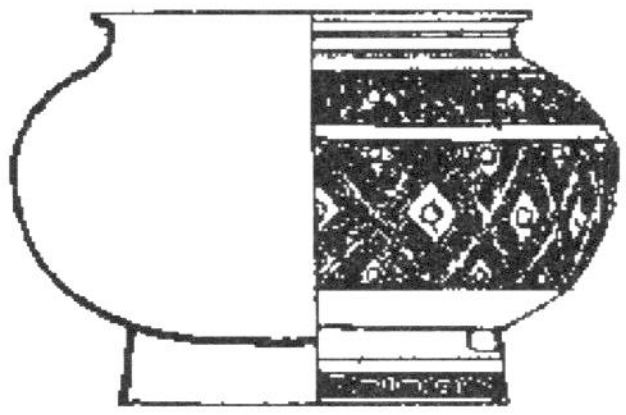

图16 小屯M388：R2062

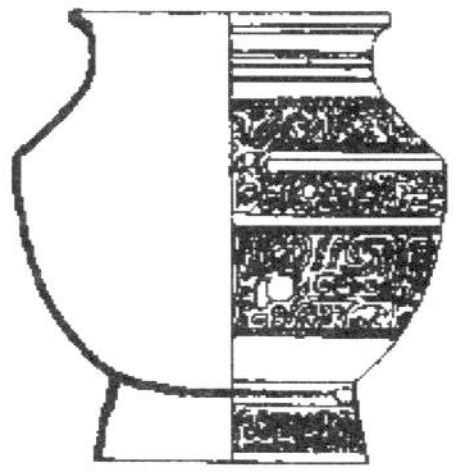

图17 小屯M388：R2061

安阳小屯M331出土三件大型酒器[③]（图18）。可以看出两件大口的酒器（R2070、2071）与一件小口的酒器（R2058）明显不同，前二者为尊，口大，口径超过肩径，颈

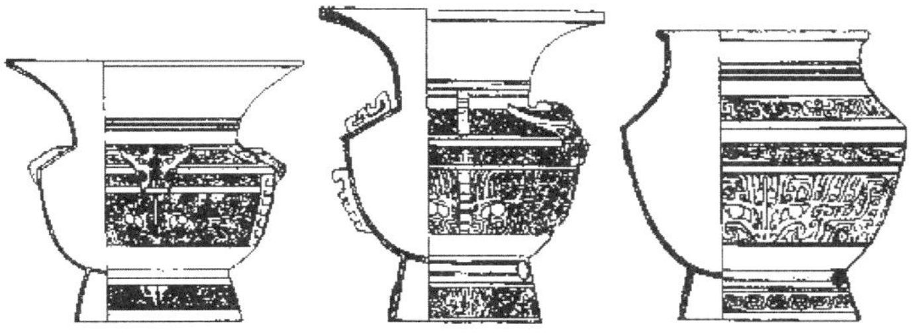

图18 小屯M331：R2070、2071、2058

① 《小屯》第一本《遗址的发现与发掘·丙编·殷墟墓葬之三——南组墓葬附北组墓补遗》，“中央”研究院历史语言研究所，1973年。

② 《小屯》第一本《遗址的发现与发掘·丙编·殷墟墓葬之五——丙区墓葬上》，“中央”研究院历史语言研究所，1980年。

③ 《小屯》第一本《遗址的发现与发掘·丙编·殷墟墓葬之五——丙区墓葬上》，“中央”研究院历史语言研究所，1980年。

部与腹部分界明显，腹部较浅；后者为罍，口小，口径明显小于肩径，颈部与腹部分界明显，腹部较深。

综上所述，从二里冈期到殷墟一期，作为尊、罍的早期形态，两类器物之间确实是有一些相近之处，但出自同一窖藏或墓葬，两相比较，还是能看出尊与罍的区分。这些同墓出土的尊、罍、瓿可以作为标准器，成为我们鉴别这三种器的重要参考。

五、尊与罍区分的意义

以上所论并不意味着尊、罍、瓿的区分就很容易，器物千变万化，有些器物就在两者之间，要区分，须细加考量。

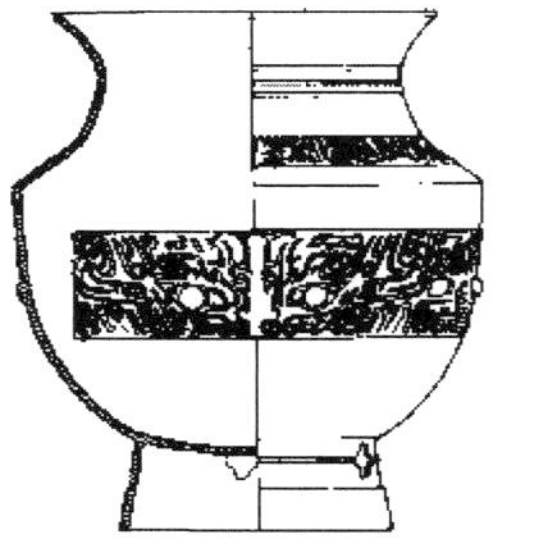

图19　郑州白家庄C8M3：9

郑州白家庄M3出土的兽面纹罍（C8M3：9）（图19），简报称罍[①]，《综论》称之为尊（869页），称尊也不能说没有道理。它介于尊和罍之间，器口比一般的尊小，但比一般的罍大，颈部收缩的程度小于尊但大于罍，它究竟是尊，还是罍？我们不妨将它与同时期同一地点出土的郑州白家庄M2兽面纹罍作比较。如前所言，白家庄M2出土的兽面纹罍恐怕是年代最早的罍，也是比较为大家认可的罍。相比之下，两者很相似，只是M3兽面纹罍比M2兽面纹罍口径大了一点。虽然口大了一点，但与尊的口径相比，还是有差距。再说它们同属于一个地点一个文化层，内涵是一致的，所以M3兽面纹罍是罍而不是尊。

1980年陕西汉中城固县龙头镇出土三件酒器，《综论》认为都是尊（912页）。其中一件（1981CHLTT：8）（图20）曹玮先生也认为是尊，但认为另一件（1981CHLTT：2）（图21）是罍[②]。这两件器差别很大，不能归为一类。我们赞同曹先生的看法，后一件应该是罍，它与郑州向阳回族食品厂出土的罍很相似，符合器口

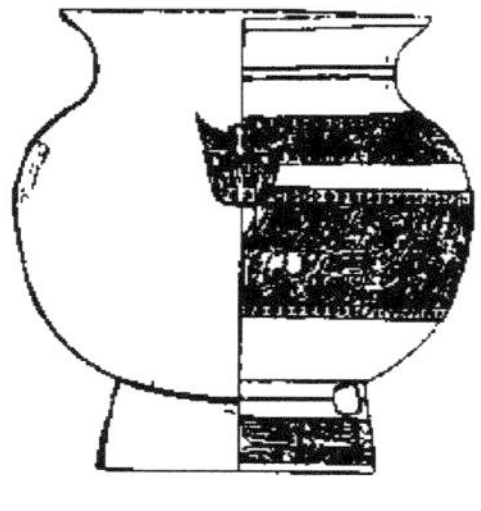

图20　1981CHLTT：8

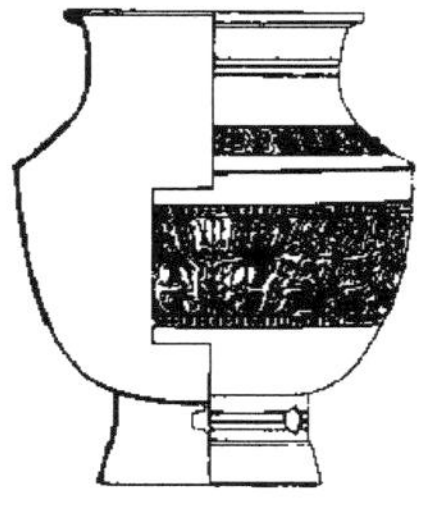

图21　1981CHLTT：2

① 河南文物工作队第一队：《郑州市白家庄商代墓葬发掘简报》，《文物参考资料》1955年第10期，36页，图版十一。

② 曹玮：《汉中出土商代青铜器》（1），巴蜀书社，2006年，106页。

较小，颈部与腹部分界不明显，腹部较深等特点。

安阳小屯M333出土两件大型盛酒器[①]（图22），《综论》认为R2060是罍，R2059是尊。后者口不大，而且颈部与肩部没有明显分界，与李家嘴一号墓出土青铜罍（PLZM1：7）很相似，应该还是罍。至于为什么同一墓葬出土的两件罍形态与装饰风格都有较大差别，还需要研究。

济南大辛庄M106出土一件大型盛酒器[②]（图23），简报认为是尊。这件器物与安阳小屯M232出土的一件罍（R2056）很相似，口小，颈部与腹部分界不明显，腹较深，所以不是尊，应是罍。简报中器物的线图与照片有细微不同，看照片比看线图更真切，避免视觉的误差。

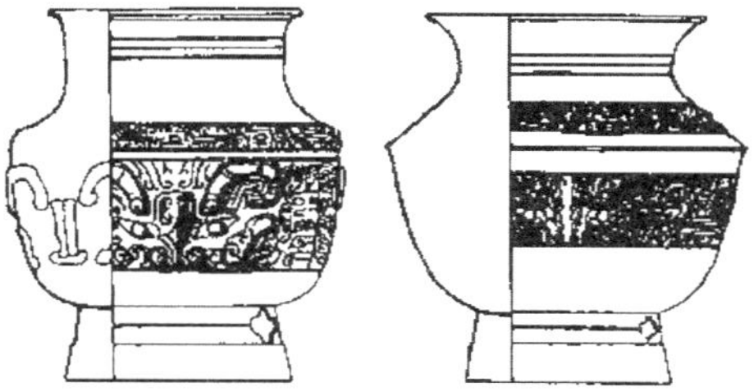

图22 小屯M333：R2060、R2059

图23 大辛庄M106：5

北京平谷刘家河商墓出土两件形体较大的盛酒器[③]（图24），简报认为形体高者为罍，矮者为瓿，应该是正确的判断。相比之下，这件罍形体不高，单独来看，容易造成误判。当然与瓿相比之后，还是比较清楚的。罍的颈部长而瓿的颈部短，罍的形体

图24 刘家河商墓罍、瓿

① 《小屯》第一本《遗址的发现与发掘·丙编·殷墟墓葬之五——丙区墓葬上》，“中央”研究院历史语言研究所，1980年。

② 山东大学东方考古研究中心等：《济南市大辛庄商代居址与墓葬》，《考古》2004年第7期，图版肆：6，29页。

③ 北京市文物管理处：《北京市平谷县发现商代墓葬》，《文物》1977年第11期，2页，图版叁：1，图版肆：4。

高而瓿低矮，罍是折肩而瓿是圆肩。

总而言之，殷墟二期及其以后的尊、罍、瓿容易区分，而二里冈和殷墟一期的尊、罍、瓿，尤其是尊和罍不容易区分。本文的研究思路是利用组合定名法，从晚期的尊、罍、瓿形态去推导早期的尊、罍、瓿形态。由于条件的限制，以上所论未必妥当，证据也很欠缺，希望得到大家的批评指正。

附注：本文系国家社科基金项目《夏商周青铜礼器的兴衰及其原因》（立项号：15BKG007）的阶段性研究成果。

本文插图得到刘树满博士的帮助，谨致谢忱。

前　言

青铜罍是商周时期十分重要的礼器，它数量多、流行时间长、分布范围广，在商周铜器群中占有很高的地位。北宋以来，金石学家便开始了对罍的著录与研究，目的在于恢复三代礼仪，是以探讨的侧重点也是局限在器物与文献的对照以及铭文的考释方面，而对于青铜罍的器形、纹饰、源流以及本身所包含的文化因素等方面的探讨则甚为匮乏。近现代以来，陆续有学界前贤涉足青铜罍的研究，取得了非常丰硕的成果，但不足之处在于只是对单个器物进行研究，目前还未见到有学者针对罍进行过较为全面的收录与专门的探讨。

鉴于上述情况，5年前，笔者在攻读硕士学位期间，曾经做过一篇学位论文《商周青铜罍研究》，曾尝试着对商周时期的青铜罍进行过一个粗浅的整理。内容大致包括：出土与传世青铜罍资料的收集与整理；罍的研究简史、定名与功用、型式分析、分期演变、区域文化特征分析；罍与相关器类之间的关系；罍的起源与消亡的原因等等，也得出了一些观点与看法。然而由于其时笔者学养不足，知识水平有限，因此对于青铜罍资料的整理也就不够完善，推断出的结论也难免有失偏颇。

近年来，随着山西翼城县大河口墓地、陕西宝鸡渭滨区石鼓山墓地、湖北随州叶家山、羊子山墓地的发掘，以及吴镇烽先生编纂的《商周青铜器铭文暨图像集成》《商周青铜器铭文暨图像集成续编》的出版，又陆续发现了一批青铜罍的新资料。这些资料无论是从器物本身还是出土的背景来说，都具有十分重要的价值，这无疑为青铜罍的进一步研究提供了良好的素材。借此契机，笔者不揣简陋，拟在原先《商周青铜罍研究》一文的基础上，对罍重新进行搜集整理，并对原文中一些不成熟的观点进行补充与修正，尽量使青铜罍的研究更加完善起来。

需要说明的是，西周晚期还出现一种自名为“𨭾”的器物，它与罍形制相近、流行年代前后相继，与罍同属于一类器，只不过在发展过程中𨭾的读音、写法以及所体现的文化内涵发生了转变。所以在本书中，我们仍然把𨭾归入罍类器进行研究，但是由于“罍”“𨭾”二字写法不同，若将它们联为一体进行整理，会为本书的整理带来不便。因此我们拟将本书分为上下两编，上编专注于青铜罍的整理与研究，下编专注于青铜𨭾的整理与研究，至于牵扯到二者之间的关系等问题，我们将专辟章节，另行讨论。

目　录

下编　两周青铜鑐整理与研究

上编　商周青铜罍整理与研究

第一章　青铜罍研究简史

关于青铜罍的研究，发轫于北宋时期，元明两朝落入低谷，清代出现复兴，发展繁盛于现当代。按其研究的发展脉络大体可分为三个大的时段：

第一节　北宋至清代

北宋时期，由于社会经济发达，文人的政治地位较高，由此产生了一批对后世有着巨大影响的金石学家。宋代的金石学家本着恢复三代礼仪的目的，通过“礼家明其制度，小学正其文字、谱牒次其世谥”的研究方法，首开铜器、碑石研究之先河，并留下了数量相当可观的金石学著作。

两宋之后，蒙元入主中原，蒙古贵族文化素养普遍不高，对于学术研究不甚推崇，金石学研究趋于式微。明王朝尽管是汉人建立的王朝，但是文人学士对于金石学研究并不十分热衷，虽有《古器具名》等著作问世，但是数量很少，并没有形成规模，更见不到有著录研究青铜罍的文献典籍。

清朝入主中原以后，为了镇压江南士大夫的反抗，清王朝统治者大兴“文字狱”，以达到从精神上控制文人的目的。在这种文化高压的状态下，文人为免祸患，只好放弃传统以来的“经世致用”之学，转而将注意力集中到考证古典文献上来，从而将金石学研究推向了一个新的高峰，金石学得以再次复兴。

以上是北宋至清代金石学发展的社会概况，这一时期关于青铜罍研究的文献典籍主要有以下几类：

一、图　录　类

北宋吕大临著《考古图》，收录两件分别定名为“单伯彝”和“三耳大壶”的器物，观其形制，实则为罍，但是单伯彝是后世的仿古器，只有三耳大壶是真正的西周铜罍。《考古图》还收录1件定名为“足迹罍”的器物，从形制上来看实际上是尊一类的器物[①]。《考古图》是迄今所见最早著录青铜罍的金石学著作。

北宋宣和年间王黼等作《博古图》，收录6件青铜罍，分别为：周牺首罍4件、周素牺罍、周象首罍，皆摹其图形，描述器物形制、尺寸、容积及花纹装饰等。另外还收录1件定名为“周觚棱壶”的器物，实际上是商代晚期的方罍[②]。

清时期，乾隆皇帝尤好崇古，敕命梁诗正主持编纂《西清古鉴》，收录青铜罍12件：商父癸罍、周析子孙罍、周立戈罍、周亚罍、周牺首罍（1-7号）7件、周牺耳罍，皆描其尺寸、容积及重量大小，且对有铭文者附加文字考释。从形制、纹饰上来看，这12件器当中，周牺首罍（1-2号）、周牺耳罍当为清代的仿制罍，能够真正称得上商周时期青铜罍的只有周亚罍（亚醜罍）、商父癸罍、周析子孙罍、周立戈罍、周牺首罍（3-7号）9件。另外《西清古鉴》还收录4件定名为壶的器物：周妇壶、周夔凤壶、周蟠夔壶（6号）、周蟠螭壶（2号），从形制来看都是罍，只有周妇壶应该命名为商代“商亚矣鸮妇方罍”，其余都是清代的仿制器[③]。

王杰等编《西清续鉴》（甲编），收录1件罍：周牺首罍，实际上是清代的仿古罍。另收录周饕餮尊（3-4号）2件、汉乳尊、唐兽耳尊、周宝壶（2号）、周牺首壶、周夔纹壶、汉蝠瓿，从形制上看都是罍，但除“周牺首壶”为西周铜罍外，其余都是清代仿古器。该图录对于器物的尺寸及重量都有较为详细的说明[④]。

王杰等编《西清续鉴》（乙编），定名为“罍”者有6件：周亚罍、周牺首罍、周蟠夔罍（1-2号）2件、周蟠螭罍、周盘云罍，除周牺首罍、周蟠夔罍（1号）、周盘云罍为西周铜罍外，其余都是清代仿古器。此外还收录7件器物：周父癸尊、周饕餮尊（1-2号）2件、汉蟠夔尊（2号）、汉雷纹尊（1号）、汉蝉纹尊、汉蟠夔壶，其实都是罍，只不过这7件器当中，除周父癸尊（𣎳父癸方罍）、汉蝉纹尊为商周时期的铜罍外，其余都是清代仿古器[⑤]。

梁诗正、王杰等编《宁寿鉴古》，收录铜罍2件：周牺耳罍（1-2号），从形制上看，年代分属西周早期、商代晚期。另收录有周饕餮尊（1号）、周亚尊（4号）、周牺耳尊、汉雷纹壶（1号），这4件器当中，周饕餮尊（1号）、周亚尊（4号）、周牺耳尊都是清仿商周时期的铜罍，只有定名为“汉雷纹壶（1号）”是真正的商代铜罍。

---

① （宋）吕大临：《考古图》，清乾隆四十六年四库全书文渊阁书录钱曾影钞宋刻本影印。本书所引金文文献皆来自中国社会科学院考古研究所：《金文文献集成》，线装书局，2005年。引用器物细目见附表2，下同。

② （宋）王黼：《博古图》，清乾隆十八年天都黄晟亦政堂修补明万历二十八年吴历化宝古堂刻本影印。

③ （清）梁诗正：《西清古鉴》，光绪十四年迈宋书馆铜版影印本，乾隆十四年敕编。

④ （清）王杰：《西清续鉴》（甲编），宣统三年涵芬楼石印宁寿宫写本影印本，乾隆五十八年敕编。

⑤ （清）王杰：《西清续鉴》（乙编），1931年北平古物陈列所依宝蕴楼钞本石印本。

该著作对以上器物皆摹绘图像、描其尺寸及重量大小[①]。

曹载奎著《怀米山房吉金图》，收录4件定名为“尊”的器物：商王主父丁尊、商亚形尊、商亚形召夫尊、周太史尊。这4件器其实都是商周时期的罍，商王主父丁尊应为劦作父丁方罍，商亚形尊应为商亚醜方罍，商亚形召夫尊应为商孤竹亚寰方罍，周太史尊应为周太史罍。皆摹绘器物、铭文图像，附有尺寸大小及铭文隶定[②]。

端方著《陶斋吉金录》，定名为“罍”者1件：沿御史罍[③]，西周中期器。《陶斋吉金续录》定名为“罍”者1件：癸丁罍，西周早期器。另有定名为“壶”的2件铜器：元鸟壶、宋童贯壶，元鸟壶应为商亚矣䳒妇方罍，宋童贯壶从形制上来看实际上是罍，依据铭文可知其为宋徽宗赐给童贯的宋代仿古罍。该图录附有以上铜罍的铭文拓片及尺寸大小[④]。

二、款　识　类

南宋薛尚功的《历代钟鼎彝器款识法帖》，收录了实际上是尊类器的“足迹罍”铭文1条[⑤]。

清吴荣光《筠清馆金文》、刘心源《古文审》对定名为“齐侯罍”“齐侯中罍”的器物铭文做了隶定考释，但实际上从器形来看，这两件器并不是罍，实为壶。吴荣光还把前文所述的“劦作父丁方罍”定名为“周十月戒田尊”，并对铭文做了考释[⑥]。

吴式芬《据古录金文》收录定名为“罍”的铭文及释文3条：文子罍、谷器罍、女姬罍[⑦]。

吴大澂《窸斋集古录》收录定名为“罍”的铭文3条：齐侯罍、齐侯中罍、钦罍（即谷器罍）[⑧]。

刘心源《奇觚室吉金文述》收录定名为“罍”的铭文2条：父乙罍（中罍）、七釿罍（即谷器罍），附有铭文拓片及文字考释[⑨]。

---

① （清）梁诗正、王杰：《宁寿鉴古》，1913年涵芬楼依宁寿宫写本石印本。

② （清）曹载奎：《怀米山房吉金图》，日本明治十五年文石堂翻刻木本。

③ （清）端方：《陶斋吉金录》，清光绪三十四年石印本，33。

④ （清）端方：《陶斋吉金续录》，清宣统元年石印本。

⑤ （宋）薛尚功：《历代钟鼎彝器款识法帖》，中华书局影印本，1986年。

⑥ （清）吴荣光：《筠清馆金文》，宜都杨氏重刻本，卷2·24、37。刘心源：《古文审》，清光绪十七年自写刻本，卷4·1。

⑦ （清）吴式芬：《据古录金文》，光绪二十一年吴氏家刻本，卷1·3；卷2·1、2。

⑧ （清）吴大澂：《窸斋集古录》，二十六卷，民国七年涵芬楼影印本，第14册，2～7。

⑨ （清）刘心源：《奇觚室吉金文述》，二十卷，光绪二十八年石印本，卷6·30、31。

盛昱《鬱华阁金文》收录了文子罍、钦罍的铭文拓片[①]。

方濬益《缀遗斋彝器考释》收录定名为“罍”的铭文17条：亚形罍2件（亚醜方罍、孤竹亚㝈方罍）、举罍（冉罍）、癸罍（癸丁罍）、文子丁罍（文子罍）、作彝罍、父乙罍（中罍）、王父丁罍（劦作父丁方罍）、亚形父癸罍、太史罍、女姬罍、滔饮封罍（滔御史罍）、钦罍、东获园里罍、葘亭罍、亭升罍2件。皆注明器物出处、以往收藏者等相关信息，并依据文献资料对部分铭文进行了考释[②]。

本节所列举定名为“罍”的器物当中，文子罍、谷器罍（七釿罍、钦罍）、作彝罍、亚形父癸罍、女姬罍、东获园里罍、葘亭罍、2件亭升罍由于缺乏器形资料，且都不自名为“罍”，故不好断定其是不是真正意义上的罍，姑且存疑，本书对这几件器铭也未予收录。

三、考 证 类

北宋董逌著《广川书跋》，该书依据《三礼》文献，对于罍的用途以及罍与洗、罍与尊的关系做了探讨[③]。

南宋张抡著《绍兴内府古器评》，从周牺首罍、周兽耳罍的形制、纹饰、色泽等方面出发，对这两件器物的年代进行了考证[④]。

孙诒让《古籀余论》对女姬罍的部分铭文做了考释[⑤]。

宋、清两代对于青铜罍的研究具有开创之功，为后代学者研究青铜罍奠定了基础。尤其是对于器物定名一节贡献尤大，有些定名成果至今还为学界所用，其卓荦之功足以垂范后世。但是也存在不少问题：

（1）定名混乱。由于其时可能发现的自名罍数量较少，金石学家往往只能对部分铜罍予以准确的定名，经常会出现一些将本不属于罍的尊、壶、瓿类器命名为“罍”的现象，或者将实际上是罍的器物却冠以其他器物的名称。后世学者往往沿袭前人的定名成果，导致定名中出现的一些错误一直流传至今。

（2）年代判断不准确。对于以上著录所收器物，著者在断代之时往往难以精准定位，常有将商、周铜罍年代互相混淆的现象，有的还将西周铜罍时代误断为汉代、唐

---

① （清）盛昱：《鬱华阁金文》，有正书局，1905年。

② （清）方濬益：《缀遗斋彝器考释》，三十卷，民国二十四年涵芬楼石印本，卷26·1～15。

③ （宋）董逌：《广川书跋》，一九一五年南林张氏适园丛书本，卷1·10。

④ （宋）张抡：《绍兴内府古器评》，明崇祯年间毛晋汲古阁刻本，卷上·32、33。

⑤ （清）孙诒让《古籀余论》，一九二九年燕京大学哈佛燕京学社石印容庚校补本影印，卷2·8。

代，等等。更有甚者还将当朝的仿古器在断代时称为商器或周器，这种现象尤以《乾隆四鉴》最为突出。

（3）附会文献。将有些铜罍的形制纹饰与文献记载进行牵强的关联。如《博古图》收录1件周象首罍，肩部饰象首环耳，著者认为："纹饰（象首）之于罍者，盖周官六尊中有象尊，用于春祠夏禴，再献之际则副象尊者，宜其有罍，正一类器耳。"①认为器物之上有象形纹饰即是文献中所说的象尊，这样的关联显然是有失妥当的。当然，古人所为，囿于客观条件限制，在特定的时代背景之下具有特定的侧重点与目的性，我们只可在先贤的不足之处进行有益的补充，而不可一味的苛责于前人。

第二节　民国时期

民国时期，战乱频仍，社会动荡不安，但是学术研究还是在艰难的环境中得以发展，并取得了丰硕的成果，这是十分难能可贵的。这一时期关于青铜罍的研究著作可以分为金石学与考古学两大类。金石学著作有：

一、图　录　类

孙壮编《澂秋馆吉金图》，收录1件"亚醜"罍，收录器物的全形拓图片及铭文拓片，附有尺寸数据②。

容庚《海外吉金图录》收录罍4件：癸丁罍、𠂇父丁罍、兽面纹方罍、涡纹方罍，皆有图形摹绘。在考释部分还从尺寸、口径、重量、纹饰及器物形制诸方面出发，对器物的时代进行了判断③。

容庚《善斋彝器图录》收录1件兽面纹"亚醜"罍，从尺寸、口径、底径及纹饰等方面对器物进行了说明④。

容庚《西清彝器拾遗》收录1件父癸罍照片，附有考释说明。另外还收录1件定名为"兽鼻瓶"的器物⑤，其实也是1件商时期的铜罍。

容庚著《商周彝器通考》，举凡12器为例：父己方罍（皿天全方罍）、兽面纹方

① （宋）王黼：《博古图》，清乾隆十八年天都黄晟亦政堂修补明万历二十八年吴历化宝古堂刻本影印，卷7·27。

② 孙壮：《澂秋馆吉金图》，1931年北平商务印书馆分馆石印本。

③ 容庚：《海外吉金图录》，1935年考古学社专集第三种影印本。

④ 容庚：《善斋彝器图录》，1936年燕京大学哈佛燕京学社影印本。

⑤ 容庚：《西清彝器拾遗》，1940年考古学社专集第二十种影印本。

罍2件、圆涡夔纹方罍2件、亚矣鴞妇方罍、圆涡兽面纹方罍、癸丁罍、宀父丁罍、雷纹罍、滔御史罍、兽面纹罍。对每件器详尽描绘尺寸、形制、纹饰，著录书刊以及时代判断，对罍的定名、铭文的字数、铭文所在的位置等问题有着较为细致的探讨，且附有照片资料①。但是这12件器中的“兽面纹罍”实际上是尊类器。另有定名为“饕餮纹方瓶”“圆涡纹方瓶”“酉瓶”的3件器，实为罍。

邹安《周金文存》对商代的“癸丁罍”做了著录②。

二、款　识　类

邹安《周金文存》收录罍铭拓片7条：滔御史罍、中义父罍、番伯官曾罍、妇闆罍、趞罍、曾子□罍、钦罍③。除滔御史罍、妇闆罍外，番伯官曾罍、中义父罍实际上是𨱽；曾子□罍实际上是缶。另有1件定名为“御尊盖”的器铭拓片，实际上是收藏于上海博物馆的御方罍盖铭文拓片④，钦罍由于缺乏相应的图片资料，我们只能存疑。

罗振玉《三代吉金文存》收录定名为“罍”的器铭25条：得罍、尊形罍、奉尊形罍、亚中离罍、戈罍、冉罍2件、亚矣罍、丁癸罍、田告罍、田父罍、父乙罍、宀父丁罍、父己罍、荷戈父癸罍、甫田罍、牧父丁罍、爯父丁罍、作父乙罍、者妸罍2件、谷器罍、铸客罍、重金罍、滔御史罍⑤。这些器由于只有铭文拓片，我们只能确定滔御史罍、者妸罍等少数几件著名的器物确实为罍，铸客罍实际上是尊缶、甫田罍实际上是𨱽外，其余的器物到底是不是罍，是不是属于商周时期，我们都不好确定。

罗振玉《贞松堂集古遗文》收录定名为“罍”的器铭5条：得罍、亚矣罍、告田罍（即田告罍）、亚中奉尊形罍、荷戈父癸罍⑥。

罗振玉《贞松堂集古遗文补遗》收录定名为“罍”的器铭2条：父乙罍、甫田罍。甫田罍实为𨱽⑦。

罗振玉《贞松堂集古遗文续编》收录定名为“罍”的器铭3条：田父罍、宀父丁罍、□父己罍⑧。

---

① 容庚：《商周彝器通考》（上册），台湾大通书局印行，448～450页。

② 邹安：《周金文存》，1916年仓圣明智大学刊本，卷5·25、26、28、29、30、31、32。

③ 邹安：《周金文存》，1916年仓圣明智大学刊本。

④ 邹安：《周金文存》，1916年仓圣明智大学刊本，卷5·9。

⑤ 罗振玉：《三代吉金文存》，中华书局，1983年，卷26。

⑥ 罗振玉：《贞松堂集古遗文》，1930年石印本，卷7·21、22。

⑦ 罗振玉：《贞松堂集古遗文补遗》，1931年宝熙书耑石印本，卷上·34、35。

⑧ 罗振玉：《贞松堂集古遗文续编》，1934年蟫隐楼石印本，卷中·10。

三、考　证　类

柯昌济《韡华阁集古录跋尾》对滔御史罍的铭文在字形方面做了考释说明[①]。

罗振玉《辽居乙稿》收录《得罍跋》一文[②]。

王国维、罗福颐等编撰《三代秦汉金文著录表》，收录20件罍的铭文资料，对于器名、诸家著录、铭文字数等进行了列表说明，并且对于前人考证的不足之处进行了补证、校勘[③]。由于没有图像资料，我们难以对每件器物进行精确区分，只能知道一些著名的器物如“甫㽙罍”是𨱆，等等。

除金石学外，民国时期李济先生还利用考古学的方法对青铜罍进行了研究。李济在《记小屯出土之青铜器》（上篇）一文中，对于小屯出土的青铜容器进行了分类统计说明，其中将罍形器归入平底目。并且以小屯出土的192式铜制罍形器（小屯M238：R2076）为标本，考证其脱胎于殷墟的陶罍[④]。

总结民国时期关于青铜罍的研究概况，具有以下特点：

（1）在研究方法上大多数还是沿用了金石学的治学方法，产生了相当数量的高品质著作。如罗振玉的《三代吉金文存》《贞松堂集古遗文》、容庚的《商周彝器通考》等，这些著作截至今日都是十分重要金石学文献，对于青铜罍的研究依然具有十分重要的参考价值。同时也有一些方法上的创新，如容庚首开以分类的方法进行青铜罍研究之先河，从形制、纹饰、铭文、出处、功用、辨伪等方面出发，对青铜罍进行了综合研究，使得青铜罍的研究首次突破了传统器物学的窠臼，为后人提供了新方法。

（2）在器物的定名上有了长足的进步。虽然民国时期依然存在将战国以来的浴缶、尊缶等称之为“罍”的现象，但是对于大多数器物而言，定名则相对较为准确、客观。

（3）西方考古学理论开始运用于青铜罍的研究当中。以李济为代表的考古学者都习惯于运用考古学理论为指导，利用器物出土的层位关系建立器物的断代谱系，这是继郭沫若提出以“标准器法”判断器物年代以来的重大创新，对于构建青铜罍的断代体系功不可没。尽管这一时期中国的考古学力量还很薄弱，但它毕竟代表了一种新的研究思路与方法，为青铜罍的研究注入了新鲜的血液。

---

① 柯昌济：《韡华阁集古录跋尾》，1935年铅印本，篇下·2。

② 罗振玉：《辽居乙稿》，1931年石印本，乙稿·31。

③ 王国维、罗福颐：《三代秦汉金文著录表》，北京图书馆出版社，2003年，卷4·表4-1、2。

④ 李济：《记小屯出土之青铜器》（上篇），《中国考古学报》第三册，1948年，9、67页。

第三节　中华人民共和国成立以来

中华人民共和国时期，伴随着大规模田野考古工作的开展，地下的青铜罍材料层出不穷，这为系统进行青铜罍的整理与研究提供了可能。由于这一时期涉及青铜罍的著作太多，我们不能够像民国以前的著作那样，将其中涉及的铜罍资料一一罗列，我们只能将这一时期的研究成果作一大致的梳理，以便为罍的研究提供一个资料上的参考。

一、综论性著作

容庚、张维持著《殷周青铜器通论》，该书在依据《商周彝器通考》体例的基础上，将罍归于酒器部。还引用文献，对罍的定名问题进行了论述。并按照形制将罍分为长形罍属、扁形罍属、方罍属三类，每类各举2～3器为例，注明尺寸、形制、出处、铭文隶定及时代推断等[①]。

朱凤瀚著《中国青铜器综论》，说明了罍定名的原则，将罍分为圆罍与方罍两类，圆罍分3型，方罍分2式，都详细举例说明[②]。

马承源著《中国青铜器》，对罍的定名，功用进行了论证，并按照形制不同对罍进行了类型学分析[③]。

二、图 录 著 作

陕西省考古研究所编著《陕西出土商周青铜器》，收录青铜罍15件；《河南出土商周青铜器》编辑组编著《河南出土商周青铜器》，收录青铜罍3件[④]。

故宫博物院编《故宫青铜器图典》，收录了故宫博物院所藏的3件商周时期的青铜罍[⑤]。

---

① 容庚、张维持：《殷周青铜器通论》，文物出版社，1984年，56、57页。

② 朱凤瀚：《中国青铜器综论》，上海古籍出版社，2009年，208～216页。

③ 马承源：《中国青铜器》，上海古籍出版社，2003年，233～236页。

④ 陕西省考古研究所等：《陕西出土商周青铜器》，文物出版社，1979年，1 · 13、41、70、103、104、116、130页；2 · 22、160、161页；3 · 28、42、179页；4 · 43、49页。《河南出土商周青铜器》编辑组：《河南出土商周青铜器》（一），文物出版社，1981年，126、261、262页。

⑤ 故宫博物院：《故宫青铜器图典》，紫禁城出版社，2010年，31、32、88。

陈梦家收集流散于美国的商周青铜器，著成《美帝国主义劫掠的我国殷周铜器集录》一书，该书共收录青铜罍11件，对于每件的藏地、尺寸、时代以及相关方面的著述都有较为详尽的说明，是学界研究流散在美国的青铜罍的重要资料①。

李学勤、艾兰著《欧洲所藏中国青铜器遗珠》收录青铜罍3件，并且附有时代说明②。

刘雨、汪涛著《流散欧美殷周有铭青铜器集录》，收录了流散欧美的4件商周时期的青铜罍，附有中英文说明及器物图片③。

中国青铜器编辑委员会编纂的《中国青铜器全集》，共收集29件商周时期的青铜罍，附有精美的图片以及相关的尺寸、出土地、藏地说明等④。

吴镇烽著《商周青铜器铭文暨图像集成》及《商周青铜器铭文暨图像集成续编》，收录商周时期有铭文的青铜罍130多件，皆附有器物照片、铭文拓片、铭文隶定、著录出处、现藏地等相关内容，是集图像与铭文为一体的大型工具书⑤。

陈佩芬著《夏商周青铜器研究》，共收录商周青铜罍5件，罍盖1件，附有精美的彩色照片、铭文拓片、器物尺寸、形制描述等，并对相关问题进行了研究讨论⑥。

陈佩芬著《中国青铜器辞典》，收录青铜罍18件，皆有照片及文字说明⑦。

曹玮主编《周原出土商周青铜器》，收录了周原地区出土的9件青铜罍，附有精美的图片及文字说明⑧。

另外还有《北京文物精粹大系（青铜器卷）》《巴蜀青铜器》《湖北出土文物精华》《随州叶家山西周早期曾国墓地》《西安文物精华·青铜器》《周野鹿鸣——宝鸡石鼓山西周贵族墓出土青铜器》《呦呦鹿鸣——燕国公主眼里的霸国》《酌彼金罍——皿方罍与湖南出土青铜器精粹》《山东省博物馆藏珍·青铜器卷》，等等。这些著作都附有高精度的青铜罍图片以及对相关问题的研究，对于了解不同地域的青铜

① 陈梦家：《美帝国主义劫掠的我国殷周铜器集录》，科学出版社，1962年，A775～A785。

② 李学勤、艾兰：《欧洲所藏中国青铜器遗珠》，文物出版社，1995年，49～51。

③ 刘雨、汪涛：《流散欧美殷周有铭青铜器集录》，上海辞书出版社，2007年，331～334页。

④ 中国青铜器编辑委员会：《中国青铜器全集》，文物出版社，1994、1996、1997年，3·79～87；4·110～114；5·177～182；6·23、116、177；13·70～82、85。

⑤ 吴镇烽：《商周青铜器铭文暨图像集成》，上海古籍出版社，2012年，13701～13831。吴镇烽：《商周青铜器铭文暨图像集成续编》，上海古籍出版社，2016年，0894～0897。

⑥ 陈佩芬：《夏商周青铜器研究》，上海古籍出版社，2000年，167、168、169、278、279、280。

⑦ 陈佩芬：《中国青铜器辞典》，上海辞书出版社，2013年，1106～1123页。

⑧ 曹玮：《周原出土商周青铜器》，巴蜀书社，2005年，1·50、54页；3·580页；6·1106、1246页；10·2202、2205、2208、2211页。

罍具有重要的参考作用[①]。

三、铭文类著作

中国社会科学院考古研究所编《殷周金文集成》（简称《集成》），共收录青铜罍铭文拓片115条[②]。

山东省博物馆编《山东金文集成》，收录青铜罍铭文13条，附有铭文拓片、字数、器物尺寸、藏地以及出土时间、地点等[③]。

刘雨等著《近出殷周金文集录》，收录青铜罍铭文拓片15条，附有照片、铭文字数、尺寸、释文、著录、出土地点、现藏地等[④]。

吴镇烽编《陕西金文汇编》，收录罍铭11条，附有器物时代、出土时间、地点、收藏地以及以往著录书目等[⑤]。

四、研究性著作

郭宝钧著《商周铜器群综合研究》，对于青铜罍的起源做了分析[⑥]。

赵丛苍编《城洋青铜器》，对于陕西城固、洋县等地出土的青铜罍进行了分析探讨[⑦]。

李海荣编《北方地区出土夏商周时期青铜器研究》，对于北方地区出土的青铜罍

---

① 北京文物精粹大系编委会等：《北京文物精粹大系》（青铜器卷），北京出版社，2002年。四川省博物馆：《巴蜀青铜器》，成都出版社，1993年。谭维四：《湖北出土文物精华》，湖北教育出版社，2000年。湖北省博物馆等：《随州叶家山西周早期曾国墓地》，文物出版社，2013年。西安市文物保护考古所：《西安文物精华·青铜器》，世界图书出版公司，2005年。陕西省考古研究院等：《周野鹿鸣——宝鸡石鼓山西周贵族墓出土青铜器》，上海书画出版社，2014年。山西省考古研究所：《呦呦鹿鸣——燕国公主眼里的霸国》，科学出版社，2014年。湖南博物馆等：《酌彼金罍——皿方罍与湖南出土青铜器精粹》，上海世纪出版集团，上海书画出版社，2015年。山东省博物馆：《山东省博物馆藏珍·青铜器卷》，山东文化音像出版社，2004年。

② 中国社科院考古研究所：《殷周金文集成》，中华书局，1984年，09736～09827。

③ 山东省博物馆：《山东金文集成》，齐鲁书社，2007年，638～646页。

④ 刘雨、卢岩：《近出殷周金文集录》，中华书局，2002年，973～987。

⑤ 吴镇烽：《陕西金文汇编》，三秦出版社，1989年，426～428、698页。

⑥ 郭宝钧：《商周铜器群综合研究》，文物出版社，1981年，146页。

⑦ 西北大学文博学院、陕西省文物局主编，赵丛苍编著：《城洋青铜器》科学出版社，2006年。

进行了类型学分析[①]。

岳洪彬编《殷墟青铜礼器研究》，对于殷墟出土的青铜罍从形制、纹饰、铭文的分类、纹饰的方向性以及与其他礼器的组合关系等方面进行了专题探讨[②]。

五、研究性论文

张懋镕《试论中国古代青铜器器类之间的关系》一文，探讨了罍与𨯒的关系，认为𨯒的形制和罍接近，出现于西周晚期，二者之间是一种派生关系[③]。

周宝宏《近出西周金文集释》，对克罍、克盉铭文做了详尽的考释探讨[④]。

刘彬徽《两广先秦青铜容器研究》一文，对于荔浦、陆川、宾阳、恭城等地出土青铜罍的年代进行了判定，纠正了前人对罍的定名存在的问题，对这些罍所反映的文化属性进行了划分[⑤]。

孙华《彭县竹瓦街铜器再分析》一文，对于四川彭县竹瓦街窖藏的青铜罍进行了分析探讨，他从器物的埋藏状况、器物风格、铸造工艺等方面出发，将其和三星堆以及陕西关中等地的相关铜器进行对比，并引用冯汉骥先生的观点，得出1号窖藏、2号窖藏铜罍是列罍这一结论，认为“其文化观念更接近于商代三星堆晚期人们的文化观念”[⑥]。

傅举有、傅聚良、张昌平等学者对皿天全方罍的流传经过及相关问题分别做了专文论述[⑦]。

六、关于青铜罍资料的工具书

孙稚雏编《金文著录简目》，收录了前人关于青铜罍研究的著作书目。另外孙稚

① 李海荣：《北方地区出土夏商周时期青铜器研究》，文物出版社，2003年，128、129页。

② 岳洪彬：《殷墟青铜礼器研究》，中国社会科学出版社，2006年，100～103、279～291页。

③ 张懋镕：《试论中国古代青铜器器类之间的关系》，《古文字与青铜器论集》（第二辑），科学出版社，2006年，133～135页。

④ 周宝宏：《近出西周金文集释》，天津古籍出版社，2005年，1～103页。

⑤ 刘彬徽：《两广先秦青铜容器研究》，《东南文化》1991年第1期。

⑥ 孙华：《彭县竹瓦街铜器再分析——埋藏性质、年代、原因及其文化背景》，《长江流域青铜文化研究》，科学出版社，2002年。

⑦ 傅举有：《皿天全方罍》，《学习导报》2004年第2期。傅聚良：《皿方罍的出土地点和流传经历》，《酌彼金罍——皿方罍与湖南博物馆出土青铜器精粹》，上海世纪出版集团，上海书画出版社，2015年，11～23页。张昌平：《论洞庭湖地区发现的商周青铜器——从皿方罍说起》，《酌彼金罍——皿方罍与湖南博物馆出土青铜器精粹》，上海世纪出版集团，上海书画出版社，2015年，25～34页。

雏著《青铜器论文索引》，收录了20世纪50年代至1982年有关于青铜罍的考古发掘资料①。

张懋镕、张仲立主编《青铜器论文索引》（全三册），收录了1983年至2006年有关于青铜罍的考古材料以及相关的研究论文，这是和孙稚雏先生《青铜器论文索引》相衔接的又一部关于青铜器研究的检索型工具书，为查找出土青铜罍的资料提供了方便②。

第四节　台湾学者关于青铜罍的研究概况

台湾学者也十分注重青铜罍的研究工作。

李济先生赴台以后，于1972年撰写《殷墟出土五十三件青铜容器之研究：殷墟发掘出土五十三件青铜容器的形制和纹饰之简述及概论》一文，对于容庚先生在《商周彝器通考》一书中提出的“罍通行于商代者，以方形者为多，且举方罍7件、圆罍3件以说明”这一观点提出批评，认为容庚所举例“不能代表罍形器的全体，更不能证明都是商朝时代的产品”，认为罍这一礼器在周代仍是通行，“不但见于诗礼记载，考古学家更可列举很多”。此外李济还依据《说文》等文献资料对于“櫑”的解释，提出罍的原形“可能是木制，更早的大概是土烧的陶器。木制的大概是方形罍的开始，土制的大概是圆形罍的开始”③这一观点。

陈芳妹撰文《商周青铜酒器》，对于商周时期青铜酒器的种类（含罍）以及流行的时代有简明的概括④。

台北故宫博物院编辑委员会编撰《故宫商代青铜礼器图录》，收录有商代时期的青铜罍3件，附有清晰的器物图片、部分图片的局部照以及X光片，且对每件罍的器物风格都有较为详细的分析说明⑤。

台北故宫博物院还编撰《海外遗珍·铜器续》，收录3件商代晚期的青铜罍，附有

---

① 孙稚雏：《金文著录简目》，中华书局，1981年。孙稚雏：《青铜器论文索引》，中华书局，1986年。

② 张懋镕、张仲立：《青铜器论文索引》（1983年至2001年），香港明石馆出版社，2005年。张懋镕：《青铜器论文索引》（2002年至2006年），线装书局，2008年。

③ 李济：《殷墟出土五十三件青铜容器之研究：殷墟发掘出土五十三件青铜容器的形制和文饰之简述及概论》，《李济文集》卷四，上海人民出版社，2006年，315、316页。

④ 陈芳妹：《商周青铜酒器》，《故宫文物月刊》1988年11月，第6卷第8期。

⑤ 台北故宫博物院编辑委员会：《故宫商代青铜礼器图录》，台北故宫博物院，1998年，404～408页。

较为清晰的照片[①]。

钟柏生等编著《新收殷周青铜器铭文暨器影汇编》，收录青铜罍19件[②]，附有器物图片、铭文拓片、器名、字数、年代、族属、发表刊物及页码、篇名、作者、器物尺寸、出土时间、出土地点、现藏地、流传经过等等，是一部较为完备的资料性著作。

纵观中华人民共和国成立以来青铜罍的研究成果，可以看出具有以下特点：

（1）研究材料空前增多。新材料的不断涌现使得跨时空的青铜罍研究成为可能，这为进一步进行各个地区间的青铜罍的文化因素分析做好了铺垫，而且大量的材料也有助于新的铜器断代体系的建立，这期间具有标识性意义的铜器断代成果有：唐兰的康宫断代原则[③]，邹衡对于殷墟文化的分期断代[④]，郑振香、陈志达对于殷墟青铜器的分期与年代判断[⑤]以及曹玮对于周原西周青铜器的分期[⑥]等等，使得后继学者对于青铜罍的断代研究有了参考依据。

（2）研究方法多样化。考古地层学、类型学的广泛应用，使得这一时期商周青铜罍的研究已经彻底摆脱了宋代以来金石学家以器物为本位的研究方法，将研究的视野拓展到了器物的背景等多个层面。

（3）台湾学者治学的方法与理念也都十分值得我们学习、借鉴。

第五节　日本学者关于青铜罍的研究概况

日本学者林巳奈夫著有《〈殷周时代青铜器之研究〉——殷周青铜器综览一》一书，收录商周青铜罍64件，附有图片及铭文拓片、形式划分、时代判断、尺寸以及出土地点等。另外林巳奈夫还收录有命名为“罍形小壶”的5件器物，其实通观这5件器物的形制，除却罍形小壶4当归入别类外，其余4件只不过是比罍的尺寸小了一些，应当视为罍形弄器，不可称之为“罍形小壶”[⑦]。

---

① 台北故宫博物院编辑委员会：《海外遗珍·铜器续》，台北故宫博物院、台北士林区外双溪，1988年，65、67、68。

② 钟柏生、陈昭容、黄铭崇、袁国华：《新收殷周青铜器铭文暨器影汇编》，台北艺文印书馆，2006年，1007、1586、1836、149、1862、1056、1933、261、223、1654、1587、820、1647、566、293、1362、801、1377、1368。

③ 唐兰：《西周铜器断代中的“康宫”问题》，《考古学报》1962年第1期。

④ 邹衡：《试论殷墟文化分期》，《北京大学学报》（哲学社会科学版）1964年第4、5期。

⑤ 郑振香、陈志达：《殷墟青铜器的分期与年代》，《殷墟青铜器》，文物出版社，1985年。

⑥ 曹玮：《周原西周铜器的分期》，《周原遗址与西周铜器研究》，科学出版社，2004年。

⑦ 〔日〕林巳奈夫：《〈殷周时代青铜器之研究〉——殷周青铜器综览一》，吉川弘文馆，1984年，罍1-61、63、75、76；罍形小壶1、2、3、5。

日本白鹤美术馆、出光美术馆也出版了一些本馆所藏的中国青铜罍的图录资料①，对于我们研究流失海外的铜罍具有重要的参考作用。

第六节　研究的方法与技术路线

本文对于青铜罍的研究，拟采用“二重证据法”探明罍的定名及功用问题；采用考古地层学、类型学的方法对罍进行型式划分，目的在于厘清青铜罍的演变脉络及各期特征；运用统计法、比较法、墓葬器物组合法探讨罍在礼器中的地位问题、在墓葬中充当的角色问题以及与相关铜器的区别与联系问题；运用文化因素分析法对各个地区出土的罍进行分析比较，探讨青铜罍的地域特征；运用与相关陶器的对比法，探讨罍的起源问题；运用区分商周两系铜器的基本方法探讨罍的使用者族属情况及消亡的原因问题；等等。

第七节　小　　结

上文即为一千多年来商周青铜罍的研究简况，前人的研究成果是我们今后开展工作的基础。本文拟运用我们罗列的技术路线，对目前所见青铜罍的资料进行一个较全面的收集与整理，并就相关问题作一分析探讨，希望能为学界对罍的研究提稍有价值的参考资料，是为本书的价值所在。

① 〔日〕白鹤美术馆：《白鹤吉金选集》，京都市中京区新町通竹屋町南株式会社，1951年，13、14、17。出光美术馆：《出光美术馆：开馆十五周年纪念展图录》，文化印刷株式会社，1981年，1065。

第二章　青铜罍的定名与功用

第一节　青铜罍的定名

一、传世文献关于罍的定名问题

《诗·卷耳》：“我姑酌彼金罍，维以不永怀。”陆德明释文引《礼记》云：“夏曰山罍，其形似壶，容一斛，刻而画之，为云雷之形。”孔颖达疏：“虽尊卑异饰，皆得画云雷之形，以其名罍，取于云雷故也。”

《周礼·司尊彝》：“其朝践用两大尊，其再献用两山尊，皆有罍，诸臣之所酢也。”郑玄注：“罍亦刻而画之，为山云之形。”

《礼记·明堂位》：“泰，有虞氏之尊也。山罍，夏后氏之尊也。著，殷尊也。牺、象，周尊也。”孔颖达疏：“罍，犹云雷也，画为山云之形也。殷尊者著地无足，故谓之著，则泰、罍、牺并有足也。”

《尔雅疏·卷六·第五》：“彝卣罍，器也，皆盛酒尊彝，小罍谓之坎。罍形似壶，大者受一斛。孙炎云‘罍者，尊之大者也’。”

《说文·木部》：“櫑，龟目酒尊，刻木作云雷象，象施不穷也；罍，櫑或从缶；[illegible]，櫑或从皿；[illegible]，籀文櫑。”

清代姜绍书《韵石斋笔谈》卷上“金罍”条：“金罍之式有五：山罍、金罍、大罍、小罍、水罍也。诸侯大夫，饰以黄金，镂为云雷，取博施之象。”

分析文献记载，前人对于罍的界定主要有两种观点：一种认为罍是形体比较大的酒尊。另一种认为“罍”是形制似壶的器物，定名为“罍”是因为体表装饰云雷纹。孔颖达甚至认为罍还有足。

二、历代学者关于罍的定名问题

除了文献关于“罍”的记载外，历代学者还对罍的定名进行了研究。归纳起来，大致有如下几点：

（1）将小口广肩尊定名为罍：如北宋吕大临《考古图》收录的“足迹罍”[①]；王黼《博古图》收录的“周鳞凤百乳罍”“周饕餮罍”[②]；明胡文焕《古器具名》收录的“周鳞凤百乳罍”[③]等，皆属商代中晚期流行的小口广肩尊。

（2）将觚形器定名为罍：赵九成在《续考古图》中收录3件器：父乙罍、伯丁罍、父辛罍[④]，实际上都是商周时期流行的觚形器。

（3）将壶定名为罍：如《西清古鉴》收录的“周兽耳罍”“周云螭罍”[⑤]；《宁寿鉴古》收录的“周蟠虺罍”[⑥]；《怀米山房吉金图》《二百兰亭斋收藏金石记》收录的“齐侯罍”[⑦]等，都是壶一类的器物。

（4）将尊缶定名为罍：如《西清古鉴》收录的“周攻罍”[⑧]、《十二家吉金图录》收录的“铸客罍”[⑨]。这种形制的器物实际上是春秋战国时期在楚地流行的尊缶。1978年淅川下寺出土的同类器如倗尊缶、鄬子倗尊缶[⑩]皆自名为“尊缶”，是为明证。

（5）将浴缶定名为罍。如《新郑出土古器物图志初编》收录的“雷纹罍”[⑪]，其实是春秋中晚期以来楚地流行的浴缶（亦称“盥缶”）。

（6）将𬭚定名为罍：如《周金文存》收录的“中义父罍”[⑫]；《郑冢古器图考》收录的“周云龙罍”[⑬]；《新郑彝器》收录的“虺龙纹罍”[⑭]。实际上都是西周晚期以来流行的𬭚。

---

① （宋）吕大临：《考古图》，清乾隆四十六年四库全书文渊阁书录钱曾影钞宋刻本影印，卷4·61。

② （宋）王黼：《博古图》，清乾隆十八年天都黄晟亦政堂修补明万历二十八年吴历化宝古堂刻本影印，卷7·28、30。

③ （明）胡文焕：《古器具名》，明万历自刻本，卷上·5。

④ （宋）赵九成：《续考古图》，清乾隆四十六年四库全书文渊阁书錄钱曾影钞宋刻本影印，卷2·3、19，卷5·8。

⑤ （清）梁诗正：《西清古鉴》，光绪十四年辽宋书馆铜版影印本，乾隆十四年敕编，卷12·15、16。

⑥ （清）梁诗正、王杰：《宁寿鉴古》，1913年涵芬楼依宁寿宫写本石印本，卷6·1。

⑦ （清）曹载奎：《怀米山房吉金图》，道光十九年自刻本，卷6·1。吴云：《二百兰亭斋收藏金石记》，清咸丰六年吴让之写刻本，2～3。

⑧ （清）梁诗正：《西清古鉴》，光绪十四年辽宋书馆铜版影印本，乾隆十四年敕编，卷12·3。

⑨ 商承祚：《十二家吉金图录》，1935年哈佛燕京学社影印本，尊23～24。

⑩ 河南省文物研究所等：《淅川下寺春秋楚墓》，文物出版社，1991年，71、134页。

⑪ 靳云鹗：《新郑出土古器图志初稿》，1923年影印本，18。

⑫ 邹安：《周金文存》，1916年仓圣明智大学刊本，卷5·29。

⑬ 关百益：《郑冢古器图考》，1928年中华书局影印本，卷5·18。

⑭ 孙海波：《新郑彝器》，1937年考古学社专刊第十九种影印本，88。

（7）将与考古材料中自名为“罍”的器物相近的铜器定名为“罍”，如燕侯克罍、匽侯方罍等。

三、考古材料中关于罍的定名问题

一般来说，考古材料是验证文献记载最直观的实物证据。既然文献记载与前代学者对罍的界定不一，我们就有必要利用考古材料中罍的器形情况来确定哪些类型的器物是罍，哪些类型的器物不是罍，进而为罍的定名建立一个形制上的标准。我们搜集了青铜器中自名为“罍”的器物材料，如下表（表2-1）：

表2-1　自名为“罍”的器物资料汇总表

图号	器名	时代	铭文释文	出处
图2-1	乃孙罍	商代晚期	乃孙厥作祖甲罍，其□遽弗述，永宝，其作彝	《商周》13823
图2-2	䢅伯㝬父罍	西周中期	䢅伯㝬父作宝罍，其万年子子孙孙永宝用享	《商周》13826
图2-3	滔御史罍	西周中期	滔御史作尊罍，其万年无疆，子子孙孙永宝用享	《商周》13827
图2-4	对罍	西周中期	对作文考日癸宝尊罍，子子孙孙其万年永宝用，匄眉寿敬终，冉	《商周》13829
图2-5	陵方罍	西周早期	陵作父日乙宝罍，◇单	《商周》13817
图2-6	邳伯夏子𨱔	春秋晚期	唯正月初吉丁亥，邳伯夏子自作尊罍，用祈眉寿无疆，子子孙孙，永宝用之	《商周》14089

在以上图、表中列举的6件器物当中，图2-1至图2-5号器形制相似、演变轨迹稳定，且都自名为“罍”，可以作为青铜圆罍的标准形制。图2-6邳伯夏子𨱔是春秋晚期器，与罍的流行年代相隔太远，自名为“罍”只不过是青铜𨱔的一种复古称谓而已，因此只能作为特例来对待，不能作为罍的标准器形。

图2-1　乃孙罍

图2-2　𥘵伯𡨦父罍

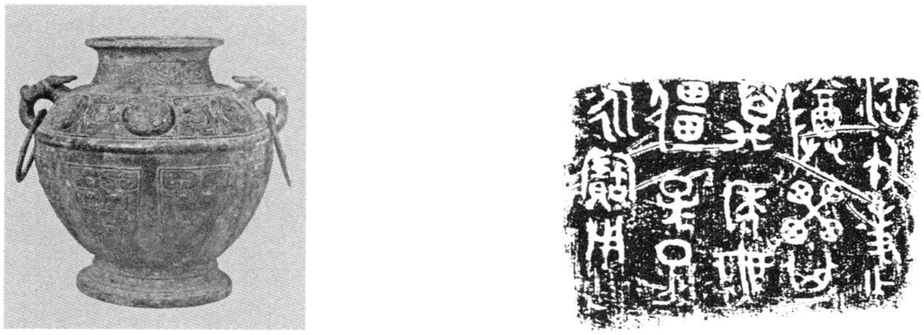

图2-3　滔御史罍

图2-4　对罍

图2-5　陵方罍

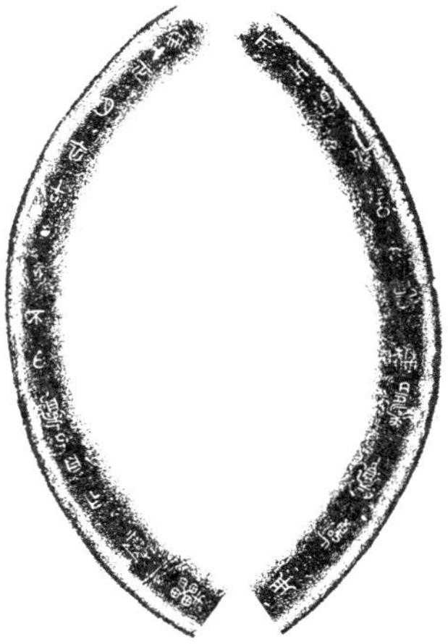

图2-6 邳伯夏子𬭚

除圆罍外，还有方罍。自名为“罍”的方罍虽然只有1件陵方罍，但是从器形来看，它和圆罍一样，在形制构造上也是由颈、腹、圈足三段组成，不同之处仅在于器体是方形。商周时期与陵方罍形制接近的方罍出土不少，演变序列也很清楚，因此陵方罍可以作为青铜方罍的典型器。

综合以上自名罍的形制概况，我们可以为青铜罍的定名建立一个形制上的标准：

圆罍：敛口，束颈，圆肩，鼓腹斜收，随时代推移圈足逐渐升高。肩部两侧有两耳，耳作环形或兽首衔环形，下腹中部一侧有鼻纽，至西周中期鼻纽消失。

方罍：方形口，直颈，广圆肩，鼓腹斜收，圈足也是随时代变迁逐渐升高，下腹中央近底足处有鼻纽。

综上，我们认为商周青铜器中凡是形制、体态符合这些特点的器物都可以称之为“罍”。本书的研究对象指的就是这一类器物，前文研究简史中对罍的界定也是以此为标准。

文献认为罍名的来源是“盖刻为云雷之象”，但是我们现今发现的青铜器中不单是罍的体表有云雷纹，云雷纹更多的是装饰在鼎、簋、尊等体表面积较大的器物上。如果按此标准，那么这些鼎、簋、尊等也应该称之为“罍”，这显然是不合实际的。所以说罍的定名来源于体表装饰云雷纹这个说法是缺乏科学依据的。

孔颖达所谓“罍有足”更是得不到考古材料的支持，我们现今见到的罍只有平底或圈足，并没有在鼎、簋等器物上所常见的蹄足或柱足。所以说孔颖达所谓的“罍”与考古材料中所见的罍差距较大。

同前人的研究成果相比照，我们发现考古材料中青铜罍的形制与小口广肩尊、瓿、壶、尊缶、浴缶差别还是比较明显的，所以这些器物概不能称之为“罍”。只有𬭚与罍的形制有相似之处，是因为“𬭚”“罍”本是同源字，𬭚属于广义的罍类器，二者有密切的关系，“罍”可以看做是𬭚的复古称谓。

所以只有将与考古材料中自名为“罍”的器物相近的铜器定名为罍才是符合客观实际的。

第二节　青铜罍的功用及使用场合

一、文献记载罍的功用及使用场合问题

《诗经 · 卷耳》：“我姑酌彼金罍，唯以不永怀。”陆德明释文：“罍，卢回反，酒尊也。”孔颖达疏引《毛诗》云：“金罍，酒器也，诸臣之所酢。”

《尔雅 · 释器》“彝卣罍，器也。”郭璞注：“皆盛酒尊，彝总其名。”

《说文 · 木部》：“櫑，龟目酒尊。”

《周礼 · 春官宗伯第三 · 鬯人》：“鬯人掌共秬鬯而饰之。凡祭祀，社壝用大罍，禜门用瓢赍”；《周礼 · 春官宗伯第三 · 司尊彝》：“其朝践用两献尊，其再献用两象尊，皆有罍，诸臣之所酢也。”

《后汉书 · 班彪传》：“罍，酒器也，壶罍同训，是以此二器古每通称意。”

从文献记载来看，罍在先秦时期可以充当盛酒器，主要用于“诸臣酢人君”、在“社壝”祭祀等礼仪活动当中。

除酒器外，罍还可以作为盛水器。《仪礼 · 燕礼第六》云：“设洗、篚于阼阶东南，当东霤。罍水在东，篚在洗西，南肆。”《仪礼 · 大射第七》云：“设洗于阼阶东南，罍水在东，篚在洗西，南陈。设膳篚在其北，西面。”《仪礼 · 少牢馈食礼第十六》云：“司宫设罍水于洗东，有枓，设篚于洗西，南肆。”郑玄注：“凡设水用罍，沃盥用枓，礼在此也。”贾公彦疏：“用水者皆须罍盛之，沃盥者，皆用枓为之。”胡培翚正义引《礼经释例》云：“凡盛水之器曰罍。”

宋代董逌引《仪礼》所述，认为“盖古者祭祀燕会皆用罍洗，所以盥也，罍贮水，洗受水，凡行礼者尽然”①。

《篇海类编 · 器用类 · 缶部》：“罍，盥器。”

罍作为盛水器主要是用于燕礼、大射礼、少牢馈食礼等礼仪活动当中。

二、考古材料反映罍的功用及使用场合问题

青铜罍作为盛酒器，得到了考古材料的证实。1994年山东滕州前掌大墓地M11出

① （宋）董逌：《广川书跋》，1915年南林张氏适园丛书本，卷1 · 10。

土1件史方罍，年代在殷墟四期，出土时腹内装有液体，发掘报告推测其成分为酒①；2004年安阳大司空M303出土的马危罍出土时里面装有大量液体，简报推测也是为酒②。这些材料无疑是判定罍作为盛酒器最直接的考古学证据。

墓葬中青铜罍与其他礼器的摆放位置关系也显示出罍具有盛酒器的功能。安阳殷墟花园庄东地M54出土的方罍在棺椁南部与方斝摆放在一起③；殷墟M5妇好墓中方罍与司䍃母癸大方尊、圈足觥、妇好鸮尊、妇好扁圆壶、司䍃母方壶等大型酒器集中排列在棺椁之间的东面④；郭家庄M160中罍、方觚、分裆圆鼎和盉置于2件大方尊之间，方觚置于罍腹中⑤；青州苏埠屯M8中斝、觚、爵、尊、罍、卣、觯、斗等在棺北，5件鼎与1件簋分别置于棺的西北角和东北角⑥；山东寿光纪国墓中包括罍在内的酒器、兵器在墓葬西侧，罍在斝、尊之间，盛器、蒸煮器在东侧⑦；鹿邑太清宫长子口墓中的“铜方形器除方鼎外都出于西椁室，自北向南依次有：2件铜方斝、2件铜方尊、1件铜方罍”⑧；宝鸡石鼓山石嘴头M3中罍与觯、卣、壶、盉、尊、爵、禁等存放于3号壁龛中⑨；随州叶家山M28中卣、罍等酒器与炊食器分开，罍、壶放在一起⑩；叶家山M111中3件罍与1件斝、2件橄榄形壶集中堆放在墓主人头部侧端的二层台上⑪。这是罍可以作为酒器的侧面证据。

目前还没有考古材料能够直接证明罍可以作为水器，但是罍作为一种容器，既然能够盛酒，也就能够盛水，只不过是使用的场合不同罢了。关于这点，《仪礼》所载大概不会有误。

在某些特殊情况下，罍也许还有作为盛食器的功能。安阳大司空M539中罍、甗置

---

① 中国社会科学院考古研究所：《滕州前掌大墓地》（上册），文物出版社，2005年，77页。

② 中国社会科学院考古研究所安阳工作队：《殷墟大司空M303发掘报告》，《考古学报》2008年第3期。

③ 中国社会科学院考古研究所：《安阳殷墟花园庄东地商代墓葬》，科学出版社，2007年，124页。

④ 中国社会科学院考古研究所：《殷墟妇好墓》，文物出版社，1980年，12页。

⑤ 中国社会科学院考古研究所：《安阳殷墟郭家庄商代墓葬》，中国大百科全书出版社，1998年，76页。

⑥ 张学海：《海岱考古》（第一辑），山东大学出版社，1989年，261页。

⑦ 寿光县博物馆：《山东寿光县新发现一批纪国铜器》，《文物》1985年第3期。

⑧ 河南省文物考古研究所、周口市文化局：《鹿邑太清宫长子口墓》，中州古籍出版社，2000年，18页。

⑨ 石鼓山考古队：《陕西宝鸡石鼓山西周墓葬发掘简报》，《文物》2013年第2期。

⑩ 湖北省博物馆等：《随州叶家山西周早期曾国墓地》，文物出版社，2013年，55、91页。

⑪ 湖北省博物馆等：《随州叶家山西周早期曾国墓地》，文物出版社，2013年，113页，墓葬器物分布图。

于内棺南侧，其他礼器置于内棺盖上①；安阳戚家庄东M269中爰罍位于铜甗的东侧②；泾阳高家堡M4中罍与4号方鼎、5号圆鼎、7号甗摆放在一起③；安阳花园庄东地M54出土的陶罍和鼎、簋摆放在椁室的北部，出土的小陶罍中有的盛放果羹类食品，有的盛放肉羹类食品④；安阳刘家庄北M1046出土的亚䀠方罍内有植物，已经炭化⑤。罍作为盛食器的功能没有见诸文献记载，在考古发现中也是仅此几例，况且铜罍是否具备与陶罍同样的功能还有待研究，因此此处只是作为一种考古迹象罗列出来，真相如何还有待于以后更多的考古材料来证实。在后文的墓葬礼器组合分析一节中，作为权宜之计，我们还是暂时将其列入酒器组进行论述，特此说明。

考察考古材料中青铜罍的使用场合问题，我们只能通过分析青铜罍的铭文来实现。我们选取了铭文中作器主体、受器对象同时具备的12件青铜罍作为研究对象。材料如下表（表2-2）：

表2-2　作器主体、受器对象同时具备的青铜罍铭文材料统计表

序号	器名	时代	铭文	出处
1	劦作父丁方罍	商代晚期	王由攸田劦，劦作父丁尊，[illegible]	《商周》13821
2	妇闟罍	商代晚期	妇闟作文姑日癸尊彝	《商周》13819
3	亚妇婭方罍	商代晚期	亚，妇婭作母癸尊彝，[illegible]，㠱	《商周》13820
4	皿天全方罍	商代晚期	皿作父己尊彝	《商周》13807
5	乃孙罍	商代晚期	乃孙厥作祖甲罍，其□遽弗述，永宝，其作彝	《商周》13823
6	冉方罍	商代晚期	冉作父丁妻，盟	《商周》13808
7	爯罍	西周早期	爯作日父丁尊彝	《商周》13812
8	趞罍	西周早期	趞作文父戊尊彝，皞册	《商周》13818
9	中罍	西周早期	中作父乙宝尊罍，[illegible]	《商周》13814
10	陵方罍	西周早期	陵作父日乙宝罍，◇单	《商周》13817
11	对罍	西周中期	对作文考日癸宝尊罍，子子孙孙其万年永宝用，匄眉寿敬终，冉	《商周》13829
12	蘇罍	西周中期	蘇作且己尊彝，其子子孙孙永宝，戈	《商周》13822

① 中国社会科学院考古研究所安阳工作队：《1980年河南安阳大司空村M539发掘简报》，《考古》1992年第6期。

② 安阳市文物工作队：《殷墟戚家庄东269号墓》，《考古学报》1991年第3期。

③ 戴应新：《高家堡戈国墓》，三秦出版社，1991年，58页，图56。

④ 中国社会科学院考古研究所：《安阳殷墟花园庄东地商代墓葬》，科学出版社，2007年，91页。

⑤ 中国社会科学院考古所安阳工作队：《安阳殷墟刘家庄北1046号墓》，《考古学集刊》（15），文物出版社，2004年，367页。

通过这12条罍铭可知，其反映的都是晚辈为祭祀祖先作器，并不是用于“诸臣酢人君”、在社壝祭祀、燕礼、大射礼、少牢馈食礼等礼仪活动当中。当然这仅仅是作器、受器对象明确的青铜罍所反映的使用场合概况，它只能反映青铜罍行用范围的很小一部分。至于其他铭文简短或者没有铭文的青铜罍是不是可以用于以上祭祀礼仪场合，我们无法通过青铜罍的本体来确知，还需要有更多的材料来印证。

第三节　小　　结

本章我们通过文献与考古材料相结合的方法，对青铜罍的定名与功用问题进行了分析探讨，发现考古材料中罍的有些信息和文献是可以相互印证的，起到了证史的作用。但有些信息却与文献记载不尽相合，这大概是受到了考古材料所处的年代与文献成书年代相隔久远等因素的影响，或者是考古材料仅能反映文献记载的部分史实的因素所致。所以目前我们只能解决关于青铜罍定名与功用的部分问题，对于尚有困难的其他问题还有待于今后条件成熟时得以完成。

第三章　青铜罍的类型学分析

对于青铜罍的类型学分析，早有容庚先生的方罍、圆罍、足内有铃罍、无耳罍分类法①；后有容庚、张维持先生的长形罍属、扁形罍属、方罍属分类法②；再有朱凤瀚先生的圆罍、方罍分类法③。以上诸家皆是采用青铜罍的外在形态为分类依据，具有十分重要的参考价值。本文拟在前人分类的基础上，结合考古地层学、类型学的基本方法，对于商周时期的青铜罍作一类型学分析。分析的对象主要采用具有中原主流文化特征的出土器，对于一些年代特征明显的传世器，也会酌情采用。对于器形如湖北叶家山M111出土的父𢆶罍、山西大河口M1出土的涡纹罍、郑州洼刘贵族墓出土的涡纹罍等器物，虽然从形制上来看可以早到商代，但是均出土于西周的墓葬当中，在我们没有确切的证据证明它们确实铸造于商代的情况下，我们还是以墓葬的年代作为铜罍的年代，确定其为西周时期的器物。

截至2016年，我们收集到商周时期的青铜罍共计292件，其中器形、出土地点明确的有150件（附表1）；历代传世品有105件（附表2）；器形不完整或仅见铭文拓片的有37件（附表3）。现以附表1、2中器形明确、年代特征清楚的中原主流文化铜罍为研究对象，进行类型学分析：

依据圆、方两种罍形制的不同，可以分为A、B两型。

第一节　A型圆罍

A型　圆罍（148件：出土85件，传世63件）：圆肩，斜深腹。依据腹部有无纹饰及体量大小可分为三亚型。

Aa型（101件：出土63件，传世38件）：腹部素面，依据圈足变化等特征可分为五式。

Ⅰ式（14件：出土10件，传世4件）：平底，下腹有一鼻纽，有的有盖。

标本一：安阳小屯M18：37弦纹罍，小口，直颈，圆肩，肩部较宽，肩腹分界不明显，深腹，平底略内凹。颈部饰两周弦纹。肩部有对称的羊首形半环耳，下腹部有

① 容庚：《商周彝器通考》（上册），台湾大通书局印行，448页。

② 容庚、张维持：《殷周青铜器通论》，文物出版社，1984年，56、57页。

③ 朱凤瀚：《古代中国青铜器》，南开大学出版社，1995年，107～109页。

一羊首形鼻纽。通高33、口径11.6厘米①。殷墟二期（图3-1）。

标本二：安阳大司空M539：22 弦纹罍，小口，直颈，鼓腹，小平底。肩部有两个对称的羊首耳，下腹部有一羊首形鼻纽。肩部饰一道凹弦纹，其余部位均素面。通高34.3、口径12.5厘米②。殷墟二期（图3-2）。

图3-1　安阳小屯M18：37弦纹罍
（《全集》3·79）

图3-2　安阳大司空M539：22弦纹罍
（《全集》3·80）

Ⅱ式（20件：出土8件，传世12件）：矮圈足，下腹部有一鼻纽。

标本一：1973年陕西岐山县贺家村西M1出土涡纹罍，侈口，方唇，束颈，广肩，斜腹向下收为矮圈足。肩部有两对称的兽首环耳，下腹部有一牛首鼻纽。颈部饰两道弦纹，肩部两侧饰六个浮雕圆涡纹，每侧三个。通高40、口径15厘米③。殷墟三期早段（图3-3）。

标本二：1981年陕西汉中洋县张村出土涡纹罍，侈口，方唇，束颈，广肩，斜腹向下收为矮圈足。肩部有两对称兽首环耳，下腹部有一牛首鼻纽。颈部饰两道弦纹，肩部两侧饰六个浮雕圆涡纹，每侧三个。通高39、口径16.5厘米④。殷墟三期早段（图3-4）。

Ⅲ式（3件：出土3件）：圈足较上式稍高，下腹部有一鼻纽，有的有盖。

标本一：安阳殷墟戚家庄东M269：35爰罍，侈口，方唇，束颈，广肩，斜腹向下收为圈足。肩部有两对称牛首半环耳，下腹部有一牛首鼻纽。颈部饰两道弦纹，肩部两侧饰凸圆泡六个，每侧三个，泡面饰圆涡纹，腹上部饰宽带凹弦纹一周。口沿内一侧铸一铭文“爰”字。通高38.6、口径16.9厘米⑤。殷墟三期晚段（图3-5）。

① 中国社会科学院考古研究所安阳工作队：《安阳小屯村北的两座殷代墓》，《考古学报》1981年第4期。

② 中国社会科学院考古研究所安阳工作队：《1980年河南安阳大司空村M539发掘简报》，《考古》1992年第6期。

③ 曹玮：《周原出土商周青铜器》，巴蜀书社，2005年，6·1246页。

④ 曹玮：《汉中出土商代青铜器》，巴蜀书社，2006年，1·114页。

⑤ 安阳市文物工作队：《殷墟戚家庄东269号墓》，《考古学报》1991年第3期。

图3-3　岐山贺家村出土涡纹罍
（《周原》6 · 1246页）

图3-4　汉中洋县张村出土涡纹罍
（《汉中》1 · 114页）

图3-5　殷墟戚家庄东M269：35爰罍
（《全集》3 · 83）

标本二：1959年陕西省武功县游凤镇浮沱村出土責甲罍，侈口，方唇，束颈，广肩，斜腹向下收为圈足。肩部有两对称兽首衔环耳。下腹部有一牛首鼻纽。有盖，盖顶有一蓓蕾纽，盖缘装饰圆涡纹。颈部饰弦纹两道，肩部两侧饰圆涡纹六个，每侧三个，腹上部饰宽带凹弦纹一周，口沿内有铭文2字“責甲”。通高55、口径18厘米[1]。殷墟三期晚段（图3-6）。

图3-6　武功滹沱村出土責甲罍
（《神韵与辉煌》109页）

① 段绍嘉：《介绍陕西省博物馆的几件青铜器》，《文物》1963年第3期。

Ⅳ式（19件：出土13件，传世6件）：圈足较Ⅲ式升高，有的略外撇，下腹部有一鼻纽，有的有盖。

标本一：1992年汉中城固县陈邸村出土山父己罍，侈口，束颈，圆肩，斜腹，圈足外撇。肩部两侧有对称的兽首半环耳，腹正中下部有一牛首形鼻纽。颈部饰两道弦纹，肩部饰以凹弦纹为界的圆涡纹。肩部有一破孔。口沿内壁铸铭文3字："山父己。"通高43、口径18.6厘米[①]。殷墟四期（图3-7）。

图3-7　汉中城固县陈邸村出土山父己罍

（《汉中》1·118页）

标本二：1995年山东滕州前掌大M38出土涡纹罍，侈口，束颈，圆肩，斜深腹，圈足微外撇。肩部两侧有对称的兽首衔环耳，下腹部有一牛首鼻纽。颈部有两道弦纹，肩部饰浮雕圆涡纹。通高27.4、口径13.2、圈足径12.9厘米[②]。殷墟四期（图3-8）。

图3-8　山东省滕州前掌大M38出土涡纹罍（《前掌大》彩版42·1）

Ⅴ式（43件：出土27件，传世16件）：圈足外撇程度较Ⅳ式更甚，有的圈足外边还带有裙边，下腹部有一鼻纽，有的有盖。

标本一：2012年宝鸡石鼓山M1：2涡纹罍，侈口，方唇，窄沿，束颈，圆肩，深腹内收，圈足外撇。肩部有对称的圆雕牛首耳，牛首尖耳，圆目，鼻上翻。颈部饰两道凸棱，肩部饰六个浮雕圆涡纹。下腹中央有一牛首鼻纽。肩部一耳

① 曹玮：《汉中出土商代青铜器》，巴蜀书社，2006年，1·118、119页。

② 中国社会科学院考古研究所：《滕州前掌大墓地》，文物出版社，2005年，275、277页，彩版42·1。

图3-9　宝鸡石鼓山M1：2涡纹罍（《戴家湾》031）

残。高43、口径18.3、圈足径20.4厘米①。西周早期偏早（图3-9）。

标本二：2012年宝鸡石鼓山M3：19 亚羌父乙罍，侈口，方唇，窄沿，束颈，圆肩，深腹斜内收，高圈足外撇。弧形盖，盖顶边缘一周凸起，盖面饰4组浮雕圆涡纹，肩部有对称的圆雕牛首衔环耳。颈部饰两道弦纹，肩部饰六个浮雕圆涡纹。下腹中央有一牛首鼻纽。口沿内铸有铭文4字。通高50、口径18.2、圈足径23.2厘米②。西周早期偏早（图3-10）。

Ⅵ式（2件：出土2件）：圈足较Ⅴ式更加外撇且普遍带有裙边，下腹部鼻纽消失。

图3-10　宝鸡石鼓山M3：19亚羌父乙罍

（《文物》2013年第2期，图55）

标本一：1997年陕西扶风齐家村窖藏出土涡纹罍甲，侈口，方唇，斜折沿，束颈，广肩，斜深腹，圈足外撇带有裙边。颈部及圈足饰两道弦纹，肩部饰圆涡纹。高46.5、口径22厘米③。西周中期（图3-11）。

标本二：1997年陕西扶风齐家村窖藏出土涡纹罍乙，侈口，方唇，斜折沿，束颈，广肩，斜深腹，圈足外撇且带有裙边。颈部及圈足饰两道弦纹，肩部饰圆涡纹。

① 石鼓山考古队：《陕西宝鸡石鼓山西周墓葬发掘简报》，《文物》2013年第2期。

② 石鼓山考古队：《陕西宝鸡石鼓山西周墓葬发掘简报》，《文物》2013年第2期。

③ 曹玮：《周原出土商周青铜器》，巴蜀书社，2005年，10 · 2208～2210页。

高46.9、口径22.3厘米[①]。西周中期（图3-12）。

图3-11　扶风齐家村窖藏出土涡纹罍甲
（《周原》10·2208页）

图3-12　扶风齐家村窖藏出土涡纹罍乙
（《周原》10·2211页）

Ab型（39件：出土19件，传世20件）：腹部装饰花纹，依据圈足及其他特征可分为五式。

Ⅰ式（4件：出土1件，传世3件）：平底，下腹部有一鼻纽，有的有盖。

标本一：1937年安阳小屯墓地M238出土三角夔纹罍（M238：R2076），侈口，束颈，圆肩，斜深腹，平底。肩部两侧有对称的兽首耳。颈部饰两道弦纹，肩部及上腹部饰夔纹，下腹部饰三角夔纹。通高36.4厘米[②]。殷墟二期（图3-13）。

图3-13　安阳小屯M238出土三角夔纹罍（《综览》罍1）

标本二：亚醜罍，侈口，束颈，圆肩，斜深腹，平底。肩部两侧有对称的兽首衔环耳。有盖，盖顶有一蓓蕾纽，下腹部有一兽首鼻纽。颈部饰两道弦纹，肩部饰夔纹，腹部饰三角夔纹。盖、器同铭，各2字。通高36.1、口径11.2厘米[③]。殷墟二期（图3-14）。

Ⅱ式（1件：出土1件）：矮圈足，下腹有一鼻纽。

标本：1957年山东长清兴复河出土且辛禹罍，侈口，束颈，圆肩，斜腹向下收为矮圈足，肩部两侧有对称的兽首衔环耳，腹部正中下部有一牛首形鼻纽。颈部饰两道弦纹，肩部及上腹部以三条扉棱为中心，饰夔纹组成的三组兽面纹，下腹部饰三角夔纹。口沿内铸铭文5字。通高40、口径17厘米[④]。殷墟三期早段（图3-15）。

① 曹玮：《周原出土商周青铜器》，巴蜀书社，2005年，10·2211页。

② 〔日〕林巳奈夫：《〈殷周时代青铜器之研究〉——殷周青铜器综览一》，吉川弘文馆，1984年，罍1。

③ 吴镇烽：《商周青铜器铭文暨图像集成》，上海古籍出版社，2012年，13747。

④ 山东省博物馆：《山东省博物馆藏珍·青铜器卷》，山东文化音像出版社，2004年，3页。

图3-14　亚醜罍（《商周》13747）

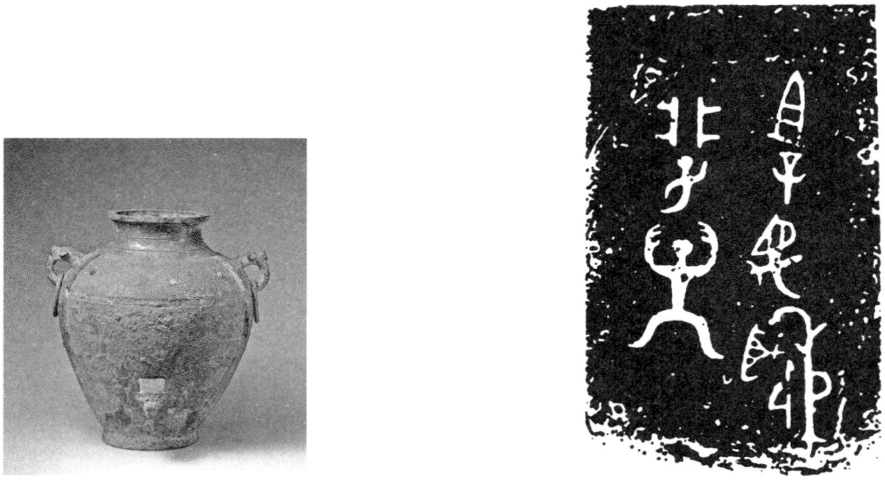

图3-15　山东长清兴复河出土且辛禹罍（《山东省博物馆藏珍 · 青铜器卷》3页）

Ⅲ式（5件：出土1件，传世4件）：圈足较Ⅱ式升高，下腹部有一鼻纽，有的有盖。

标本一：1990年安阳殷墟郭家庄M160：140亚址罍，口微侈，方唇，束颈，圆肩，深腹，圈足内凹。肩部有一对称牛首衔环耳，下腹部有一牛首形鼻纽。口沿下为一周三角蝉纹，下有六条回首卷尾夔纹。通体以云雷纹为底，肩部有六个圆涡纹，在中部圆涡纹两侧各有一横向夔纹，以圆涡纹为中心相向对称。腹上部有三组由夔纹组成的兽面纹，腹下部饰九个三角夔纹，圈足上有一周夔纹带。颈部内壁与牛首鼻纽相对应的位置有铭文“亚址”2字。通高44.8、口径17.5厘米[1]。殷墟三期晚段（图3-16）。

① 中国社会科学院考古研究所：《安阳殷墟郭家庄商代墓葬》，中国大百科全书出版社，1998年，89、90页。

标本二：上海博物馆藏宁罍，侈口，束颈，圆肩，斜腹向下收为圈足。肩部饰对称的牛首衔环耳，下腹部有一牛首形鼻纽。有盖，盖顶隆起，其上有一伞状捉手。盖及肩部饰兽面纹，肩部兽面的躯体之下各有一条龙纹。腹上部有一周凤鸟纹，其下饰三角夔纹。盖、器同铭，各有1字“宁”通高46.5、口径17.3厘米[①]。殷墟三期晚段（图3-17）。

图3-16　安阳殷墟郭家庄M160：140 亚址罍

（《全集》3·81）

图3-17　上海博物馆藏宁罍

（《全集》3·84）

Ⅳ式（6件：出土1件，传世5件）：圈足进一步升高，有的略外撇，下腹有一鼻纽，有的有盖。

标本一：安阳大司空M303出土马危罍，方唇，侈口，束颈，鼓腹向下斜收为喇叭

① 中国青铜器编辑委员会：《中国青铜器全集》，文物出版社，1997年，3·84。

形高圈足，圈足略外撇。肩部有对称的兽首衔环耳，下腹部有一牛首鼻纽。有盖，盖顶有一瓜棱纽。颈部饰两周弦纹，肩部饰涡纹相间的夔龙纹，腹中部饰兽面纹，下腹饰三角夔纹。器盖弧面饰涡纹相间的夔龙纹。圈足饰兽面纹。器盖内壁铸有铭文2字“马危”。通高42.5、口径15.9厘米[①]。殷墟四期（图3-18）。

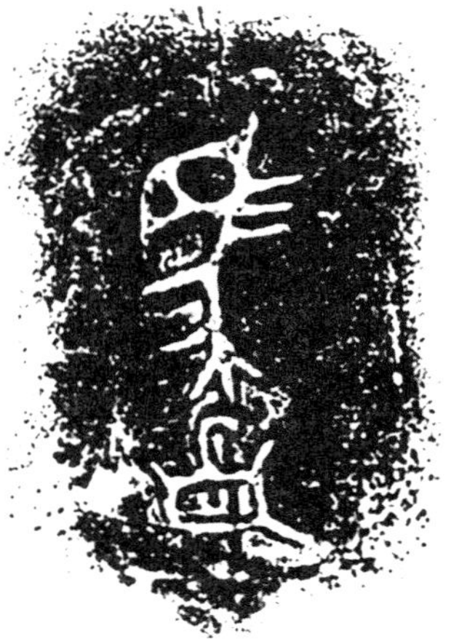

图3-18　安阳大司空M303出土马危罍（《殷墟新出土青铜器》344页）

图3-19　上海博物馆藏三角夔纹罍（《全集》4 · 114）

标本二：上海博物馆藏兽面三角夔纹罍，侈口，束颈，圆肩，斜腹向下收为略为外撇的圈足。肩部饰对称的牛首耳，下腹部有一牛首形鼻纽。通体以云雷纹为地，肩部饰以涡纹为间隔的龙纹，腹上部饰兽面纹及鸟纹，腹下部饰三角夔纹，圈足饰兽面纹。通高43.5、口径18.6厘米[②]。殷墟四期（图3-19）。

Ⅴ式（9件：出土6件，传世3件）：腹部较Ⅳ式更加鼓起，圈足更加外撇。

标本一：琉璃河燕国墓地M1043出土敫[illegible]父己罍，侈口，束颈，圆肩，斜腹向下收为外撇的圈足。肩部饰对称的兽首衔环耳，下腹部有一牛首形鼻纽。通体以云雷纹为地，肩部饰以涡纹为间隔的兽面纹，腹上部饰兽面纹及短扉棱，腹下部饰三角夔纹，圈足饰以扉棱为界的兽面纹。通高43、口径19.4厘米[③]。西周早期偏早（图3-20）。

① 中国社会科学院考古研究所安阳工作队：《殷墟大司空M303发掘报告》，《考古学报》2008年第3期。

② 中国青铜器编辑委员会：《中国青铜器全集》，文物出版社，1997年，4 · 114。

③ 吴镇烽：《商周青铜器铭文暨图像集成》，上海古籍出版社，2012年，13789。

图3-20　琉璃河燕国墓地M1043出土敗□父己罍（《商周》13789）

标本二：2009年山西翼城县大河口墓地M1017出土霸伯罍，侈口，束颈，圆肩，斜鼓腹向下收为圈足，圈足外撇。肩部饰对称的兽首衔环耳。颈部饰相对的长尾凤鸟纹，肩中部饰以涡纹为间隔的云雷纹，腹部饰垂鳞纹。口沿内壁有铭文2行5字“霸伯作宝尊”。通高34.5、口径15.5厘米[1]。西周早期偏早（图3-21）。

图3-21　山西翼城县大河口墓地出土霸伯罍（《呦呦鹿鸣》39页）

Ⅵ式（14件：出土9件，传世5件）：圈足较Ⅴ式更加外撇且普遍带有裙边，下腹部鼻纽消失。

标本一：凤翔劝读村出土对罍，平折沿，方唇，颈部内敛。肩上有一对兽首衔环耳，鼓腹斜收，圈足外撇程度很深且带有裙边。颈饰一周夔龙纹，肩部饰六个圆涡纹，与变体夔纹相间排列。腹饰下垂的三角夔纹，圈足饰两周弦纹。口沿内壁有铭文25字。通高46、口径23厘米[2]。西周中期（图3-22）。

---

① 山西省考古研究所大河口墓地联合考古队：《山西翼城县大河口西周墓地》，《考古》2011年第7期。

② 曹明檀、尚志儒：《陕西凤翔出土的西周青铜器》，《考古与文物》1984年第1期。

图3-22　凤翔劝读村出土对罍（《凤翔遗珍》97页）

图3-23　扶风庄白村出土三角夔纹罍（《青铜铸文明》39页）

标本二：2002年扶风庄白村出土三角夔纹罍，平折沿，方唇，颈部内敛，肩上有一对兽首衔环耳，鼓腹斜收，圈足较高，外撇程度很深且带有裙边。颈饰一周夔龙纹，肩部饰以涡纹为界的夔龙纹。腹饰两个相对夔龙组成的三角夔纹，圈足饰两道弦纹。通高45.6、口径22.8厘米①。西周中期（图3-23）。

Ac型　罍形弄器（8件：出土3件，传世5件）：这类罍的形制纹饰与Aa、Ab型罍完全相同，不同之处仅在于体量甚小，最高者通高仅15.8厘米②，最低者10.8厘米③。很可能是一种贵族的赏玩之物，因此可称之为罍形弄器。依据圈足变化情况可分为三式：

Ⅰ式（2件：传世2件）：平底。

标本：妇姦小罍，侈口，束颈，圆肩，斜鼓腹下收为平底。有盖，盖顶有一伞状捉手。肩部有对称的兽首耳，下腹部正中有一兽首纽。盖顶装饰云雷纹，肩上部装饰以涡纹为界的四瓣目纹，肩下部一周云雷纹，云雷纹下一周三角夔纹。内壁铸铭文2字。通高14.5厘米④。殷墟二期（图3-24）。

Ⅱ式（1件：传世1件）：矮圈足。

标本：兽面三角夔纹小罍，侈口，束颈，圆肩，斜腹下收为矮圈足。有盖，盖顶有一伞状捉手。肩部有对称的兽首耳，下腹部正中有一牛首纽。盖顶装饰夔龙纹，颈部装饰两道弦纹，肩上部装饰兽面纹，肩下部一周夔龙纹，夔龙纹下一周三角夔纹。

① 宝鸡青铜器博物院：《青铜铸文明》，世界图书出版西安公司，2010年，39页。

② 卢连成、胡智生：《宝鸡弚国墓地》（上），文物出版社，1988年，301页。

③ 洛阳市文物工作队：《洛阳北窑西周墓》，文物出版社，1999年，89页。

④ 吴镇烽：《商周青铜器铭文暨图像集成》，上海古籍出版社，2012年，13735。

图3-24　妇姦小罍（《商周》13735）

通高13.9厘米[①]。殷墟三期早段（图3-25）。

Ⅲ式（1件：出土1件）：圈足较Ⅱ式升高。

标本：子媚小罍，侈口，束颈，圆肩，斜腹下收为矮圈足。有盖，盖顶有一伞状捉手。肩部有对称的兽首耳，下腹部正中有一牛首纽。颈部装饰两道弦纹，肩部装饰圆涡纹，再下一道凹弦纹。有铭文2字。通高14.5厘米[②]。殷墟三期晚段（图3-26）。

Ⅳ式（4件：出土2件，传世2件）：高圈足。

图3-25　兽面三角夔纹小罍（《综览》罍形小壶2）

图3-26　子媚小罍（《商周》13785）

标本一：1974～1977年宝鸡強国墓地茹家庄M1乙出土涡纹小罍，侈口，束颈，圆肩，斜腹下收为高圈足。有盖，盖顶有一蓓蕾状捉手。肩部有对称的兽首衔环耳，下腹部正中有一兽首纽。盖顶装饰以涡纹为界的夔龙纹，颈、肩各装饰两道弦纹，弦纹

① 〔日〕林巳奈夫：《〈殷周时代青铜器之研究〉——殷周青铜器综览一》，吉川弘文馆，1984年，罍形小壶2。

② 吴镇烽：《商周青铜器铭文暨图像集成》，上海古籍出版社，2012年，13785。

间装饰以涡纹为界的兽面纹，腹部装饰三角夔纹。通高15.8厘米[①]。西周早期偏早（图3-27）。

标本二：1964～1966年洛阳北窑西周墓M37出土牛首小圆罍，侈口，束颈，斜肩，斜腹下收为高圈足。肩部有对称的牛首衔环耳，下腹部正中有一牛首鼻纽。颈和肩腹分界处各装饰两道凸弦纹。通高10.8、口径5.5厘米[②]。西周早期偏早（图3-28）。

图3-27　宝鸡茹家庄M1乙出土涡纹小罍（《全集》6·117）

图3-28　洛阳北窑M37出土牛首小圆罍（《北窑》图版15·1）

第二节　B型方罍

B型　方罍（64件：出土28件，传世36件）：长方形直口，弧形肩，方斜腹，有的有盖。依据腹部有无纹饰可分为两亚型。

Ba型（23件：出土9件，传世14件）：素面或仅盖、肩部有纹饰，依据颈部、圈足等演变情况可分为四式：

Ⅰ式（7件：出土1件，传世6件）：短颈，平底，有的有盖。

标本一：2000～2001年安阳殷墟花园庄东地M54出土涡纹方罍，长方形直口，弧形肩，鼓腹向下斜收为平底，下腹正中有一兽首纽。肩部两侧有对称的兽首衔环耳，两耳之间各有一浮雕兽头，兽头两侧各有一圆涡纹。通高36.1、口径13.6×11.3厘米[③]。殷墟二期（图3-29）。

标本二：涡纹方罍，长方形直口，弧形肩，鼓腹向下斜收为平底，下腹正中有

---

① 卢连成、胡智生：《宝鸡弜国墓地》（上），文物出版社，1988年，285、301页。

② 洛阳市文物工作队：《洛阳北窑西周墓》，文物出版社，1999年，第89页，图版15·1。

③ 中国社会科学院考古研究所：《安阳殷墟花园庄东地商代墓葬》，科学出版社，2007年，124、127页，图96，彩版21·1。

一兽首纽。肩部两面有对称的兽首耳，两耳之间各有一浮雕兽头，兽头两侧各有一圆涡纹。有盖，盖顶有一矩形捉手，盖缘饰圆涡纹。通高45.4厘米[①]。殷墟二期（图3-30）。

图3-29　殷墟花园庄东地M54出土涡纹方罍（《殷墟新出土青铜器》165页）

图3-30　涡纹方罍（《综览》罍13）

Ⅱ式（1件：出土1件）：短颈，矮圈足。

标本：1958年河南安阳大司空M51出土涡纹方罍，长方形直口，弧形肩，鼓腹向下斜收为矮圈足，下腹正中有一兽首纽。有一四阿屋顶形盖，盖顶有一矩形捉手。肩部两面有对称的兽首衔环耳，两耳之间各有一浮雕兽头，兽头两侧各有一圆涡纹。通高45、口径13.4×11.4厘米[②]。殷墟三期（图3-31）。

图3-31　安阳大司空M51出土涡纹方罍（《安阳殷墟青铜器》图版108）

Ⅲ式（7件：出土3件，传世4件）：长颈，高圈足，有的略外撇。

标本一：1999年河南安阳殷墟刘家庄北M1046出土亚𠂤方罍，长方形直口，长颈，弧形圆肩，微鼓腹内收为平底，高圈足。有一四阿屋顶形盖，盖顶有一捉手。肩部短边两面饰一对对称的兽首衔环耳，长边下腹部有一兽首鼻纽。盖、体均饰弦纹，盖、肩弦纹之间饰一周圆涡纹，两耳之间饰半浮雕兽头。器口内壁有铭文

① 〔日〕林巳奈夫：《〈殷周时代青铜器之研究〉——殷周青铜器综览一》，吉川弘文馆，1984年，罍13。

② 安阳市文物工作队、安阳市博物馆：《安阳殷墟青铜器》，中州古籍出版社，1993年，140页。

2字，盖内壁有铭文1字。通高44.4、口径13 × 11.5、圈足径14 × 11.2厘米①。殷墟四期（图3-32）。

图3-32　安阳刘家庄北M1046出土亚𦙶方罍（《殷墟新出土青铜器》399页）

标本二：1994年山东省滕州前掌大M11出土史方罍，长方形直口，长颈，弧形圆肩，微鼓腹内收为平底，高圈足微外撇。有一四阿屋顶形盖，盖顶有一捉手。肩部短边两面饰一对对称的兽首衔环耳，长边下腹部有一兽首鼻纽。盖、体均饰圆涡纹，长边涡纹之间饰半浮雕兽头，其下有两道弦纹。盖内壁有铭文1字。通高49.6、口径14.8 × 13.2、圈足径16.5 × 12.5厘米②。殷墟四期（图3-33）。

图3-33　滕州前掌大M11出土史方罍（《商周》13728）

① 中国社会科学院考古所安阳工作队：《安阳殷墟刘家庄北1046号墓》，《考古学集刊》（15），文物出版社，2004年，367、372页。

② 中国社会科学院考古研究所：《滕州前掌大墓地》（上），文物出版社，2005年，275、278、279页。

形制上属于BaⅢ式的个别铜罍年代可以进入到西周早期，湖北叶家山M1出土的残方罍[①]即是一例。

Ⅳ式（8件：出土4件，传世4件）：颈部较上式变短，高圈足更加外撇，绝大多数无盖，且器形整体向矮胖形发展。

标本一：1976年扶风庄白一号窖藏出土陵方罍，长方形口，直颈，弧肩，鼓腹向下斜收为高圈足，圈足外侈。肩部两侧饰对称的兽首衔环耳，下腹部有一兽首鼻纽。肩部四面各饰两个涡纹，长边涡纹中间置一兽首，颈、肩与圈足饰弦纹。口沿内有铭文9字。通高38、口径14.8×13.8厘米[②]。西周早期偏晚阶段（图3-34）。

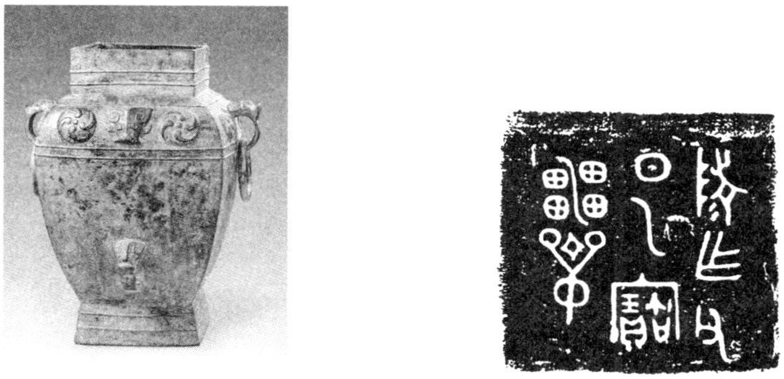

图3-34　扶风庄白一号窖藏出土陵方罍（《周原》3·580页）

标本二：1974年辽宁喀左山湾子窖藏出土史方罍，长方形直口，深腹，高圈足，肩部饰一对兽首衔环耳。肩部每侧饰圆涡纹两个。前后两面正中饰小兽头各一个，上下各有弦纹两道。圈足饰弦纹三道。颈内有一阳文“史”字。通高35.7、口径11.3×14、圈足径12.5×15.2厘米[③]。西周早期偏晚阶段（图3-35）。

图3-35　辽宁喀左山湾子窖藏出土史方罍（《商周》13729）

① 湖北省文物考古研究所、随州市博物馆：《湖北随州叶家山西周墓地发掘简报》，《文物》2011年第11期，38页，图75·2。

② 陕西周原考古队：《陕西扶风庄白一号西周青铜器窖藏发掘简报》，《文物》1978年第3期。

③ 喀左县文化馆、朝阳地区博物馆、辽宁省博物馆：《辽宁喀左县山湾子出土殷周青铜器》，《文物》1977年第12期。

Bb型（41件：出土19件，传世22件）：通体装饰纹饰，依据颈部、圈足等演变情况可分为四式：

Ⅰ式（11件：出土8件，传世3件）：短颈，平底，体形较胖。

标本一：1976年河南安阳殷墟M5出土妇好方罍（小屯M5：866），长方形直口，弧形肩，下腹内收为平底，底微内凹。肩部短边两面有对称的牛首环耳，腹下长边正中有一牛首鼻纽。有四阿屋顶形盖，盖顶有一矩形柱。盖面饰虎形纹饰，口沿下饰兽面纹。肩部长边两面正中各铸牛首一个，两侧饰对称的夔纹，下饰圆涡纹，圆涡纹下饰一周三角夔纹。器内壁有铭文1字、器盖有铭文2字。通高51.4、器高41.4、口径15.6×13.6厘米[①]。殷墟二期（图3-36）。

图3-36　安阳殷墟M5出土妇好方罍（《妇好墓》图版32 · 2）

图3-37　安阳苗圃北地M229出土三角夔纹方罍（《殷墟新出土青铜器》124页）

标本二：1999年安阳苗圃北地M229出土三角夔纹方罍，长方形直口，弧形肩，下腹内收为平底。下腹正中有一牛首鼻纽。肩部短边两侧有对称的兽首耳。通体以雷纹为地，口沿下饰兽面纹，肩上部饰双身夔龙纹，浮雕龙首。肩部正中饰一周圆涡纹，圆涡纹下一周兽面纹，再下一周三角夔纹。通高33.2厘米[②]。殷墟二期（图3-37）。

Ⅱ式（6件：出土2件，传世4件）：短颈，矮圈足，体形较胖。

标本一：安阳郭家湾出土鸢方罍，长方形直口，弧形肩，下腹内收为矮圈足。肩部短边两面有对称的兽首衔环耳，长边下腹正中

① 中国社会科学院考古研究所：《殷墟妇好墓》，文物出版社，1980年，67页，图版32 · 2。

② 中国社会科学院考古研究所、安阳市文物考古研究所：《殷墟新出土青铜器》，云南出版集团公司、云南人民出版社，2008年，124、125页。

有一兽首纽。有四阿屋顶形盖，盖顶有一矩形捉手。盖体、器体四隅及中央皆有一道扉棱，盖面饰兽面纹，颈部饰凤鸟纹，肩部长边一侧饰有浮雕兽首，兽首两侧饰相对的夔龙纹，上腹饰由相对夔龙组成的兽面纹，下腹部饰三角夔纹。盖、器同铭，各1字。通高50.8厘米[①]。殷墟三期（图3-38）。

图3-38　鸢方罍（《商周》13704）

标本二：日本神户白鹤美术馆藏毌得方罍，长方形直口，弧形肩，下腹内收为矮圈足。肩部短边两面有对称的兽首耳，长边下腹正中有一牛首纽。有四阿屋顶形盖，盖顶有一矩形捉手。盖体、器体每条边角及中央皆有一道扉棱，盖面及颈部饰兽面纹，肩部长边一侧饰浮雕兽首，兽首两侧饰相对的夔纹，腹部饰兽面纹组成的三角夔纹，圈足饰卷云纹。盖、器同铭，各2字。通高47.7、口径14.5×12.5厘米[②]。殷墟三期（图3-39）。

图3-39　毌得方罍（《商周》13751）

---

① 吴镇烽：《商周青铜器铭文暨图像集成》，上海古籍出版社，2012年，13704。
② 吴镇烽：《商周青铜器铭文暨图像集成》，上海古籍出版社，2012年，13751。

Ⅲ式（19件：出土4件，传世15件）：短颈，鼓腹，高圈足，体形较胖。

标本一：河南安阳出土执■方罍，长方形直口，弧形肩，下腹内收为高圈足。肩部短边两面有对称的兽首耳，腹下长边正中有一牛首纽。有四阿屋顶形盖，盖顶有一矩形捉手。盖及器体四隅皆有扉棱。盖面饰兽面纹及涡纹，颈部饰变形夔纹，肩部饰浮雕状双身龙纹，上腹部饰涡纹间隔的夔纹，下腹饰三角夔纹。口内壁铸铭文2字。通高42.9厘米①。殷墟四期（图3-40）。

图3-40　安阳出土执■方罍（《商周》13764）

标本二：上海博物馆藏孤竹亚寞方罍，长方形直口，弧形肩，下腹内收为高圈足。肩部长边正中有一浮雕兽头，短边两面有对称的兽首耳，腹下长边正中有一兽首纽。器体四隅及腹部正中皆有扉棱。颈、上腹、圈足皆装饰两两相对的凤鸟纹，肩部装饰夔龙纹，下腹装饰以一组倒立夔龙组成的兽面纹。颈内壁铸铭文2行4字。通高53、口径17.2×20.1厘米②。殷墟四期（图3-41）。

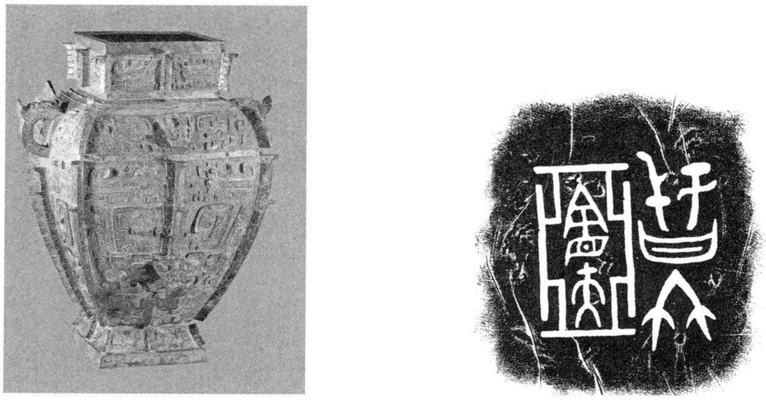

图3-41　孤竹亚寞方罍（《全集》4 · 113）

① 吴镇烽：《商周青铜器铭文暨图像集成》，上海古籍出版社，2012年，13764。

② 中国青铜器编辑委员会：《中国青铜器全集》，文物出版社，1997年，4 · 113。

Ⅳ式（5件：出土5件）：长颈，高圈足，体形略变修长。

标本一：1997年河南鹿邑太清宫长子口墓出土长子口方罍，长方形直口，弧形肩，下腹内收为高圈足外撇。肩部短边两面有对称的兽首衔环耳，长边下腹正中有一兽首纽。有四阿屋顶形盖，盖顶有一矩形捉手。通体以雷纹为地，盖体、器体每条边角及中央皆有扉棱，盖及器腹饰兽面纹，颈、肩、圈足饰夔纹。盖、器同铭，各3字。通高47.6、口径13.1×11.3厘米[①]。西周早期偏早（图3-42）。

图3-42　鹿邑太清宫出土长子口方罍（《商周》13779）

标本二：1964～1966年洛阳北窑西周墓出土母嫢方罍，长方形直口，弧形肩，下腹内收为高圈足。肩部短边两面有对称的兽首衔环耳，长边下腹正中有一兽首纽。有四阿屋顶形盖，盖顶有一矩形捉手。颈部及肩部饰虎耳龙纹，腹部饰长鸟纹及三角夔纹，盖及圈足分别饰倒置兽面纹及龙纹。盖内和器口内壁各铸铭文2字。通高50.3、口长13厘米[②]。西周早期偏早（图3-43）。

图3-43　洛阳北窑出土母嫢方罍（《全集》5·177）

① 河南省文物考古研究所、周口市文化局：《鹿邑太清宫长子口墓》，中州古籍出版社，2000年，117～119页。

② 中国青铜器编辑委员会：《中国青铜器全集》，文物出版社，1996年，5·177。

另有东北地区、海岱地区、巴蜀地区、长江中下游等地区出土的43件铜罍，由于数量较少，个性特征明显，属于非主流文化的铜罍，我们将在本书第六章进行专门论述，因此此处不再进行型式分析。

第三节 小 结

本章通过青铜罍的类型学分析，我们基本上能够把商周时期绝大部分的青铜罍归入这些型式之下，从而搞清楚在每一时期青铜罍的造型及演变情况。这样不但可以为下文进行青铜罍的分期研究打好基础，还可以为其他青铜罍的年代判断提供一个参考标准。

第四章　青铜罍的分期研究

青铜罍从殷墟二期产生，至西周中期衰落，在商周青铜礼器中占有十分重要的地位。我们依据青铜罍的发展演变情况，将其分为初创期、发展期、繁荣期、鼎盛期、衰落期五个时期。

本文对于殷墟时期的青铜罍，采用邹衡先生对安阳殷墟铜器的四期分法，即：殷墟一期，约相当于甲骨第一期以前，相当于盘庚、小辛、小乙时代；殷墟二期，约相当于甲骨第一、二期，即武丁、祖庚、祖甲时代；殷墟三期，约相当于甲骨第三、四期，即廪辛、康丁、武乙、文丁时期；殷墟第四期，约相当于甲骨第四期，即帝乙、帝辛时代[①]。

对于西周时期的青铜罍，采用陈梦家先生的三期分法：西周早期，约相当于武、成、康、昭时期；西周中期，约相当于穆、共、懿、孝、夷时期；西周晚期，约相当于厉、宣、幽时期[②]。

第一节　第一期：初创期

第一期的年代相当于殷墟二期，即武丁、祖庚、祖甲时期。总共有38件青铜罍，其中圆罍20件，方罍18件[③]。一期的典型器物有AaⅠ式、AbⅠ式、AcⅠ式、BaⅠ式、BbⅠ式罍。第一期是青铜罍的初创期。

第一期的青铜罍在形制纹饰上已经具备了罍类铜器的雏形：圆罍皆是小侈口，束颈，圆肩斜腹向下收为略微内凹的平底，下腹正中有一鼻纽，有的还有盖。有花纹者多为肩饰圆涡纹，腹饰三角夔纹。方罍皆为直口，弧形肩，鼓腹，平底内凹，下腹正中有一鼻纽，有的有盖。装饰花纹者从颈部以下，依次装饰兽面纹、夔龙纹、圆涡纹、三角夔纹，肩部装饰浮雕兽头。这些基本的纹饰布局、形制特征都为后来的青铜罍所继承发扬，奠定了商周时期青铜罍的基本格调。

第一期的青铜罍数量不多，仅占总数的13%左右。圆罍以素面器居多，通高大多

---

① 邹衡：《试论殷墟文化分期》，《夏商周考古学论文集》，文物出版社，1980年。

② 陈梦家：《西周铜器断代》，中华书局，1999年，522页。

③ 本章所引用罍的相关数据资料均来源于附表1、2，或由附表1、2的数据计算而来，附表3因分期不明确，未予统计，下同。

在35厘米左右。表现较为突出的是方罍，总共18件方罍当中，仅器腹装饰花纹的就占了11件，纹饰有兽面纹、圆涡纹、夔龙纹、三角夔纹等，纹饰层次分明，结构布局合理，十分美观。大多数的方罍通高都在45厘米以上，更有甚者如安阳小屯出土的妇好方罍、汉中城固县出土的亚伐方罍竟然达到了52厘米以上的高度，这在当时的酒器中来说已经是属于大型器了。而且少数的高等级贵族还拥有成对方罍，如妇好方罍、亚疑方罍。

第一期的铜罍出土于河南安阳地区、陕东北山地的甘泉、清涧地区、陕南汉中的城固洋县地区。其中尤以安阳地区出土的青铜罍年代最早，数量最多，说明安阳是青铜罍的发源地，这也说明青铜罍能够在铜礼器中占有重要地位是与商王朝统治核心区贵族对这种大型酒器的偏好是分不开的。商人的这种重酒风俗也影响到了距安阳千里之遥的陕北、陕南地区。

除体量较大的铜罍外，AcⅠ式罍形弄器也在这一时期出现，装饰华美，甚为小巧可爱。

铭文也在第一期的铜罍上显现。行文十分简短，字体波磔明显，捺笔肥大。内容多为作器者的私名（如“妇好”）或族徽文字（如“亚醜”“亚疑”）等，使用者大多都是商王朝的高级贵族。

第一期的青铜罍虽然做不到尽善尽美，但作为一种新生的事物，它毕竟开创了有商以来铜器的新气象，为晚商青铜礼器的更新注入了新鲜的血液，是商王朝自二里冈期以来在酒器器类上取得的重大突破。其开创之功，自然不可小觑。

第二节　第二期：发展期

第二期的年代相当于殷墟三期，即廪辛至文丁时期。共有38件罍，占总数的13%，其中圆罍31件，方罍7件。圆罍按形制特征可以分为早晚两段，属于早段的有AaⅡ式、AbⅡ式、AcⅡ式罍，年代相当于殷墟三期早段；属于晚段的有AaⅢ式、AbⅢ式、AcⅢ式罍，年代相当于殷墟三期晚段。方罍有BaⅡ式、BbⅡ式罍。第二期是青铜罍的发展期。

就形制而言，第二期早段AaⅡ式、AbⅡ式圆罍最显著的变化是出现了矮圈足，口沿外侈程度较第一期也更加明显。到了二期晚段，AaⅢ式、AbⅢ式罍的圈足又进一步升高，导致罍的体量也随之增高，这是罍在青铜礼器中地位进一步得到加强的体现。

第二期圆罍的数量明显多于第一期，说明圆罍进一步受到重视。但方罍的数量却远远赶不上第一期，在发展过程当中受到了短暂的挫折。

第二期铜罍的体量明显变大。圆罍的通高大多在40厘米以上，武功浮沱村出土的责甲罍通高甚至达到了55厘米的高度[1]。方罍的体量大多数维持在一期的水平，没有太大的变化，但也有极个别如《美集》A783号三角夔纹方罍通高达到56厘米[2]（图4-1），超过一期体量最高的亚伐方罍。

第二期铜罍纹饰布局及装饰风格也基本沿袭第一期，但是极少数的圆罍如且辛禹罍[3]等体表装饰有扉棱，这是第一期所没有的特色。第二期仍然是只有极个别的贵族拥有成对方罍，如鸾方罍（图4-2、图4-3）。

图4-1　三角夔纹方罍（《美集》A783）

图4-2　安阳郭家湾出土鸾方罍（《商周》13704）

图4-3　鸾方罍（《商周》13705）

第二期铜罍的分布较为广泛。就圆罍来看，除河南外，在山西南部、陕西宝鸡、汉中、湖北、山东、辽宁等地均有出土。从分布特征上来看，基本上是以河南安阳地区为中心点向周边辐射，更远甚至达到东北的大凌河流域，这是商王朝势力扩张，商文化影响力加强的表现。方罍基本保持第一期的态势，只出现于河南安阳、陕西汉中地区，其他地区几乎没有发现，这当是方罍所代表的级别较高，商王朝的边远地区贵族恐怕一时之间还不能普遍拥有这种高等级的礼器所致。

第二期的AcⅡ、AcⅢ式罍形弄器基本沿袭第一期的情况，没有太大的变化。

第二期的青铜罍铭文仍然以日名、族徽文字为主。铭文中的“爰”“亚址”“孤竹、亚微”“融”“巽”等部族皆是殷商时期十分有影响力的大贵族。

第二期作为商周青铜罍的发展阶段，虽然在器形、纹饰等方面的变化不是特别明显，但是它器体增高，流行的范围进一步扩大，影响力进一步增强，仍然是青铜罍发展演变过程中的一个非常重要的阶段，不能轻易忽视之。

① 段绍嘉：《介绍陕西省博物馆的几件青铜器》，《文物》1963年第3期。
② 陈梦家：《美帝国主义劫掠的我国殷周铜器集录》，科学出版社，1962年，A783。
③ 山东省博物馆：《山东省博物馆藏珍·青铜器卷》，山东文化音像出版社，2004年，3页。

第三节　第三期：繁荣期

第三期：殷墟四期，相当于帝乙至帝辛时期，是青铜罍的繁荣期。属于第三期的典型器物有AaⅣ式、AbⅣ式、BaⅢ式、BbⅢ式罍，共计50件，占总数的17.1%，其中圆罍24件，方罍26件。

从造型上来看，第三期的铜罍圈足比二期更加升高，有的还出现外撇迹象。腹部更加硕大，能够承装更多的液体，这是罍的功用进一步加强的表现。

从数量上来看，第三期的AaⅣ式、AbⅣ式圆罍数量比第二期略微下降，但是BbⅢ式方罍数量急剧增加，比第二期的3倍还要多，并且成对出现的方罍增多。在第一、二期我们只看到极少数的高级贵族拥有成对方罍，如妇好方罍、亚疑方罍、鸢方罍等。第一、二期年代从武丁至于文丁，共经历7代商王，尚且只发现3组成对的方罍，而第三期只经历帝乙、帝辛两代商王，不但有成对的执■方罍（图4-4、图4-5），更有“亚醜”一个家族拥有3件方罍的现象（图4-6～图4-8），不能不说是方罍受到了格外的重视，在酒器中居于更加显耀的位置。

图4-4　河南安阳出土执■方罍（《商周》13764）

图4-5　流失海外的执■方罍（《商周》13763）

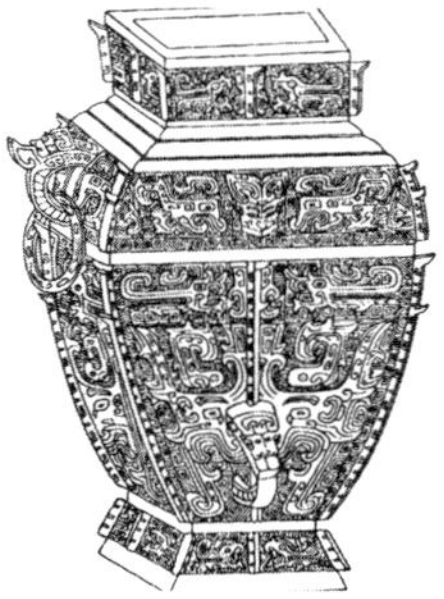

图4-6　亚醜方罍（《商周》13744）

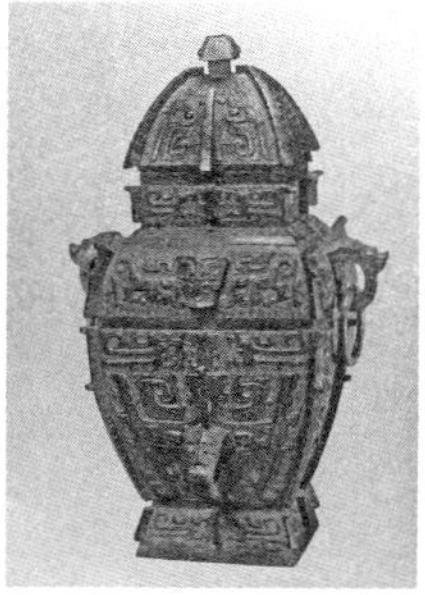

图4-7　北京故宫博物院藏亚醜者姛方罍（《故宫青铜器图典》31）

图4-8　日本出光美术馆藏亚醜方罍（《商周》13743）

从体量来看，第三期的AaⅣ式、AbⅣ式圆罍通高绝大多数都保持在40～50厘米左右，整体接近第二期铜罍，不见有通高超过50厘米的大型铜罍。方罍体量却有长足发展，主要体现在BbⅢ式方罍上，仅通高超过60厘米的就有4件之多，分别为：日本泉屋博物馆藏兽面纹方罍（高62.5厘米），日本藤田美术馆藏兽面纹方罍（高63.7厘米），日本根津美术馆藏兽面纹方罍（高66.5厘米）（图4-9～图4-11），皿天全方罍（通高88厘米），皆是这一时期大型方罍中的翘楚之作。尤其是湖南桃源茅山峪出土的皿天全方罍（图6-89），为器主“皿天全”为祭祀他的父亲所作的祭器，通高达88厘米，这样的体量在整个商周时期的青铜方罍中都是绝无仅有的，堪称商周“方罍之王”。

图4-9　日本泉屋博物馆藏兽面纹方罍（《辞典》1112页）

图4-10　日本藤田美术馆藏兽面纹方罍（《海外遗珍·铜器续》67）

图4-11　日本根津美术馆藏兽面纹方罍（《综览》罍24）

从装饰来看，第三期圆罍的体表装饰基本承袭第二期以来的特点，仍然是以弦纹、云雷纹、圆涡纹、夔龙纹、兽面纹、三角夔纹为主。最显著的变化还是体现在方罍上，第三期19件BbⅢ式方罍体表全部都有扉棱，且均装饰繁复华美的三层满花纹饰。纹饰的布局具有规律性，一般依照器体分五段装饰：颈部饰相对的凤鸟纹或夔纹组成的兽面纹；肩部饰以浮雕兽头为对称中心的相向夔纹或凤鸟纹；上腹部通常饰一周相对的夔纹或凤鸟纹；下腹环绕器身饰一周三角夔纹或兽面纹；圈足饰对称的凤鸟纹或夔龙纹，通体以云雷纹为地。周身纹饰以器体的四分之一为单位呈对称分布，给人以视觉上的享受。第三期的方罍大多数都有四阿屋式的盖，盖顶纹饰同器体一样华美。正如刘一曼先生所言：“方形青铜礼器（特别是一些形体硕大，制作精良的方礼器）是殷代统治阶级的权力与地位的标示物”[①]，第三期的青铜方罍自然也不例外。

第三期的青铜罍出土地区更加广泛。安阳依旧是核心地域，但是波及范围包括了陕西城固、洋县、宝鸡、扶风、辽宁喀左、山东滕州、山西灵石、湖北、湖南等诸多地区。这说明商王朝的统治能力趋于巅峰，对于周边地域的控制力空前加强，而且商文化的影响力也远远超过了以往的任何一个时期。

① 刘一曼：《安阳殷墓青铜礼器组合的几个问题》，《考古学报》1995年第4期。

第三期的青铜罍铭文较之第二期也取得了突破性的进展。传世器中的妇闒罍（图4-12）、劦作父丁方罍（图4-13）、乃孙罍等铭文多达十几字，能够连词成句，句中作器对象、受器对象、作器用途都十分明确，对于探讨罍的使用场合、功用等问题具有十分重要的作用。尤为重要的是乃孙罍自名为“罍”，这是自青铜罍出现以来首次发现的自名为“罍”的铜器，对于我们研究青铜罍的定名与推定青铜罍的形制提供了非常重要的参考资料。

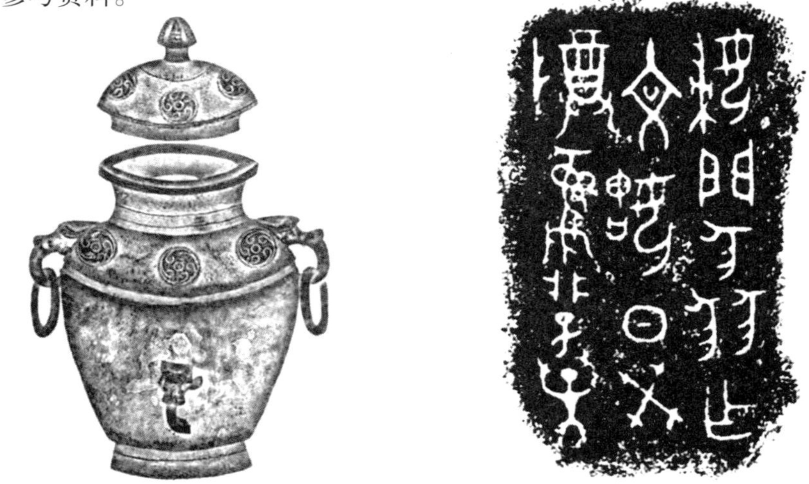

图4-12　妇闒罍（《商周》13819）

图4-13　劦作父丁方罍（《商周》13821）

第三期安阳地区的铜罍墓葬有：1986年安阳郭庄村北M6、1999年安阳刘家庄北M1046、2004年安阳大司空M303、2007年河南安阳榕树湾M1等。这些墓葬资料弥补了郑振香、陈志达先生认为殷墟四期安阳殷墟地区没有出土青铜罍[①]的缺环，对于商代晚期安阳地区铜器墓葬的研究具有重要的裨补作用。

① 郑振香、陈志达：《殷墟青铜器的分期与年代》，《殷墟青铜器》，文物出版社，1985年，55页。

第四节　第四期：鼎盛期

第四期相当于西周早期偏早武成康时期。属于第四期的典型器物有AaⅤ式、AbⅤ式、AcⅣ式、BbⅣ式、地方型铜罍。共计82件，占总数的28.1%，其中圆罍58件，方罍5件，地方型铜罍19件。

第四期是青铜罍发展的鼎盛期，这一时期青铜圆罍圈足更加外撇，有的圈足外缘还带有裙边。方罍继续延续第三期的风格，只是BbⅣ式方罍形体变得略为修长。

这一时期的圆罍数量超过了以往的任何时期，数量上达到了商周青铜圆罍的最高峰值。方罍数量有所下降，但是装饰更加华美。

从体量来看，AaⅤ式、AbⅤ式圆罍通高大多数都在45厘米左右，大体保持第二、三期以来的情况。但是这一时期的巴蜀地区却出土了体量空前的超级大铜罍。方罍在这一时期高度普遍都达到50～70厘米之间，这在以往方罍的平均高度当中也是十分罕见的。

第四期不仅是青铜罍数量、体量的顶峰期，更是装饰艺术的巅峰期。这一时期涡纹最为流行，几乎所有青铜罍的肩部都装饰有等距离的涡纹，其中有13件铜罍体表装饰三层满花纹，纹饰品类不仅有晚商以来大量流行的夔纹、凤鸟纹、三角夔纹、兽面纹等传统纹饰，更有殷周鼎革之后出现的侧牛纹、神面纹、蜗纹等新兴纹饰。除纹饰外，夸张飞扬的扉棱、立体浮雕状的夔龙耳、象鼻耳、浮雕的卷角羊首耳等都是这一时期铜罍装饰的新特色，完全打破了晚商以来青铜罍纹饰分五段装饰的严谨布局，开创了有周一代装饰艺术的新风尚。

第四期伴随着商王朝的覆灭，周王朝的鼎兴，铸铜重心发生了转移。所以这一时期很难再看到安阳地区有青铜罍出土，青铜罍的出土点主要分布在周原地区以及成周洛邑地区。另外在周王朝的周边地域如四川彭县竹瓦街、山西翼城大河口、湖北随州叶家山、辽宁喀左北洞村、热河凌源海岛营子村等地都有西周时期的青铜罍出土。

第四期的罍形弄器继续流行，出土于宝鸡茹家庄強国墓地的AcⅣ式涡纹小罍，通体装饰花纹，还有一蓓蕾纽盖，制作十分精致。

第四期铜罍的铭文内容除了继续延用日名、族徽文字以外，还出现了如燕侯克罍长达43字的长篇铭文（图4-14），内容记述周王令克侯于燕的历史事实，具有十分重大的历史价值。另外这一时期自名罍也开始增多，有“尊罍”“宝尊罍”等诸种称谓。

第四期是商周青铜罍的鼎盛期。此时正值商周易代之际，社会生活中的方方面面都在开始发生着变化。这一时期青铜罍的造型艺术可分为两种类型：一类是传统类型，即继续延续了安阳殷墟的铸铜工艺，铸造出具有典型安阳殷墟风格的铜罍，这种铜罍占西周早期铜罍的绝大多数；另一类是别具特色的地方型铜罍，器型纹饰完全有别于中原地区，这在彭县竹瓦街、随州叶家山、羊子山、辽宁喀左等边远地区出土的铜罍上表现得十分明显。从这两种类型上，我们能够看到青铜罍在社会转型期所表现

图4-14　琉璃河燕国墓地出土克罍（《商周》13831）

出的不同文化内涵，前者透露出的是传统与威严，后者则显现的是开创与张扬。

第四期在商人亡国、周人肇兴的历史大背景下，青铜罍依然获得了极大的发展，从表象上来看，这与周人的“禁酒”思想是背道而驰的。可是通过仔细的分析，我们发现西周初年自商入周的殷遗民仍然在使用青铜罍，甚至有些姬姓周人及西周时期的其他部族也都加入了用罍的行列，这样反而使得青铜罍的数量达到了历史上的最高峰值，同时也就可以解释青铜罍的鼎盛期不是在殷墟四期，而是在西周早期这一事实了。关于西周早期青铜罍的使用者族属问题我们将在本编的第八章专门探讨。

第五节　第五期：衰落期

第五期：西周早期偏晚至西周中期偏早时期，相当于昭王至恭王前后。这一时期的典型器有AaⅥ式、AbⅥ式、BaⅣ式罍。共计24件，占总数的8.2%，其中圆罍16件，方罍8件。第五期是青铜罍的衰落期。

图4-15　涡纹方罍（《海外》39）

第五期的青铜罍数量急剧下滑，甚至连第四期的1/3都不到。方罍率先开始衰落，年代大致在昭王前后，在现今所见的8件BaⅣ式方罍当中，有7件的高度连40厘米都达不到，最高者只有1件涡纹方罍勉强达到了51.5厘米的高度（图4-15），方罍整体走向了衰落。第四期那种体高达60、70厘米、通体装饰三层满花纹饰、扉棱耸立的超大型方罍在此期杳无踪影，消逝在历史的长河当中。方罍率先于圆罍衰落，可能是因为方罍多为高等级贵族所用，数量少，行用范围小，一旦社会发生变革，其稍受冲击便迅速走向衰败。

圆罍衰落较晚，大致在恭王前后。第五期的圆罍数量仅仅约略相当于第四期的1/5左右，体量普遍保持在45厘米左右的高度，从未发现有超过50厘米的大型铜罍。纹饰装饰依然十分华美，但已略显简约粗糙，且不再有地纹衬托。而且这一时期开始圆罍下腹的鼻纽消失，可能罍的使用方法发生了转变。但圆罍不同于方罍的是，其数量较多，行用阶层也较为广泛，就是遭受社会文化变革的冲击，它也不可能在骤然间消失，还能够坚守一段时间，所以圆罍的衰落滞后于方罍。

圆罍虽然处于衰落期，但它仍然有值得称道的地方，即第五期的圆罍重量变大，往往都在17～20千克左右，这样的重量在以往的圆罍中是比较少见的，这可能与周王朝实力强大，占有更多的铜资源有关系。而且在窖藏中圆罍往往成对出现，是受到周人列器文化影响的产物，体现出庄严肃穆的礼仪风范，不由得让人肃然起敬。

第五期的AaⅥ式、AbⅥ圆罍几乎全部出土于周原地区以及长安丰镐地区，多见于窖藏，很少随葬于墓葬当中，说明罍作为丧葬礼器的地位下滑。BaⅣ式方罍也大多出土于周原地区，虽然在东北地区、山西晋侯墓地偶有发现，但为数甚少，显得甚为寥落。

第五期铜罍铭文处于波磔体向玉箸体的过渡时期，字体普遍显现出整齐秀丽的迹象，仅有个别文字略带肥笔特征。铭文内容以祭祀类记事文字为主。对罍、滔御史罍、陵方罍、昶伯𩰫父罍等皆自名为“罍”，自名罍数量空前增多，是我们研究青铜罍相关问题的重要资料。

第五期的青铜罍趋于衰落。这是因为伴随着西周王朝的统治已经牢固建立，周王朝贵族已不再需要对商代以来的重酒观念进行妥协，已经有足够的能力将周人传统的尚食礼仪付诸于社会生活当中。在这样的历史大潮流当中，作为殷人礼仪系统中的盛酒器，青铜罍和其他酒器如觚、爵、斝一样，不可避免地要走向衰落。尽管窖藏中还有像AaⅥ式、AbⅥ式这种体量较重的铜罍存在，但也只能是青铜罍走向消亡之前的回光返照而已，不可能再将其反推到第三、四期那个繁盛的时代。

到了西周晚期，青铜罍就彻底消失了。这一时期，罍的派生物𬭚开始登上历史舞台，并在两周社会礼仪中发挥了重要作用。

第六节　小　　结

本章我们通过分为五期的方法，基本上厘清了商周青铜罍的发展脉络：初创期，虽然数量不多，但是生机勃勃。发展期，数量上依旧不多，方罍甚至还出现了暂时的倒退，但作为青铜罍演进过程中的重要阶段，这一阶段的地位仍然不可忽视。繁荣期，青铜罍不但在数量上占据优势，而且在体量、装饰上也普遍达到一个新的高度，商文化的影响力超过了以往任何一个时期。鼎盛期，青铜罍数量占据了商周青铜罍群中的绝对优势，而且华贵高大的器形、精美的装饰艺术在青铜罍发展史上都是空前绝后的。衰落期，青铜罍开始走向了没落。

值得注意的是，第一至四期的青铜罍下腹部都有一个鼻纽，而到了第五期，鼻纽就消失了，这很可能跟罍的使用方式有关。陈佩芬先生认为这个鼻纽是罍“在倾酒时可以作为着力点，酒就容易倾注出来”①，这种说法十分有道理。利用鼻纽进行倾倒可能是殷商礼仪中罍的使用方法。

到了西周中期，罍下腹的鼻纽消失，可能是罍的使用方法发生了改变。这时期的罍可能仅仅是固定地放置在祭祀礼仪中的某个位置，不再用于提鼻纽倾倒，要将罍中的液体取出，就只能用斗来挹取，所以才有了《仪礼 · 少牢馈食礼》“司宫设罍水于洗东，有斗”的记载，这样的挹取法可能是西周礼仪中罍的使用方法。而且罍下腹鼻纽消失的现象恰恰发生在西周中期穆王革典以后，这不是时间上的巧合，而是反映了殷周礼仪的变迁。

① 陈佩芬：《夏商周青铜器研究》，上海古籍出版社，2000年，348页。

第五章　青铜罍墓葬礼器组合分析

第一节　分析的对象与方法

孔子曰："器以藏礼。"[①]要探讨青铜罍在商周青铜礼器中的地位以及扮演的角色等问题，我们只能通过分析墓葬中青铜罍与其他礼器的组合关系来实现。本文选择没有经过盗扰破坏或虽经轻微扰动但是器物组合仍然完整的铜罍墓葬为研究对象，将各期墓葬礼器组合情况进行罗列，以便分析与罍的某些相关问题。下文墓葬举例中方罍将特别说明，若无说明即是圆罍。

第二节　各期墓葬礼器组合研究

第一期：殷墟二期，完整墓葬组合有：

安阳大司空M539：鼎1甗1簋1卣1罍1觚2爵2斝1觯1盘1斗1（5.7平方米）[②]；

安阳小屯M18：鼎3甗2簋1尊2壶1罍1觚5爵5斝2盘1（10.5平方米）[③]；

殷墟刘家庄北M33：鼎1甗1簋1罍1觚2爵2方彝1盘1（7.4平方米）[④]；

殷墟花园庄东地M54：鼎8甗1簋2尊1牛尊1方罍1觚9爵9斝1方彝1觥1盂2勺2斗1（16.6平方米）[⑤]；

小屯M5妇好墓：鼎31甗10簋5尊10卣2方罍2觚53爵40斝12瓿3盉6盘2壶4方彝5觯2觥8盂1缶1斗8罐1等（22.4平方米）[⑥]；

---

① （春秋）左丘明：《左传·成公二年》，上海古籍出版社，1997年。

② 中国社会科学院考古研究所安阳工作队：《1980年河南安阳大司空村M539发掘简报》，《考古》1992年第6期。

③ 中国社会科学院考古研究所安阳工作队：《安阳小屯村北的两座殷代墓》，《考古学报》1981年第4期。

④ 安阳市文物考古研究所：《安阳殷墟徐家桥郭家庄商代墓葬——2004～2008年殷墟考古报告》，科学出版社，2011年，179页。

⑤ 中国社会科学院考古研究所：《安阳殷墟花园庄东地商代墓葬》，科学出版社，2007年，71、93页。

⑥ 中国社会科学院考古研究所：《殷墟妇好墓》，文物出版社，1980年，7、33页。

郭家庄东南M26：鼎2甗1簋1鍑形器1觚2爵2方罍1方彝1箕形器1（7.7平方米）①；

安阳刘家庄北地M793：鼎2簋1罍1觚2爵2方彝1斗1箕形器1（8.4平方米）②；

郭家庄东南文源绿岛M5：鼎4甗1罍1觚1爵1箕形器1（5.5平方米）③；

甘泉下寺湾阎家沟商代墓葬：鼎4甗1簋5尊1卣2罍1觚2（墓葬形制被破坏）④；

小屯M238：卣1罍1觚3爵3斝1壶1方彝2（2.45平方米）⑤。

第一期共有完整组合墓葬10座。就酒器组合而言，有以下8种组合方式：

（1）罍、觚、爵、斝、觯、卣（安阳大司空M539）；

（2）罍、觚、爵、斝、尊、壶（小屯M18）；

（3）罍、觚、爵、方彝（安阳刘家庄北M33、M793，郭家庄东南M26）；

（4）罍、觚、爵、斝、尊、方彝、觥（花园庄东地M54）；

（5）罍、觚、爵、斝、尊、卣、方彝、觯、觥、壶、瓿（殷墟M5妇好墓）；

（6）罍、觚、爵（郭家庄东南M5）；

（7）罍、觚、爵、斝、壶、方彝（小屯M238）；

（8）罍、觚、尊、卣（甘泉下寺湾商墓）。

这8组组合当中，其中7种组合均有罍、觚、爵，共有墓葬9座，占全期墓葬的90%，说明罍、觚、爵组合成为第一期铜罍墓葬中酒器的核心组合方式。其中5种组合均有罍、觚、爵、斝，共有墓葬5座，占全期墓葬的50%，构成次一级酒器组合方式。其中3种组合均有罍、觚、爵、斝、尊，共有3座墓葬，占全期墓葬的30%，构成第三层级酒器组合方式。其余零散的酒器皆是以这3种组合为核心进行外围搭配。

总体看来，第一期安阳殷墟地区出土的青铜罍都和觚爵形成十分稳定的酒器组合，这是殷人重酒的反映。陕东北山地如甘泉下寺湾商墓中罍与觚、尊、卣组合，略微不同于安阳殷墟的酒器组合，说明这一地区在受到殷墟文化影响的同时又保持着相对的独立性。

第一期的青铜罍在整个墓葬的酒器组合中，具有十分鲜明的特点。可以分为两种情况：一种是圆罍，圆罍墓葬面积相对较小，但罍的体量往往有引人注目之处，典型如安阳大司空M539出土的罍，通高达34.3厘米，与之共存的任何一件酒器都没有超越

① 中国社会科学院考古所安阳工作队：《河南安阳市郭家庄东南26号墓》，《考古》1998年第10期。

② 中国社会科学院考古研究所、安阳市文物考古研究所：《殷墟新出土青铜器》，云南人民出版社，2008年，203页。

③ 安阳市文物考古研究所：《河南安阳市殷墟郭家庄东南五号商代墓葬》，《考古》2008年第8期。

④ 甘泉县博物馆：《陕西甘泉县出土晚商青铜器》，《考古与文物》2007年第3期。

⑤ 《小屯》第一本《遗址的发现与发掘 · 丙编 · 殷墟墓葬之一 · 北组墓葬 · 上》，“中央”研究院历史语言研究所，1971年，67～70页。

这个高度[①]，与之相似的情况还见于安阳小屯M18、刘家庄北地M793出土的罍等[②]。

另一种是方罍。方罍多见于高等级墓葬，郭家庄东南M26出土的三角夔纹方罍在酒器组中体量最高，属于装饰最为华美的器物之一。这里最为重要的是安阳殷墟妇好墓出土的一对妇好方罍，体形高大，装饰华美，属于整个墓葬出土酒器中的大型器，在整个墓葬礼器群中占据十分显著的地位。据发掘报告称，妇好方罍与司㚸母癸大方尊、圈足觥、妇好鸮尊、妇好扁圆壶、司㚸母方壶等大型酒器"集中排列在棺椁之间的东面""妇好铭器物处于最显著的部位"[③]，是整组酒器中的佼佼者。

第一期的墓葬中的圆罍以素面器居多，但这并不影响它在墓葬酒器中的地位。况且圆罍作为一种大体量的实用器，作器者可能在很大程度上只是考虑了它的实用性，而不愿太多顾及它表面的过多装饰。圆罍普遍装饰简单的现象不仅仅只见于第一期，而是贯穿于整个铜罍发展演变的始终。方罍则不一样，它不但体量高，而且装饰华美，说明贵族看重的不仅仅是它的实用性，更重要的是它是身份等级的象征。

第一期安阳地区的铜罍墓葬最多，说明了安阳在商代青铜罍发展过程中处于最为核心的地位。

第二期：相当于殷墟三期，这一时期的完整墓葬有：

安阳郭家庄M160：鼎6甗1簋1尊3卣1罍1觚10角10斝3觯1盉1盘1斗1方形器1等（约13.5平方米）[④]；

安阳大司空M51：鼎2簋1尊1卣2 方罍1觚2爵2（4.25平方米）[⑤]；

安阳戚家庄东M269：鼎4甗1簋1尊2卣1罍1觚3爵2斝1觯1方彝1斗1（4.64平方米）[⑥]；

河南罗山蟒张墓地M1：鼎3甗1觚5爵5斝1罍1卣1斗1 （24.7平方米）[⑦]；

宝鸡岐山县贺家村M1：鼎1簋1卣2罍1斝1瓿1斗1（11.9平方米）[⑧]；

---

① 中国社会科学院考古研究所安阳工作队：《1980年河南安阳大司空村M539发掘简报》，《考古》1992年第6期。

② 中国社会科学院考古研究所、安阳市文物考古研究所：《殷墟新出土青铜器》，云南人民出版社，2008年，211页。

③ 中国社会科学院考古研究所：《殷墟妇好墓》，文物出版社，1980年，12页。

④ 中国社会科学院考古研究所：《安阳殷墟郭家庄商代墓葬》，中国大百科全书出版社，1998年，70、78页。

⑤ 河南省文化局文物工作队：《1958年春河南安阳市大司空村殷代墓葬发掘简报》，《考古通讯》1958年第10期。

⑥ 安阳市文物工作队：《殷墟戚家庄东269号墓》，《考古学报》1991年第3期。

⑦ 信阳地区文管会、罗山县文化馆：《河南罗山县蟒张墓地第一次发掘简报》，《考古》1981年第2期。

⑧ 陕西省博物馆、陕西省文物管理委员会：《陕西岐山贺家村西周墓葬》，《考古》1976年第1期。

宝鸡扶风上宋乡红卫村M：鼎1甗1簋2尊1卣2罍1斗1（墓葬形制被破坏）①；

青州苏埠屯M8：鼎5簋1尊1卣1罍1觚2爵4斝1觯1斗1（48.8平方米）②；

山东寿光纪国墓：鼎5甗1簋1尊2卣2罍1觚3爵5斝1斗2（2.16平方米）③。

第二期是青铜罍的发展阶段，这一时期有完整组合墓葬8座。共有7种酒器组合方式：

（1）罍、觚、角（爵）、斝、尊、卣、觯（安阳郭家庄M160、青州苏埠屯M8）；

（2）罍、觚、爵、尊、卣（安阳大司空M51）；

（3）罍、觚、爵、斝、尊、卣、觯、方彝（安阳戚家庄东M269）；

（4）罍、觚、爵、斝、卣（蟒张墓地M1）；

（5）罍、觚、爵、斝、尊、卣（山东寿光纪国墓）；

（6）罍、斝、卣、瓿（岐山贺家村M1）；

（7）罍、尊、卣（扶风上宋红卫村M）。

第二期铜罍墓的酒器组合情况也是分两种情况：在以安阳为中心的河南地区以及受商文化影响较深的山东地区，罍、觚、爵依然占据酒器组合的核心地位，共有墓葬6座，占全期墓葬的75%；有罍、觚、爵、斝组合的铜罍墓葬共4座，占墓葬总数的50%；罍、觚、爵、尊、卣组合的铜罍墓葬4座，占全期墓葬的50%。离安阳较远的周原贺家村、红卫村不见罍、觚、爵的组合，只见罍与斝、尊、卣形成并不规律的组合方式，这和第一期的情况是相似的。第二期罍与尊、卣的组合较之第一期更加紧密，相比于第一期罍、尊、卣组合只出现于妇好墓、小屯M18等大中型墓葬而言，第二期在小型墓如大司空M51、戚家庄东M269也出现尊、卣与罍的组合，这说明罍、尊、卣的组合在第二期的酒器中得到进一步加强。

第二期的青铜罍在墓葬酒器中的地位得到进一步的抬升。除了青州苏埠屯M8出土的融罍（高30.4厘米）通高略微低于同出的弦纹斝（高35.2厘米），岐山贺家村M1出土的圆涡纹罍（高40厘米）与同出的斝（高41厘米）高度基本持平外，其余墓葬出土的铜罍体量全部大于与之同出的任何一件酒器。方罍的使用权在这一时期也逐渐不再为高级贵族所独有，就连面积仅有4.25平方米的大司空M51也出土1件涡纹方罍，虽然制作粗疏，但是体量硕大，形态伟岸，打破了以往只有高级贵族才能拥有方罍的垄断局面。

这里有一个现象值得注意：在商王畿附近的安阳地区商墓当中，M160、M269分别随葬了6鼎、4鼎，但墓葬面积只有13.5、4.64平方米，而远离安阳的青州苏埠屯M8只随葬了5鼎，但墓葬面积却达到了48.8平方米；岐山贺家村M1只随葬了1鼎，墓葬面

① 扶风县博物馆：《陕西扶风县新发现一批商周青铜器》，《考古与文物》2007年第3期。

② 张学海：《海岱考古》（第一辑），山东大学出版社，1989年，260、261页。

③ 寿光县博物馆：《山东寿光县新发现一批纪国铜器》，《文物》1985年第3期。

积也达到11.9平方米。这种随葬器物多寡和墓葬面积不相称的现象，岳洪彬先生认为这是“财富地位差”的表现，即这些小型墓“墓主的社会地位本来不高，但是由于他们掌握绝技，家底殷实，从而使随葬青铜器丰富可观，但是又由于社会地位不高而导致他们的墓室规模受到限制；而那些原本为贵族可能因无战功或其他原因受到冷落，家道破败，但是因其生前的地位而使墓室规模较大，又因家财破败而使随葬铜器量少而质差”①，此足备一说。但我们认为还有一种可能就是安阳地区的贵族虽然居于王畿之地、拥有大量的财富，但是在丧葬规模上可能受到了商王朝礼仪制度的强烈约束，故而不敢随意僭越礼制来扩大自身的墓室面积。而地处边远的东夷海岱地区、西土周原地区的商王朝贵族，由于受到商王朝礼仪制度的约束较小，可以较为随意地扩大自己的墓葬面积，但同时由于自身财力的单薄，就只能在随葬品上大打折扣了。

第三期：殷墟四期，完整墓葬有：

安阳大司空M303：鼎7甗1簋2尊2卣2壶1罍1觚6爵10斝2觯1盉1盘1斗2等（9.5平方米）②；

殷墟刘家庄北M1046：鼎6甗1簋2尊3卣3罍1觚3爵5角2斝1觯2彝1盉1盘1斗1（8.1平方米）③；

郭庄村北M6：鼎4甗1簋1尊1卣1罍1觚3爵3斝1觯1（5.5平方米）④；

安阳榕树湾M1：鼎2甗1簋1尊1卣1罍1觚2爵2斝1觯1（5.8平方米）⑤；

灵石旌介M1：鼎2簋1尊1卣2罍1觚4爵10斝1觯1（10平方米）⑥；

灵石旌介M2：鼎1簋1卣1罍1觚4爵10（7.5平方米）⑦；

滕州前掌大M11：鼎8甗1簋1尊1卣2罍1觚4爵5角2斝1觯2壶1盉1盘1斗1等（6.6平方米）⑧；

滕州前掌大M38：鼎3鬲2簋1尊1卣2罍1觚4爵4斝1觯1斗1等（7.6平方米）⑨。

第三期的完整墓葬有8座，共有4种酒器组合方式：

---

① 岳洪彬：《殷墟青铜礼器研究》，中国社会科学出版社，2006年，300、301页。

② 中国社会科学院考古研究所安阳工作队：《殷墟大司空M303发掘报告》，《考古学报》2008年第3期。

③ 中国社会科学院考古研究所安阳工作队：《安阳殷墟刘家庄北1046号墓》，《考古学集刊》（15），文物出版社，2004年，360、364页。

④ 安阳市文物工作队：《河南安阳郭庄村北发现一座殷墓》，《考古》1991年第10期。

⑤ 安阳市文物考古研究所：《河南安阳市榕树湾一号商墓》，《考古》2009年第5期。

⑥ 山西省考古研究所：《灵石旌介商墓》，科学出版社，2006年，13、21页。

⑦ 山西省考古研究所：《灵石旌介商墓》，科学出版社，2006年，93、100页。

⑧ 中国社会科学院考古研究所：《滕州前掌大墓地》（上册），文物出版社，2005年，77页。

⑨ 中国社会科学院考古研究所：《滕州前掌大墓地》（上册），文物出版社，2005年，81、84页。

（1）罍、觚、爵、斝、觯、尊、卣（安阳郭庄村北M6、安阳榕树湾M1、山西灵石旌介M1、滕州前掌大M38）；

（2）罍、觚、爵、斝、觯、尊、卣、壶（安阳大司空M303、滕州前掌大M11）；

（3）罍、觚、爵、斝、觯、尊、卣、方彝（安阳刘家庄北M1046）；

（4）罍、觚、爵、卣（山西灵石旌介M2）。

第三期罍、觚、爵的组合依然是铜罍墓葬中最为核心的酒器组合方式。罍、觚、爵、斝、觯、尊、卣的组合在这一时期的铜罍墓中十分兴旺发达，墓葬数量多达7座，占总数的88%，这种组合偶尔还有壶或方彝来做陪衬。说明这一时期酒器在墓葬当中空前发达。

第三期的青铜罍在墓葬酒器组合中的地位依然十分显耀。安阳刘家庄北M1046出土的亚𠬝方罍通高达44.4厘米，超过了同墓出土的所有酒器的高度[①]；山西灵石旌介M1出土的㔾罍也是如此；安阳郭庄村北M6出土的一件罍制作粗疏，是一件明器，但体量仅比属于实用器的Ⅰ式M6：3觚略小一点，在该墓的酒器中排列第二[②]。同样的情况还见于安阳榕树湾M1出土的涡纹罍，仅比酒器中体量最大的斝略低1厘米左右[③]。最为引人注目的是安阳大司空M303出土的马危罍，通高达42.5厘米，是同墓所出所有酒器中体量最大的一件，通体装饰三层满花纹，而且还带有一盖，盖顶同样装饰十分精美的三层纹饰，是同时期罍类器中不可多得的精品。简报称“马危”是跟“危”有关的方国部落，“危”地是商王的田猎区，卜辞中从未见到“危”方与商王朝为敌的辞例，墓主当时受到商王的格外庇护[④]，从而能享用诸如马危罍这般高贵的器物。还有一些铜罍，虽然出土墓葬被破坏，组合已不完整，但是器物本身也都有着不俗的表现。以上罍在墓葬礼器中的地位与我们前文所说青铜罍在第三期达到繁荣的局面是完全吻合的。

除墓葬外，第三期的窖藏中也开始出土青铜罍，这是以往所不见的新现象。

第四期：西周早期，这一时期的完整墓葬组合有：

鹿邑太清宫长子口M1：鼎22甗2鬲2簋3尊5卣6壶2罍（方、圆）2觚8爵8角2斝3觯5觥3盘1盉1斗4等（45.3平方米）[⑤]；

① 中国社会科学院考古研究所安阳工作队：《安阳殷墟刘家庄北1046号墓》，《考古学集刊》（15），文物出版社，2004年，367～375页。

② 安阳市文物工作队：《河南安阳郭庄村北发现一座殷墓》，《考古》1991年第10期。

③ 安阳市文物考古研究所：《河南安阳市榕树湾一号商墓》，《考古》2009年第5期。

④ 中国社会科学院考古研究所安阳工作队：《殷墟大司空M303发掘报告》，《考古学报》2008年第3期。

⑤ 河南省文物考古研究所、周口市文化局：《鹿邑太清宫长子口墓》，中州古籍出版社，2000年，5、57～121页。

山西翼城县大河口霸国墓地M1：鼎24甗1簋9鬲7尊2卣4罍1觚1爵6觯8单耳罐1盘1盉1斗1（13.7平方米）①；

山西翼城县大河口霸国墓地M1017：鼎13甗1簋6鬲1豆4尊3卣3壶1罍1觚3爵7斝1觯2盘1盉1斗1铜人顶盘1盨2盆2盂1（41.8平方米）②。

高家堡91SGM4：鼎3甗1簋1尊1卣2罍1觚2爵2斝1觯2瓿1盘1盉1斗2（8.6平方米）③；

宝鸡渭滨区石鼓山石嘴头M3：鼎6甗1簋6尊1卣6壶1罍1爵1觯1方彝1盘1盉1斗2禁2（15.5平方米）④；

湖北随州安居羊子山M4：鼎3甗1簋3尊2卣2罍（方、圆）2爵3斝1觯1盘1盉1（墓葬面积未发表）⑤；

湖北随州叶家山M27：鼎5甗1簋4鬲2尊1卣1壶1罍2觚1爵2觯4觥1盘1盉1（33.3平方米）⑥；

湖北随州叶家山M28：鼎7甗1簋4鬲1尊2卣2壶1罍1觚1爵2觯1盘1盉1（墓室约44.4平方米）⑦；

湖北随州叶家山M111：鼎5甗1簋2卣1壶1罍2觚1斝1盘1（该墓出土礼器很多，见于发表的仅这19件）（138.5平方米）；

洛阳北窑M410：鼎1鬲1簋1罍1觯1壶1（约8.7平方米）⑧；

郑州洼刘西周墓：鼎3甗1簋1尊1卣3罍1觚1斝1盉1（面积不详）⑨；

陕西武功游凤乡黄南窑村墓葬：鼎1簋1罍3（墓葬被破坏，面积不详）⑩；

扶风庄李西周墓M9：鼎3甗1簋2鬲1尊1卣1罍1爵2斝1盉1等（8.05平方米）⑪；

宝鸡岐山贺家村西周墓：鼎4簋1卣1罍1角1斗1调色器1（8.2平方米）⑫；

---

① 山西省考古研究所大河口墓地联合考古队：《山西翼城县大河口西周墓地》，《考古》2011年第7期。

② 山西省考古研究所大河口墓地联合考古队：《山西翼城县大河口西周墓地》，《考古》2011年第7期。

③ 戴应新：《高家堡戈国墓》，三秦出版社，1991年，67～70页。

④ 石鼓山考古队：《陕西宝鸡石鼓山西周墓葬发掘简报》，《文物》2013年第2期。

⑤ 随州市博物馆：《随州出土文物精粹》，文物出版社，2009年，19～33页。

⑥ 湖北省博物馆：《随州叶家山西周早期曾国墓地》，文物出版社，2013年，184页。

⑦ 湖北省博物馆：《随州叶家山西周早期曾国墓地》，文物出版社，2013年，52页。

⑧ 洛阳市文物工作队：《洛阳北窑西周墓》，文物出版社，1999年，191、194页。

⑨ 郑州市文物考古研究所：《郑州洼刘西周贵族墓出土青铜器》，《中原文物》2001年第2期。

⑩ 康乐：《武功县出土商周青铜器》，《文博》1986年第2期。

⑪ 周原考古队：《陕西扶风县周原遗址庄李西周墓发掘简报》，《考古》2008年第12期。

⑫ 长水：《岐山贺家村出土的西周铜器》，《文物》1972年第6期。

宝鸡渭滨区石鼓山石嘴头M1：鼎1簋1尊1卣1罍1（面积不详）[①]；

宝鸡渭滨区石鼓山石嘴头M4：鼎15甗4簋16簠2瓿1尊1牺尊2壶2罍4觯1盉2（13.3平方米）[②]；

湖北随州叶家山M1：鼎9甗1簋2鬲1尊1卣1方罍1觚2爵3斝1觯1（9平方米）[③]；

湖北江陵万城西周墓：鼎2甗2簋2尊1卣1罍2觚2爵3觯1勺1皃首1（面积不详）[④]；

宝鸡茹家庄强国墓地M1：甲室头端：鼎5簋4。乙室头端：鼎8甗1簋5鬲2豆4象尊1鸟尊2圆尊2卣1罍1爵2觯1盘2鎣1壶2 斗1（42.4平方米）[⑤]。

第四期保存完整的墓葬有19座，是铜罍墓葬数量最多的时期，共有18种酒器组合方式：

（1）罍、觚、爵、斝、觯、尊、卣、壶、觥（鹿邑太清宫长子口墓）；

（2）罍、觚、爵、觯、尊、卣（山西大河口M1）；

（3）罍、觚、爵、斝、觯、尊、卣、壶（山西大河口M1017）；

（4）罍、觚、爵、斝、觯、尊、卣（高家堡M4，M4中的瓿实际上应该为尊；湖北叶家山M1）；

（5）罍、爵、觯、尊、卣、壶、方彝（宝鸡石鼓山M3）；

（6）罍、爵、斝、觯、尊、卣（随州羊子山M4）；

（7）罍、觚、爵、觯、觥、尊、卣、壶（随州叶家山M27）；

（8）罍、觚、爵、觯、尊、卣、壶（随州叶家山M28）；

（9）罍、觚、斝、卣、壶（随州叶家山M111，部分组合）；

（10）罍、觯、壶（洛阳北窑M410）；

（11）罍、觚、斝、尊、卣（郑州洼刘西周墓）；

（12）3件列罍组合（陕西武功黄窑村墓葬）；

（13）罍、爵、斝、尊、卣（扶风庄李M9）；

（14）罍、角（爵）、卣（岐山贺家村西周墓）；

（15）罍、尊、卣（宝鸡石鼓山M1）；

（16）罍、尊、壶、觯（宝鸡石鼓山M4）；

（17）罍、觚、爵、觯、尊、卣（湖北江陵万城西周墓）；

（18）罍、爵、觯、尊、卣、壶（宝鸡茹家庄M1）。

第四期是青铜罍的鼎盛期。这一时期青铜罍墓葬当中的酒器组合方式趋于多元

---

① 石鼓山考古队：《陕西宝鸡石鼓山西周墓葬发掘简报》，《文物》2013年第2期。

② 陕西省考古研究院、宝鸡市考古研究所、宝鸡市渭滨区博物馆：《陕西宝鸡石鼓山商周墓地M4发掘简报》，《文物》2016年第1期。

③ 湖北省博物馆：《随州叶家山西周早期曾国墓地》，文物出版社，2013年，148页。

④ 王毓彤：《江陵发现西周铜器》，《文物》1963年第2期。

⑤ 卢连成、胡智生：《宝鸡強国墓地》（上），文物出版社，1988年，271、274页。

化，没有明显的规律性。基本的酒器组合有罍、觚、爵；罍、觚、爵、斝；罍、觚、爵、斝、尊、卣，在一些高等级的墓葬当中还有这些基本组合与觯、壶、觥等相搭配的现象。罍、觚、爵组合虽然还在酒器中占有一定的优势，但是开始出现了松动的迹象，新出现了罍、觚，罍、爵的组合，不再像第四期以前那样，在每一座墓葬里面都是罍、觚、爵紧密搭配，缺一不可。

这一时期的青铜罍墓葬中出现了“列罍”，陕西武功游风乡黄南窑村墓葬出土的3件罍，宝鸡石鼓山M4出土的4件罍，皆形制相同，大小相次，排列整齐有序，是青铜罍在由商人礼制系统向周人礼制系统过渡的体现，也是商、周两种文化相互交融的物质表征。

第四期几乎所有墓葬中的铜罍的体量都要高于其他酒器，宝鸡石鼓山M3出土的亚羌父乙罍通高竟然达到50厘米，这样的体量在整个中原地区的圆罍中都是十分罕见的。湖北叶家山M27、M28、M111出土的大型圆罍，通体装饰三层满花纹，体表有高耸飞扬的扉棱，造型风格迥异于同墓出土的其他中原式铜器，体现了曾侯墓地铜器文化因素的多样性。

第四期同样有窖藏铜罍出土，而且数量明显多于第三期。

第五期：相当于西周中期。这一时期的铜罍墓葬目前见诸发表的只有2座，其中昶伯㝬父罍系盗掘出土，墓葬情况已经不得而知。只有1954年长安普渡村出土䜌罍的长由墓铜器组合尚属完整，如下：

长安普渡村长由墓：鼎4甗1簋2鬲2卣1壶1罍1觚2爵2盉1盘1斗1（9.5平方米）[①]。

长由墓墓主长由与殷遗民有关[②]，出土的䜌罍通高仅有24.8厘米，且装饰粗糙，是青铜罍走向衰落的表现。墓葬中䜌罍依然和觚、爵紧密搭配，保留有浓重的殷商文化因素，但这也仅仅是殷商的重酒文化走向没落的落日余晖而已，并不能改变整个青铜酒器走向没落的大趋势。

第三节　小　　结

本章我们通过对于商周时期青铜罍在墓葬中和其他器类组合关系的分析，大致厘清了罍与其他礼器的组合情况以及在酒器中的地位变迁等问题。另外在做这些工作期间，我们还顺便整理了与青铜罍有关的墓葬背景资料，补叙如下：

（1）考察了青铜罍和墓主人的位置关系问题。在我们整理的青铜罍墓葬当中，铜罍摆放位置靠近墓主人头端的墓葬有：安阳殷墟郭家庄M160、河南罗山县蟒张墓

① 陕西省文物管理委员会：《长安普渡村西周墓的发掘》，《考古学报》1957年第1期。

② 河南省文物考古研究所、周口市文化局：《鹿邑太清宫长子口墓》，中州古籍出版社，2000年，210页。

地M1、安阳大司空M303、安阳刘家庄北M1046、安阳郭家庄东南M6、安阳榕树湾M303、滕州前掌大M11、M38、湖北叶家山M111、宝鸡石鼓山石嘴头M4、扶风庄李M9、宝鸡茹家庄強国墓地M1乙室。

铜罍摆放位置靠近墓主人足端的墓葬有：安阳大司空M539、安阳小屯村北M18、安阳郭家庄东南M26、安阳戚家庄东M269、山西灵石旌介M1、M2、滕州前掌大M128、宝鸡石鼓山石嘴头M3。

以上这些墓葬当中，青铜罍摆放在墓主人头端还是足端既看不出有墓葬等级的差别，也看不出有时空地域上的差别。因此我们可以说，青铜罍在下葬时与墓主人躯体之间的位置关系可能是较为随意的，没有规律的。

（2）考察了铜罍墓葬墓主人的身份、性别问题。我们分析了商代晚期的青铜罍墓葬，发现一个现象，就是青铜罍经常与青铜钺伴出，这些墓葬有：安阳大司空M539（钺1）、安阳刘家庄北M33（钺1）、安阳花园庄东地M54（钺7）、安阳殷墟妇好墓（钺4）、安阳殷墟郭家庄东南M26（钺1）、安阳郭家庄东南M5（钺1）、安阳郭家庄M160（钺3）、安阳戚家庄东M269（钺2）、郭庄村北M6（钺1）、安阳榕树湾M303（钺1）、甘泉下寺湾（钺1）、青州苏埠屯M8（钺1）。商代晚期的青铜罍墓葬有27座（附表6），其中罍、钺共存的墓葬有12座，占墓葬总数的44%。铜钺不但是贵族身份的标志，而且也是军事统帅权的象征，墓葬中随葬青铜钺的多少和大小，直接反映了墓主人生前政治地位的高低和军事统帅权的大小[①]。这就是说，商代晚期青铜罍的使用者中，有相当一部分是商王朝的军事将领。

西周时期，青铜罍一部分出土于鹿邑太清宫长子口墓、山西大河口M1、泾阳高家堡M4、湖北随州叶家山M28等方国国君的墓葬当中。还有部分出土于西周时期的高级贵族墓葬当中，如山西大河口M1017、宝鸡石鼓山石嘴头M1、M3、M4、随州叶家山M1、M27、M111。在一些普通贵族墓葬中也有发现：郑州洼刘西周墓、武功黄南窑头墓葬、洛阳北窑M410、岐山贺家村西周墓、扶风庄李M9、长安普渡村长由墓等。青铜罍的行用范围具有普遍性。

从墓主性别来看，除男性贵族外，还有少数女性也拥有青铜罍，这些墓葬有：安阳殷墟妇好墓、安阳小屯村北M18、滕州前掌大M128、随州叶家山M27。女性虽然拥有青铜罍，但毕竟数量极少，而且都是商周时期的高级贵族，说明在当时女性拥有青铜罍还是一件十分困难的事情。

综上，墓葬出土青铜罍的使用者身份大体有如下几种：①商时期跟军事有关的将领以及其他贵族；②西周时期的方国国君及各级贵族；③商周时期的极少数高级女性贵族。

---

① 杨锡章、杨宝成：《商代的青铜钺》，《中国考古学研究——夏鼐先生考古五十年纪念论文集》，文物出版社，1986年，137页。

（3）考察了文献记载中罍的使用范围问题。《毛诗正义·卷第一》云："金罍，酒器也，诸臣之所酢人君，以黄金饰尊，大一硕。金饰龟目，盖刻为云雷之象。又《司尊彝》云'皆有罍，诸侯之所酢'"；《周礼注疏·卷二十》："经云'皆有罍，诸臣之所酢，人君以黄金饰尊，大一石，金饰亡目，盖取象云雷之象'"；《礼记注疏·卷二十四·礼器》："《司尊彝》云'皆有罍，诸臣之所酢'，则君不酌罍也。"文献所述大概说明了罍并不是天子所用之器，而是诸侯或者臣子用于祭祀的一种礼器。迄今西周王陵未能找到，所见商代属于天子级别的大墓只发现于安阳侯家庄西北岗，其中有8座杨锡璋先生认为是属于武丁至帝乙共八代商王的，即属于殷墟二期的M1001、M1550和M1400，属于殷墟三期的M1004、M1002、M1500和M1217，属于殷墟四期的M1003[①]。但是由于商王陵被盗严重，西周王陵目前没有找到，到底商王陵或者西周王陵有没有随葬青铜罍的现象，目前还不清楚，都还有待于今后更多的考古资料来证实。目前所见出土青铜罍的墓葬最高级别的安阳小屯M5，墓主人妇好属于王室成员，并不能达到天子的级别。其他如河南鹿邑太清宫长子口墓、宝鸡纸坊头强伯墓M1、湖北随州羊子山噩侯墓、随州叶家山曾侯墓，这些墓葬的主人都属于高级贵族或者方国国君，也并非天子。在传世品中我们也没有发现有某代商王或周王作罍或者用罍的现象，因而青铜罍非天子所用之器，从目前来看，文献记载与考古材料大致还是吻合的。

（4）考察了前辈学者关于铜罍墓葬研究的相关问题。刘一曼先生在考察殷墟文化各期青铜礼器组合的变化时指出，从殷墟二期到殷墟四期，出土青铜罍的墓葬逐渐减少[②]。从目前发现的考古材料来看，属于殷墟二期的铜罍墓葬有10座，属于殷墟三期的有8座，属于殷墟四期的有8座，属于西周早期的有19座，属于西周中期的有2座[③]。从殷墟二期至殷墟四期，青铜罍墓葬确呈减少趋势，但变化并不明显，铜罍墓葬真正的减少时期从统计数字来看应该是在西周中期，这和商周礼制中酒器的消长演变过程是同步的。

---

① 杨锡璋：《安阳殷墟西北冈大墓的分期及有关问题》，《中原文物》1981年第3期。

② 刘一曼：《安阳殷墓青铜礼器组合的几个问题》，《考古学报》1995年第4期。

③ 参看附表6第50号长由墓，另有昶伯臭父罍也是墓葬出土，但系被盗掘出土，所以共存器物不明，表中未统计，此处特别说明。

第六章 青铜罍区域特征分析

商周时期的青铜罍主要是以河南安阳地区、关中周原地区为代表的中原文化特征铜罍为主流，其他各个地区的青铜罍在造型艺术方面或者是直接承袭了中原文化特征，或者是在中原特征的基础上稍稍附加一些当地的文化因素，创造出一种兼有中原—地方文化特色的复合型铜罍，或者是在中原铜罍的基本形制框架上进行大幅度的装点、修饰，形成一种独具本地特色的铜罍。本文拟在地域分区的基础上，结合前人研究成果，以时间演变为经，以空间演变为纬，将各个时段、各个地区出土的青铜罍进行文化因素分析。本文将青铜罍的出土地域分为：中原地区、北方地区、海岱地区、巴蜀地区、长江中下游地区、岭南地区。

第一节 中原地区

本文所说的中原地区特指现今的河南、陕西关中地区。我们之所以将这两个地区划分为中原地区，是因为河南的安阳地区、陕西的关中地区是商周王朝的国都所在，也是中原文化特征铜罍出土的主流地域。这两地在商至西周时期由于中央王朝政权稳固，青铜罍数量最多，形制最为稳定，演变序列也最为明确，能够引领全国其他地区青铜罍的发展轨迹。据统计，中原地区出土的商周青铜罍有70件，占商周时期出土青铜罍总数的46.7%。

先说河南地区。河南地区商时期的铜罍出土点有安阳殷墟、罗山蟒张、武陟宁郭村等。在这些地域当中，尤以安阳殷墟出土的青铜罍最具代表性，在河南地区总共出土的30件商代铜罍当中，安阳殷墟就占了27件，占总数的90%，且殷墟出土的铜罍器形规整，演变序列明确。最早的圆罍分别出土于安阳小屯M18（图3-1）、安阳大司空M539（图3-2）、安阳刘家庄北M33（图6-1）、M793（图6-2）等墓葬当中；最早的方罍出自安阳殷墟妇好墓（图3-36）、安阳花园庄东地M54（图3-29）等，殷墟是为中原式铜罍的发源地。另外安阳郭家庄东南M26（图6-3）、安阳榕树湾M1（图6-4）、安阳郭家庄M160（图3-16）、安阳大司空M303（图3-18）等墓葬出土的铜罍都是中原式铜罍的典型器物。殷墟出土的铜罍在整个商代青铜罍发展演变中处于最为核心的地位。

图6-1　刘家庄北M33出土弦纹罍
（《徐家桥》彩版51）

图6-2　刘家庄北M793出土涡纹罍
（《殷墟新出土青铜器》211页）

图6-3　安阳郭家庄东南M26出土方罍
（《殷墟新出土青铜器》85页）

图6-4　安阳榕树湾M1出土涡纹罍
（《考古》2009年5期，图版7·1）

西周时期：河南地区的铜罍出土点有郑州洼刘西周墓、鹿邑太清宫长子口墓、洛阳北窑M6、M410等。武王克商以后，政权更迭，关中地区成为周王朝的政治核心区，安阳由于失去政治中心地位导致青铜罍在这一地区绝迹了。但是河南其他地区出土的西周铜罍还是明显地继承了安阳殷墟的风格，如洛阳北窑M6出土的母嫛方罍①（见图3-43）在造型纹饰上就和安阳殷墟出土的执■方罍极其相似，北窑M410出土的考母罍②（图6-5）、长子口墓出土的圆罍③（图6-6）、郑州洼刘西周墓出土的涡纹罍④（图

① 洛阳市文物工作队：《洛阳北窑西周墓》，文物出版社，1999年，86～89页。

② 洛阳市文物工作队：《洛阳北窑西周墓》，文物出版社，1999年，210～213页。

③ 河南省文物考古研究所、周口市文化局：《鹿邑太清宫长子口墓》，中州古籍出版社，2000年，116、117页。

④ 郑州市文物考古研究所：《郑州洼刘西周贵族墓出土青铜器》，《中原文物》2001年第2期。

6-7）都和安阳殷墟出土的圆罍风格特征十分接近，是典型的殷墟式铜罍。之所以出现这种状况，是由于“洛阳北窑遗址的西周铸铜作坊，可能是从殷墟苗圃北地同类作坊迁徙而至”[①]，这是河南地区西周早期青铜罍保持了传统风格的一面。同时也有一些新变化，如鹿邑太清宫长子口墓出土的长子口方罍（见图3-42），虽然在形体上继承了安阳刘家庄北地M1046出土的亚𠔀方罍（见图3-32）修长的特点，但是表面繁缛的装饰、张扬的扉棱却更加接近于宝鸡戴家湾出土的𠁩方罍[②]（图6-8），在传统的基础上又体现出一些新特色。

图6-5　洛阳北窑M410出土考母罍

（《商周》13802）

图6-6　长子口墓出土圆罍

（《鹿邑》彩版56 · 1）

图6-7　郑州洼刘西周墓出土圆罍

（《中原文物》2001年第2期，图6）

图6-8　宝鸡戴家湾出土𠁩方罍

（《戴家湾》032）

① 叶万松、余扶危：《关于西周洛邑城址的探索》，转引自张天恩《商周之际青铜制造重心徙移的观察》，《金玉交辉——商周考古、艺术与文化论文集》，《台北“中央”研究院历史语言研究所会议论文集之十三》，“中央”研究院历史语言研究所，2013年，236页。

② 吴镇烽：《商周青铜器铭文暨图像集成》，上海古籍出版社，2012年，13733。

再谈谈陕西关中地区。关中地区商代青铜罍出土点有宝鸡岐山贺家村[①]（图6-9）、扶风上宋乡红卫村[②]（图6-10）、武功游风镇浮沱村[③]（图3-6）。这三处铜器点出土的铜罍都属于安阳殷墟式铜罍，是关中地区受安阳商文化影响的结果。张天恩先生在研究关中商代文化的时候，指出“京当遗址和附近的王家嘴、贺家以及齐家等处紧密相连接，已形成一个商文化的聚落群，历次发掘调查屡有商文化遗物发现，有较丰富的商文化堆积”[④]，扶风红卫村应当也属于这个商文化聚落群之列。

总观关中地区出土的商代青铜罍，目前所见它们只出土于关中西部地区，而在关中东部渭南地区至河南三门峡一线，目前还没有发现商代的青铜罍出土，这说明在商代晚期，安阳—关中一线青铜罍的分布并不具有地域上的连贯性，而是在关中西部地区出现了几个相对独立的铜罍文化点。

图6-9　岐山贺家村M1出土涡纹罍（《周原》6·1246页）

图6-10　扶风红卫村出土涡纹罍（《考古与文物》2007年第3期，封2·2）

① 陕西省博物馆、陕西省文物管理委员会：《陕西岐山贺家村西周墓葬》，《考古》1976年第1期。

② 扶风县博物馆：《陕西扶风县新发现一批商周青铜器》，《考古与文物》2007年第3期。

③ 段绍嘉：《介绍陕西省博物馆的几件青铜器》，《文物》1963年第3期。

④ 张天恩：《关中商代文化研究》，文物出版社，2004年，71页。

关中地区西周早期青铜罍出土点有：宝鸡渭滨区石鼓山石嘴头M1、M3、M4[①]（图6-11～图6-14）、宝鸡纸坊头[②]（图6-15）、茹家庄[③]（图6-16）、扶风县齐家村[④]（图6-17）、扶风建和镇北桥村[⑤]（图6-18）、扶风县张黄村[⑥]（图6-19）、扶风庄白村窖藏[⑦]（图3-34）、泾阳县高家堡戈国墓地[⑧]（图6-20）、岐山县贺家村[⑨]（图6-21）、陇县梁甫村[⑩]（图6-22）、宝鸡戴家湾[⑪]（图6-8、图6-23）、武功县黄南窑村[⑫]（图6-24）、扶风庄李M9[⑬]（图6-25）等。

图6-11　宝鸡石鼓山M4：304天罍（《文物》2016年第1期，图41）

图6-12　宝鸡石鼓山M4：205涡纹罍（《文物》2016年第1期，图42）

图6-13　宝鸡石鼓山M4：209涡纹罍（《文物》2016年第1期，图43）

① 石鼓山考古队：《陕西宝鸡石鼓山西周墓葬发掘简报》，《文物》2013年第2期。陕西省考古研究院、宝鸡市考古研究所、宝鸡市渭滨区博物馆：《陕西宝鸡石鼓山商周墓地M4发掘简报》，《文物》2016年第1期。

② 卢连成、胡智生：《宝鸡弜国墓地》，文物出版社，1988年，35页。

③ 陕西省考古研究所等：《陕西出土商周青铜器》，文物出版社，1979年，4 · 43页。

④ 陕西省考古研究所等：《陕西出土商周青铜器》，文物出版社，1979年，3 · 28页。

⑤ 扶风县文化馆：《陕西扶风县北桥出土一批西周青铜器》，《文物》1974年第11期。

⑥ 陕西省考古研究所等：《陕西出土商周青铜器》，文物出版社，1979年，3 · 42页。

⑦ 陕西周原考古队：《陕西扶风庄白一号西周青铜器窖藏发掘简报》，《文物》1978年第3期。

⑧ 戴应新：《高家堡戈国墓》，三秦出版社，1991年，78、81页。

⑨ 长水：《岐山贺家村出土的西周铜器》，《文物》1972年第6期。

⑩ 胡百川：《陇县梁甫出土西周早期青铜器》，《文博》1987年第3期。

⑪ 陈昭容：《宝鸡戴家湾与石鼓山出土商周青铜器》，“中央”研究院历史语言研究所、陕西省考古研究院，2015年，029、032。

⑫ 康乐：《武功县出土商周青铜器》，《文博》1986年第1期。

⑬ 周原考古队：《陕西扶风县周原遗址庄李西周墓发掘简报》，《考古》2008年第12期。

图6-14　宝鸡石鼓山M4：312涡纹罍（《文物》2016年第1期，图44）

图6-15　宝鸡纸坊头M1出土涡纹罍（《强国》彩版7·2）

图6-16　宝鸡茹家庄出土用罍（《商周》13730）

图6-17　扶风齐家村出土涡纹罍（《陕青》3·28页）

图6-18　扶风建和镇北桥村出土冈罍（商周》13732）

图6-19　扶风张黄村出土毌俩父乙罍（《商周》13788）

图6-20　高家堡戈国墓M4出土⺢𦣞父戊罍（《商周》13787）

图6-21　岐山贺家村出土兽面纹罍（《周原》6·1106页）

图6-22　陇县梁甫村出土涡纹罍（《文博》1987年第3期，封2·4）

图6-23　宝鸡戴家湾出土妙罍（《戴家湾》029）

图6-24　武功黄南窑村出土涡纹罍（《文博》1986年第1期，图版4 · 3）

图6-25　扶风庄李M9出土涡纹罍（《考古》2008年第12期，图版2 · 6）

关中地区西周早期的青铜罍集中出土于关中西部的渭河沿线地区，这一地区出的西周铜罍数量最多，形制最为稳定，演变规律最为明显。张天恩先生在集中考察了安阳殷墟以及周原发现的铸铜作坊的相关情况以后，认为“在殷商王朝灭亡之后，殷墟铸铜作坊的能工巧匠、冶铸家族，除了迁往洛阳北窑之外，还有一部分西迁至关中，李家作坊可为典型代表。西周早期特征的陶范在李家出土，说明迁徙于此的工匠们，很快就开始建坊升炉，熔冶鼓铸，投入到新的生产活动中了”①。所以西周早期关中地区的青铜罍几乎是延续了安阳殷墟的铸器传统。从器形上来讲，关中地区出土的西周早期铜罍除了圈足外撇程度较安阳地区殷墟四期的铜罍较大些外，其他方面几乎没有什么变化。尤其是对于一些圈足变化不是很明显的铜罍来说，我们几乎很难从器形上判断出它的年代到底应该是归属于殷墟四期还是西周早期，只能从其所属的出土单位的年代来判定铜罍本身的年代。关中地区出土的青铜罍在整个西周时期的铜罍中处于最为核心的地位。

当然，西周早期关中地区也有极少数不同于安阳殷墟风格的铜罍。1966年岐山贺家村出土的一件兽面纹罍（图6-21），长颈，弧腹，双龙耳，高圈足带有裙边，肩部装饰蜗纹，腹部装饰兽面纹。这样的造型纹饰在整个河南、陕西出土的其他铜罍中是见不到的，而和四川彭县竹瓦街窖藏的西周铜罍有诸多相似之处，是受到巴蜀地区铜罍影响的结果。西周时期，宝鸡地区和巴蜀地区之间有着非常密切的文化交流，诸如宝鸡弜国墓地、宝鸡石鼓山墓地等都发现了若干具备巴蜀文化特征的青铜器，贺家

① 张天恩：《商周之际青铜制造重心徙移的观察》，《金玉交辉——商周考古、艺术与文化论文集》，《台北“中央”研究院历史语言研究所会议论文集之十三》，“中央”研究院历史语言研究所，2013年，242页。

村出土的这件兽面纹罍只是两地进行文化交流的一个小小的例证，是再平常不过的事情。

另外宝鸡石鼓山石嘴头M4出土的M4：205涡纹罍，巨大的体量以及体表装饰的扉棱（见图6-12）、1974年扶风齐家村出土的涡纹罍圈足上装饰的直线纹等特点（见图6-17），也都是不见于中原地区主流文化铜罍之上的，具有一定的地方特点。

关中地区西周中期青铜罍的出土点有1960、1975、1997年扶风齐家村（图6-26～图6-28）、2002年扶风庄白村（图3-23）、1973年凤翔劝读村（图3-22）、西安丰镐遗址（图6-29）、长安普渡村（图6-30）等。这一时期的青铜罍下腹鼻纽消失，腹部变得硕大，有的还成对出现，应当是受到周文化影响的产物。

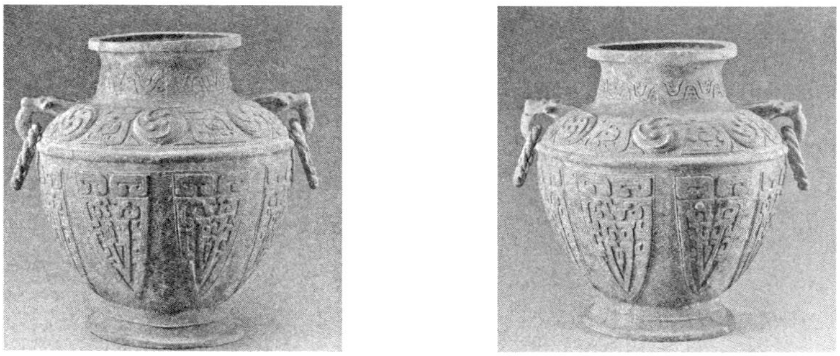

图6-26　1960年扶风齐家窖藏出土三角夔纹罍（甲、乙）（《周原》1·50、54页）

图6-27　1975年扶风齐家村出土三角夔纹罍（甲、乙）（《周原》10·2202、2205页）

安阳殷墟地区、关中西部地区出土的青铜罍共同构成了商周时期中原式铜罍的基本特征，其他地区出土的青铜罍只是在这种中原式铜罍的基础上有所变化，即使是独具本地特色也是万变不离其宗，离不开中原式铜罍这个最基本的形制框架。

图6-28　1997年扶风齐家村出土涡纹罍（《周原》10 · 2208、2211页）

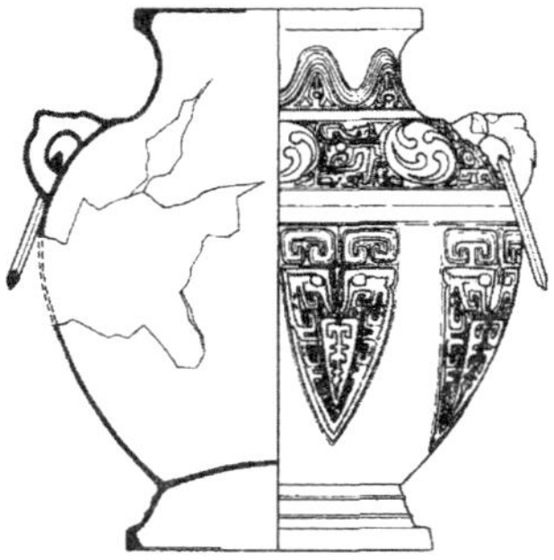

图6-29　西安丰镐遗址出土三角夔纹罍（《文物》2002年第12期，图26 · 2）

图6-30　长安普渡村长由墓出土蘇罍（《商周》13822）

第二节　北方地区

按照李学勤先生的说法，北方地区大致可以分为北方和东北两个亚文化圈[①]，北方文化圈在本文中大致包括现今的陕东北山地、晋中盆地、晋南以及冀北等地区；东北文化圈大致包括现今东北大凌河流域及相关地区。北方地区总共出土商周青铜罍24件，占出土总数的16%。

北方文化圈商时期铜罍出土点有陕西甘泉县阎家沟[②]、陕西清涧县张家坬[③]、山西灵石县旌介村[④]。甘泉阎家沟出土的罍由于残损严重，我们难以看清器形特征，但是从与之共存的青铜容器的特征来看，它们都属于典型的中原式铜器。据此推测，如果不

① 李学勤：《非中原地区青铜器研究的几个问题》，《东南文化》1988年第5期。

② 甘泉县博物馆：《陕西甘泉县出土晚商青铜器》，《考古与文物》2007年第3期。

③ 曹玮：《陕北出土青铜器》2，巴蜀书社，2009年，170页。

④ 山西省考古研究所：《灵石旌介商墓》，科学出版社，2006年，51～53、109、110页。

存在特殊情况，那么这件罍也应当属于中原式铜罍。阎家沟整组铜器的性质发掘简报认为应当归属于当地的“李家崖文化系统”[①]，但是张懋镕先生在调查研究后认为，阎家沟出土4鼎5簋的重食组合，也可能同时受到了关中西部先周文化的影响[②]。

清涧张家坬出土的铜罍与安阳殷墟小屯M18、大司空M539出土的铜罍形制完全相同，属于典型的中原式铜罍（图6-31）。清涧地区在商代晚期本身就存在着和商王朝有十分友好关系的方国遗存[③]，因此器物和安阳保持高度一致就是很自然的事情了。

山西灵石旌介村M1出土的丙罍属于典型的中原式铜罍，M2出土的丙罍虽然仅存一盖（图6-32、图6-33），但是盖的形制特征及纹饰布局都和安阳大司空M303出土的马危罍十分相似，因此也应该属于中原式铜罍。李伯谦先生在系统研究了晋陕高原的青铜文化遗存以后，认为“以灵石旌介墓葬青铜器为代表的青铜文化是属于商文化在发展过程中在当地形成的一个地域类型的分支，是与商王朝有着友好的臣属关系，包括居住在灵石一带的丙族在内的诸友好方国的遗存”[④]，这两件铜罍的做法和中原商王朝保持高度一致也是两地友好交流的反映。

图6-31　陕北清涧张家坬出土弦纹罍（《陕北》2·170页）

图6-32　山西灵石旌介M1出土丙罍（《灵石》52页）

图6-33　山西灵石旌介M2出土丙罍盖（《灵石》109页）

北方文化圈西周时期的铜罍遗存有山西翼城县大河口墓地[⑤]、北京琉璃河燕国墓

① 王永刚、崔风光、李延丽：《陕西甘泉县出土晚商青铜器》，《考古与文物》2007年第3期。

② 张懋镕：《重食文化的新认识——从甘泉县阎家沟出土青铜器谈起》，《古文字与青铜器论集》（三），科学出版社，2010年。

③ 李伯谦：《从灵石旌介商墓的发现看晋陕高原青铜文化的归属》，《北京大学学报》（哲学社会科学版）1988年第2期。

④ 李伯谦：《从灵石旌介商墓的发现看晋陕高原青铜文化的归属》，《北京大学学报》（哲学社会科学版）1988年第2期。

⑤ 山西省考古研究所大河口墓地联合考古队：《山西翼城县大河口西周墓地》，《考古》2011年第7期。

地[①]、山西曲沃北赵村晋侯墓地[②]。大河口墓地M1出土的涡纹罍圈足甚矮（图6-34），腹壁斜直，呈现出较早的年代特征，但是由于出土于西周墓葬当中，我们还是把它当做西周早期器，是一件中原式铜罍。大河口M1017出土的霸伯罍（图3-21），形制上属于中原式铜罍，但是这件罍腹部装饰的垂鳞纹十分具有地方特色，这种垂鳞纹只在中原地区的鼎、壶的腹部能够经常见到，在铜罍上是从来没有发现过的，是一件兼具中原—地方特色的器物。大河口霸国墓地处于关中—河南两地互相交往通道之间，出土中原特色的铜罍是十分自然的事情。霸国作为西周时期的一个晋南国族，学者认为"墓地出土的器物商、周文化因素都比较明显，独具自身文化特色。其人群应为狄人系统的一支，是被中原商周文化同化的狄人，文化面貌显示其人群相对单纯"[③]，正是由于这样特殊的族群以及多元的文化结构，霸伯罍才有可能显示出中原与地方特色并存的风格来。

山西曲沃北赵晋侯墓地出土1件伯方罍（图6-35），形制与扶风庄白窖藏出土的陵方罍十分相似，也是中原式铜罍。

北京琉璃河燕国墓地共出土3件青铜罍：燕侯克罍（M1193）（图4-14）、敄[illegible]父己罍（M1043）（图3-20）、子方罍（M1149）（图6-36），都是典型的中原式铜罍。

东北文化圈商代晚期的铜罍遗存有1973年辽宁喀左县北洞村一号窖藏[④]、1979年辽

图6-34　大河口霸国墓地M1出土涡纹罍（《呦呦鹿鸣》80页）

图6-35　晋侯墓地出土伯方罍图（《天马—曲村》彩版3）

图6-36　子方罍（《商周》13831）

① 琉璃河考古队：《北京琉璃河1193号大墓发掘简报》，《考古》1990年第1期。琉璃河考古队：《1981～1983年琉璃河西周燕国墓地发掘简报》，《考古》1984年第5期。

② 北京大学考古系商周组、山西省文物考古研究所，邹衡主编：《天马—曲村》（第一册），科学出版社，2000年，171、172页。

③ 山西省考古研究所大河口墓地联合考古队：《山西翼城县大河口西周墓地》，《考古》2011年第7期。

④ 辽宁省博物馆、朝阳地区博物馆：《辽宁喀左县北洞村发现殷代青铜器》，《考古》1973年第4期。

宁喀左坤都营子乡小波汰沟窖藏[①]。

1973年北洞村一号窖藏出土的5件铜罍（图6-37～图6-41），其中有4件大小、形制完全一样，其余的1件铸有铭文“孤竹，父丁，亚微”，都是典型的中原式铜罍，这是目前所见最早的青铜罍窖藏。一次随葬这么多铜罍也可以看出这一地区的贵族重酒的程度之深。另外“孤竹，父丁，亚微”等铭文内容也为我们判断该座铜器窖藏的族属提供了十分重要的参考资料，如张震泽先生即认为这件孤竹父丁罍与微子启有关[②]。这5件铜罍出土时排列有序，埋藏地点选择在大凌河及其支流交汇处孤山脚下的丘岗顶部，这种有意安排的埋藏方式可能是当时奴隶主为某种礼仪（如祭祀）而进行的埋祭或窖藏[③]，具有较为明显的地域特点。

1979年喀左小波汰沟窖藏出土的铜器，有兽面纹鼎1件、登方鼎1件、圉簋1件、登屰方罍1件（图6-42）。其中登屰方罍器体高大，通体装饰花纹，造型纹饰完全都是中原式的，是这一时期方罍中的经典之作。

东北文化圈西周时期的铜罍遗存有：1973年辽宁喀左县北洞村二号窖藏[④]、1974年辽宁喀左山湾子窖藏[⑤]、1955年热河海岛营子村窖藏[⑥]。

图6-37　北洞村一号窖藏出土的3号罍（《考古》1973年第4期，图版6·3）

图6-38　北洞村一号窖藏出土的4号罍（《考古》1973年第4期，图版7·2）

图6-39　北洞村一号窖藏出土的5号罍（《考古》1973年第4期，图版7·3）

---

① 辽宁省文物考古研究所：《辽海记忆——辽宁考古六十年重要发现（1954～2014）》，辽宁人民出版社，2014年，130页。

② 张震泽：《喀左北洞村出土铜器铭文考释》，《社会科学辑刊》1981年第3期。

③ 辽宁省博物馆、朝阳地区博物馆：《辽宁喀左县北洞村发现殷代青铜器》，《考古》1973年第4期。

④ 北洞文物发掘小组：《辽宁喀左县北洞村出土的殷周青铜器》，《考古》1974年第6期。

⑤ 喀左县文化馆、朝阳地区博物馆、辽宁省博物馆：《辽宁喀左县山湾子出土殷周青铜器》，《文物》1977年第12期。

⑥ 郭宝钧：《商周铜器群综合研究》，文物出版社，1981年，49～51页。

图6-40　北洞村一号窖藏出土的6号罍（《考古》1973年第4期，图版7 · 4）

图6-41　北洞村一号窖藏出土的孤竹父丁罍（2号）（《商周》13810）

图6-42　小波汰沟窖藏出土的登屰方罍（《全集》4 · 112）

北洞村二号窖藏出土的蜗身兽面纹罍（图6-43），装饰繁复，制作工艺十分高超，造型不类中原地区，而和四川彭县竹瓦街窖藏铜罍有诸多相似之处，是独具地方特色的铜罍。

喀左山湾子窖藏出土涡纹罍、牛纹罍、史方罍各1件（图6-44～图6-46），与之共出的还有鼎簋等21件其他器类。发掘报告认为“鼎、簋所饰的兽面纹、夔龙纹、圆涡纹与中原相似，多数造型为中原同期文化所习见，组合复杂，徽号不一，有可能是周初将战争中掠夺来的殷器分给下层的奴隶主贵族”[①]。但所出的牛纹罍、涡纹罍造型奇特，质粗器薄，为中原地区所不见，当为当地铸造的本土特色器物。该窖藏出土的史

图6-43　喀左北洞村二号窖藏出土的蜗身兽面纹罍（《全集》6 · 23）

图6-44　喀左山湾子窖藏出土涡纹罍（《文物》1977年第12期，图51）

图6-45　喀左山湾子窖藏出土牛纹罍（《综览》罍49）

① 喀左县文化馆等：《辽宁省喀左县山湾子出土殷周青铜器》，《文物》1977年第12期。

方罍和1976年扶风庄白一号窖藏出土的陵方罍十分相似，具有中原方罍的某些特点，但是这件方罍圈足外撇程度十分夸张且制作风格粗犷，当是本地人模仿中原式铜罍制作的铜器。

热河海岛营子村窖藏出土的2件铜罍（图6-47），其中一件破碎，其上有铭文，两件都是中原式铜罍。

图6-46　喀左山湾子窖藏出土史方罍（《商周》13729）

图6-47　热河海岛营子村窖藏出土铜罍之一（《商周铜器群综合研究》图版43·4）

东北文化圈还发现有1件春秋时期的铜罍，出土于内蒙宁城小黑石沟的石棺墓，造型奇特，腹部装饰三角夔纹，平视过去器形呈“亚”字形，我们可称之为“亚”字形铜罍。在春秋时期中原地区青铜罍已经绝迹的情况下，边远的大凌河流域还能出土这么1件铜罍，具有十分重要的意义，当是这一时期模仿中原西周铜罍的一种复古型器物。同样形制的“亚”字形铜罍在春秋时期的四川、安徽、湖南、广西等地都有出土，分布地域十分有规律性，但是由于数量太少，分布零散，所以我们将在本章小结中对其集中论述，此处不再单独分析。

东北地区出土的青铜罍绝大部分都集中在大凌河流域。据有关学者研究，古代大凌河道是关内通往辽宁西部地区的重要通道，是中原地区和辽宁西部地区文化交流必经之路[①]。因此在大凌河流域出土分别具有中原、地方两种文化特色的铜罍就是顺理成章的事情了。

① 辽宁省博物馆、朝阳地区博物馆：《辽宁喀左县北洞村发现殷代青铜器》，《考古》1973年第4期。

第三节　海岱地区

海岱地区指现今以山东为中心的东方国族所在的地域。海岱地区总共出土商周时期的青铜罍有14件，占出土总数的9.3%。数量虽然不多，但是文化特色十分鲜明。

海岱地区商时期的铜罍遗存有山东长清兴复河①、费县②、青州苏埠屯③、滕州前掌大④、寿光古城村⑤等地。长清兴复河出土的且辛禹罍形制属于中原式铜罍，但是肩部装饰兽面纹的作法却不见于中原铜罍上，具有一定的地方特色（图6-48）。而且这件罍肩部装饰的扉棱与宝鸡石鼓山M4：205罍肩部的扉棱有诸多相似之处，与且辛禹罍同地出土的且辛禹簋（《商周》13076，原定名为“卣”。）与石鼓山M4：804球腹簋也十分接近。虽然这两组器不属于同一时代，但是这种相似的器形及纹饰装饰手法可能暗示了山东长清地区与陕西宝鸡地区在青铜文化上有着某种紧密的内在联系。1981年山东费县出土的𢐗𣪕罍（图6-49），形制和燕侯克罍十分相似，是典型的中原式铜罍。与之同出还有鼎、甗、豆、觚、爵、角、尊、卣、壶、盉等，都有“𢐗𣪕”铭文，礼器组合方式与中原地区十分接近，当是受到了中原商文化的强烈影响。曹艳芳博士认为𢐗𣪕罍和且辛禹罍铭文中的“𢐗”族是一个古代东方地区的古老部族，“禹”“𣪕”分别是“𢐗”族的分支⑥。

图6-48　山东长清兴复河出土的且辛禹罍（《山东省博物馆藏珍 · 青铜器卷》3页）

图6-49　山东费县出土𢐗𣪕罍（《商周》13754）

① 山东省博物馆：《山东长清出土的青铜器》，《文物》1964年第4期。

② 程长新、曲德龙、姜东方：《北京拣选一组二十八件商代带铭铜器》，《文物》1982年第9期。

③ 张学海：《海岱考古》（第一辑），山东大学出版社，1989年，265页。

④ 中国社会科学院考古研究所：《滕州前掌大墓地》（上册），文物出版社，2005年，275～279页。

⑤ 寿光县博物馆：《山东寿光县新发现一批纪国铜器》，《文物》1985年第3期。

⑥ 曹艳芳：《山东出土商代青铜器研究》，山东大学博士学位论文，2006年，138页。

青州苏埠屯出土的作扬从彝罍、苏埠屯M8出土的融罍都是中原式铜罍（图6-50、图6-51），其中融罍铭文中的“融”，有学者认为即“祝融”，属于东夷族之一[①]。东夷族人使用中原式的铜罍，说明了商时期东夷族与中原商王朝的密切关系。

图6-50　苏埠屯出土的作扬从彝罍
（山东省博物馆展线拍摄）

图6-51　苏埠屯M8出土的融罍
（《商周》13707）

滕州前掌大M38、M128出土的涡纹罍、M11出土的史方罍也都是中原式的铜罍（图6-52～图6-54）。有学者认为前掌大墓地是薛国商阶段先辈所经营，是商代东方一个方国的墓地[②]。青铜器形制与中原地区几无异样，是“商王朝政治势力的影响与两种文化交流融合的结果”[③]。

图6-52　滕州前掌大M38出土涡纹罍（《前掌大》彩版42·1）

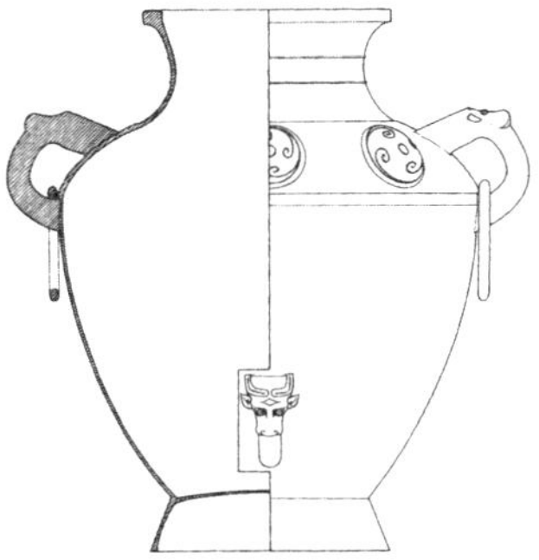

图6-53　滕州前掌大M128出土涡纹罍（《前掌大》图198·1）

图6-54　滕州前掌大M11出土史方罍（《商周》13728）

寿光古城村“益都侯城”故址出土的涡纹罍，也是中原式铜罍。发掘简报认为包

① 曹艳芳：《山东出土商代青铜器研究》，山东大学博士学位论文，2006年，143页。

② 胡秉华：《滕州前掌大商代墓葬地面建筑浅析》，《考古》1994年第2期。

③ 中国社科院考古研究所山东工作队：《滕州前掌大商代墓葬》，《考古学报》1992年第3期。

括这件涡纹罍在内的整批铜器，是“封爵之前的纪国之器”①（图6-55）。

曹艳芳博士曾对山东地区出土的商代青铜器进行过系统的研究，认为：“从山东地区器类、制作技术和总体作风来判断，与中原地区的商代铜器基本相近或相同，应是从中原地区直接传播而来，其作器者应为商化了的土著，或是从中原地区来到山东地区的商人，而这类青铜器又占到了山东商代青铜器的主体，因此我们认为山东青铜器在与中原地区商代青铜器保持着较强的一致性的同时，还是有一些地方特征，但是总体而言，山东商代青铜器与中原地区的共性是主要的，差异是次要的。”②此论断是针对整个山东地区商时代青铜器而言，对于青铜罍这一个体也是适用的。

海岱地区未发现西周时期的铜罍。有1件昶伯𩰫父罍（图6-56），传出土于枣庄山亭区东江村小邾国墓地③，此器的形制与关中凤翔出土的对罍十分相似，从形制上来看属于典型的中原式铜罍。“昶”，徐少华先生释为“羕”，是两周时期的一个嬴姓诸侯国，春秋时期与楚国、邓国的关系比较密切。20世纪60、70、80年代曾在河南的桐柏、泌阳，湖北江陵一带出土过几组昶国铜器，年代多在春秋早期，徐少华先生考证昶国的中心位于今河南桐柏月河一带④。吴镇烽先生从“昶伯𩰫父簋及昶伯者君鼎、盘、匜等昶氏青铜器均出自河南信阳”出发，认为这件罍“极有可能出自河南信阳”⑤。综合徐、吴二位先生的分析来看，这件铜罍出土于河南信阳的可能性较大，出土于山东的说法应当是不太符合实际的。同时这件铜罍的出土，可以将昶国的历史提早到西周中期，对于重新认识“昶”这个先秦古国具有重要的弥补作用。

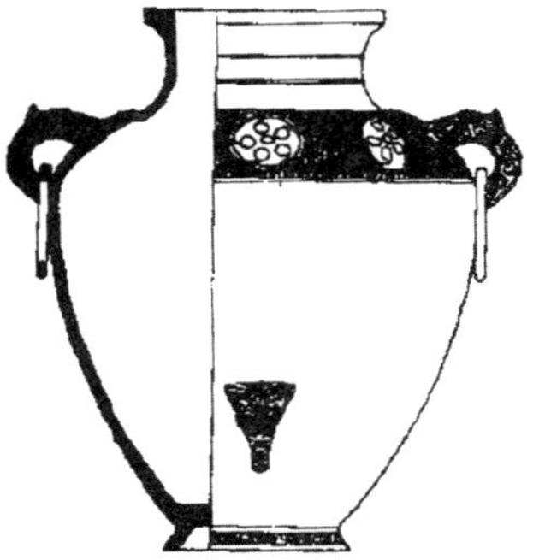

图6-55 寿光古城村出土涡纹罍（《文物》1985年第3期，图7）

图6-56 昶伯𩰫父罍（《商周》13826）

① 寿光县博物馆：《山东寿光县新发现一批纪国铜器》，《文物》1985年第3期。

② 曹艳芳：《山东出土商代青铜器研究》，山东大学博士学位论文，2006年，143页。

③ 吴镇烽：《商周青铜器铭文暨图像集成》，上海古籍出版社，2012年，13826。

④ 徐少华：《羕国历史及其地理探析》，《考古学报》2008年第4期。

⑤ 吴镇烽：《商周青铜器铭文暨图像集成》，上海古籍出版社，2012年，13826。

海岱地区春秋时期的铜罍出土点有：枣庄山亭区东江村小邾国墓地[①]、沂水县刘家店子[②]等地。枣庄山亭区东江村小邾国墓地M2出土的涡纹罍（图6-57），器形有些类似于殷墟二期安阳殷墟的铜罍，但是腹部弧度又比较大，且肩部装饰兽首衔环耳的做法也不见于殷墟二期中原地区的铜罍上，是一种具有明显地域特色的器物。沂水刘家店子出土的罍（图6-58），成对出现，制作较为粗糙，形制纹饰十分奇特，伏兽形纽盖与四川彭县竹瓦街窖藏出土的蟠龙盖兽面纹罍有些许相似之处，腹部装饰的纹饰又有些类似于西周晚期中原地区流行的波曲纹，也是一件具有强烈地方文化特色的器物。

图6-57　枣庄小邾国墓地M2出土涡纹罍（《小邾国遗珍》53页）

图6-58　沂水刘家店子出土的波曲纹罍（《文物》1984年第9期，图13）

第四节　巴蜀地区

巴蜀地区出土的商周青铜罍共有18件，占出土总数的12%，数量上也不占优势，但是极具地域特色。

巴蜀地区未发现商时期的铜罍。1986年四川广汉三星堆二号祭祀坑出土编号为K22：70等3件青铜尊类器[③]，年代属殷墟三期，发掘报告称之为“罍”，现今来看，这种器物应当归属于“尊”，而不能称之为“罍”，具体原因我们将在第七章分析。

巴蜀地区发现的西周青铜罍主要集中在1959、1980年四川彭县竹瓦街出土的两座窖藏中。这两座窖藏之间相距仅25米，一号窖藏（1959年）出土青铜罍5件[④]（图

① 枣庄市政协台港澳侨民族宗教委员会、枣庄市博物馆：《小邾国遗珍》，中国文史出版社，2006年，53页。

② 山东省文物考古研究所、沂水县文物管理站：《山东沂水刘家店子春秋墓发掘简报》，《文物》1984年第9期。

③ 四川省文物管理委员会：《广汉三星堆遗址二号祭祀坑发掘简报》，《文物》1989年第5期。

④ 王家佑：《记四川彭县竹瓦街出土的铜器》，《文物》1961年第11期。

6-59～图6-63），二号窖藏（1980年）出土4件[①]（图6-64～图6-67）。两窖藏坑出土的罍形制相似，大小相次，学术界多称其为两套列罍，形同商周时期中原的列鼎、列簋、列卣等[②]。总体来看，这批铜罍具有以下特点：

图6-59　1959四涡纹铜罍（《全集》13 · 80）

图6-60　1959六涡纹铜罍（《全集》13 · 81）

图6-61　1959羊首耳涡纹大铜罍（《全集》13 · 79）

图6-62　1959十字形角蟠龙盖兽面纹罍（《全集》13 · 78）

图6-63　1959手掌形角蟠龙盖兽面纹罍（《全集》13 · 76）

图6-64　1980羊首饰大铜罍（1号）（《全集》13 · 72）

① 四川省博物馆、彭县文化馆：《四川彭县西周窖藏铜器》，《考古》1981年第6期。

② 冯汉骥：《四川彭县出土的铜器》，《文物》1980年第12期。孙华：《彭县竹瓦街铜器再分析——埋藏性质、年代、原因及其文化背景》，《长江流域青铜文化研究》，科学出版社，2002年，133页。

图6-65　1980兽面饰象首铜罍（2号）（《天府》39页）

图6-66　1980兽面饰象首铜罍（3号）（《全集》13·75）

图6-67　1980兽面小铜罍（4号）（《考古》1981年第6期，图版5·4）

第一，可以分为两种类型：一类是仿中原式铜罍，只有两件：1959年一号窖藏出土的四涡纹铜罍、六涡纹铜罍。这两件罍的形制、纹饰酷似琉璃河燕国墓地出土的燕侯克罍①、1981年宝鸡纸坊头1号墓出土的铜罍②、扶风庄李西周墓M9：2罍③，体量大小也和这3件铜罍十分接近。但是从做工粗疏等特点来看，又和中原地区的铜罍有一定的差别，因此这两件铜罍当是蜀地模仿中原铜罍风格制作的。另一类是具有十分明显的当地文化风格的铜罍，总共有7件，分别为一号窖藏的羊首耳涡纹大铜罍、十字形角蟠龙盖兽面纹罍、手掌形角蟠龙盖兽面纹罍；二号窖藏的羊首饰大铜罍（1号）、兽面饰象首铜罍（2号）、兽面饰象首铜罍（3号）、兽面小铜罍（4号），这7件罍造型奇特，地域特色鲜明，截然不同于中原地区。

第二，器体十分高大。除两件仿中原式铜罍通高接近同时期中原铜罍的平均高度外，其余的7件铜罍中，有4件通高超过60厘米，这在西周早期的中原地区是从未发现过的，最高者如1980年出土的羊首饰大铜罍通高竟然达到了79厘米的高度，堪称商周时期的圆罍之王。即使是最小的兽面小铜罍（4号），通高也达到了44厘米，超过了同时期中原地区的大多数圆罍。

第三，装饰风格十分奇特。我们通常见到的中原地区的圆罍，通常都是肩部装饰圆涡纹，上腹部装饰相对的夔纹，腹部素面或者装饰三角夔纹，大多以云雷纹为地纹。而在这两组铜罍中，四涡纹罍肩部正中装饰兽头，这在中原地区的同类型铜罍中

① 琉璃河考古队：《北京琉璃河1193号大墓发掘简报》，《考古》1990年第1期。

② 卢连成、胡智生：《宝鸡強国墓地》（上），文物出版社，1988年，35页。

③ 周原考古队：《陕西扶风县周原遗址庄李西周墓发掘简报》，《考古》2008年第12期。

是从未见过的；2号、3号兽面饰象首铜罍的腹部以及手掌形角蟠龙盖兽面纹罍、十字形角蟠龙盖兽面纹罍、4号兽面小铜罍的肩部都装饰蜗纹，蜗纹在中原地区只装饰于西周早期的簋、尊等器物的腹部，在罍上也是从未曾见到的；手掌形角蟠龙盖兽面纹罍、十字形角蟠龙盖兽面纹罍、4号兽面小铜罍腹部装饰兽面纹，腹部装饰兽面纹的做法也只见于中原地区的鼎、簋、尊、卣等器物的腹部，在罍上也是极少见到的；2号、3号兽面饰象首铜罍的圈足、4号兽面小铜罍的盖缘、羊首饰大铜罍的盖缘及肩部装饰卧牛纹，卧牛纹本身在中原地区就发现极少，仅见于河南信阳浉河港出土的父丁卣①、周原扶风齐家村M4出土的伯簋②等寥寥可数的几件器物上，更不用说装饰在中原地区的罍上了。另外这组器夸张的扉棱、奇特的双耳等造型都不是中原地区铜罍所拥有的，具有十分明显的地域特色。

第四，组合很有特点。竹瓦街铜罍虽然出土于窖藏，但是仍然呈现出十分明显的组合规律。一号窖藏的5件铜罍组合具体表现为“一大而四略小，四略小者中，每两只的大小、形制、纹饰大体相似，故可视为两对。此5件罍，亦可视为列罍”③。赵殿增先生认为：“1980年发现的二号窖藏，出土罍4件，为一大二中一小，组合规律与前两次基本相同，中等的铜罍亦为一对。小铜罍只有一件，很可能原来也是两件一对，另一件小罍因某种原因而没有埋入坑中。”④5件为一套是四川地区铜罍组合的典型特征。中原地区常见2件、3件铜罍共存于同一墓葬，最多也不超过4件，从来未见过有超过一组5件的情况。

鉴于这批铜罍奇特的造型风格，我们可以把与之造型风格相似的铜罍称之为“竹瓦街类型铜罍”。

对于这两组铜罍的年代及性质，学界做了较多的讨论。冯汉骥先生认为一号窖藏“这五件列罍，形状和花纹虽大体上同于晚殷和早周的同类器皿，但骤视之则颇具有独特的地方风格，所以可视为蜀本地所铸。其样式和花纹虽取诸于当时的中原铜器，但组合意趣不同，故而显出地方色彩”。“从铸法上看，这批铜器当不晚于西周末叶或东周初叶”，是“杜宇禅让于开明时期所埋”⑤；范桂杰、胡昌钰先生认为二号窖藏“这批铜器的器形和纹饰和1959年同地发现的窖藏铜器相类似，它们的时间上限不应早于商末周初”，“下埋时间可能同时都在西周末期或春秋初期”⑥；李学勤先生认为

① 信阳地区文管会等：《河南信阳县浉河港出土西周早期青铜器群》，《考古》1989年第1期。

② 陕西省考古研究院等：《周原——2002年度齐家制玦作坊和礼村遗址考古发掘报告》，科学出版社，2010年，465、468页，彩版22。

③ 冯汉骥：《四川彭县出土的铜器》，《文物》1980年第12期。

④ 赵殿增：《竹瓦街铜器群与杜宇氏蜀国》，《四川文物》2003年第2期。

⑤ 冯汉骥：《四川彭县出土的铜器》，《文物》1980年第12期。

⑥ 四川省博物馆、彭县文化馆：《四川彭县西周窖藏铜器》，《考古》1981年第6期。

这两组铜罍的年代在周初，“这些罍从铜质和铸造工艺（如多施垫片）来看，应为当地所制，不是中原输入的”[①]，“这些器物显然可以推定为蜀国的器物，有很重要的价值”[②]；孙华先生认为，竹瓦街两个铜器群“主要或全部都是西周早期制作的”，“埋藏年代应当与器物本身的年代相去不远，应当是在西周后期以前埋藏的”，是“鱼凫王朝被蒲卑王朝取代时鱼凫王朝高级贵族埋下的遗存”[③]；赵殿增先生认为“这些铜器群也可能是某次重要祭祀活动中使用的，具有很高的等级。它可能是代表蜀国某代君王身份的重器，在经过祭祀仪式之后，最后被埋入坑中的”，“列罍、戈、矛、戟、钺、斧、斤等，则为蜀地制作。虽然他们具有殷商时期中原铜器的一些器形和纹饰特征，但从形制和纹饰具有强烈地方特色看，大约均为本地所铸，可以作为西周前后四川青铜文化的典型器物，也是古蜀中这一时期礼仪器物的标准组合”，“它们是杜宇氏蜀王所铸造和使用的重器，曾作为国家政权的象征之物，伴随着杜宇氏蜀国的始终，在亡国之时埋藏于地下的。这几组铜器是目前所知杜宇氏蜀国礼仪制度的一组最有代表性实物”[④]。综观前贤对于彭县竹瓦街窖藏的分析，他们虽然在铜器下埋的时间上存在分歧，但是对于这批铜罍的制作年代基本上是没有异议的，即都认可这批铜罍的年代为西周早期，对于这一点我们表示信从。综合器物的造型纹饰来看，这批铜器的年代甚至可以早到商末周初。

关于这批铜罍的铸造地点，冯汉骥、李学勤、赵殿增等先生都坚持本地说；罗泰先生则认为“竹瓦街的罍将其看做关中或者河南某个作坊的产品最为合理，即使他们制作于四川，也一定是仿制中心地区输入的典范，而不会是启发王畿内青铜器的源泉”[⑤]；孙华先生对罗泰的见解表示赞同，他将竹瓦街一号窖藏最具特色的2件蟠龙盖兽面纹罍、二号窖藏的兽面小铜罍（4号）与辽宁喀左北洞村出土的蟠龙盖兽面纹罍、岐山贺家村西周墓出土的兽面纹罍进行了分析对比，认为一号窖藏的蟠龙盖兽面纹罍“造型、纹饰、工艺等方面都与贺家村西壕铜罍非常相似，它的年代也应当在西周前期的偏早阶段的周康王前后；它的所谓特色也不属于四川盆地，而是中国中心地区周王朝这一时期的高品级铜器的铸造工艺和艺术风格。“竹瓦街的这3件铜罍即使不是周王朝所属的铜器作坊的产品，也应当是来自周王朝的铜器工匠的作品，这是可以推定的。”“既然竹瓦街铜罍中被认为最具有地方色彩的蟠龙盖罍都并没有什么四川的地

---

① 李学勤：《彭县竹瓦街青铜器的再考察》，《四川考古论文集》，文物出版社，1996年，120页。

② 李学勤：《西周时期的诸侯国青铜器》，《中国社会科学院研究生院学报》1985年第6期。

③ 孙华：《彭县竹瓦街铜器再分析——埋藏性质、年代、原因及其文化背景》，《长江流域青铜文化研究》，科学出版社，2002年，151、154、159页。

④ 赵殿增：《竹瓦街铜器群与杜宇氏蜀国》，《四川文物》2003年第2期。

⑤ 〔德〕罗泰：《竹瓦街：一个考古学之谜》，《凸目——西方学者看三星堆文化》，巴蜀书社，2001年。

方特点，其他铜罍也就可想而知，它们应当都是周王朝铜器作坊或在周王朝铜器工艺传统指导下制作的”[①]。

上述学者的观点总结起来主要有本地说、外来说两种。对此，我们也想谈一点看法。现今发现的“竹瓦街类型”铜罍遗存有如下几处：①竹瓦街1、2号窖藏（9件）；②湖北叶家山M27、M28、M111（4件）；③辽宁喀左北洞村一号窖藏（1件）；④陕西岐山贺家村西周墓（1件）。仅从出土的数字比例上来看，竹瓦街窖藏明显位居第一。

实际上四川出土的“竹瓦街类型”铜罍远远不止于1959年、1980年这两座窖藏的9件。据冯汉骥先生记述，“抗日战争期中，曾出土过一套，亦为一大四小，成都之古玩家至今犹能忆之，惜当时即遭散失，今下落不明，出土地及情况亦不详”[②]；1978年2月，成都市一环路附近出土了一件大铜罍，形制和竹瓦街出土的完全相似，属于同一时代制作[③]；陕西汉中汉台博物馆收藏有1件牛纹罍[④]（图6-68），属于征集所得，器形纹饰与二号窖藏的羊首饰大铜罍非常接近，据汉中市博物馆黄宝柱先生告知，这件罍并非汉中出土，很可能是从四川地区流散而来。即使在传世文献中，我们也能发现“竹瓦街类型”铜罍，北宋吕大临《考古图》中收录1件命名为“三耳大壶”的涡纹罍，通高达二尺五寸；王黼《博古图》收录1件命名为“周象首罍”的涡纹罍，通高达二尺四寸五分（图6-69、图6-70）。按照杨宽先生的推断，宋代一般应用的“布帛尺”一尺长约31厘米[⑤]，以此标准推算，这两件涡纹罍的高度分别相当于现今的77.5、76厘米。这种体量的铜罍也只有彭县竹瓦街出土的59羊首耳涡纹大铜罍（68厘米）、80羊首饰大铜罍（79厘米）可与之相比肩，更重要的是这两件铜罍的形制纹饰与59羊首耳涡纹大铜罍非常相似，这种多方面相似的特点很可能说明两件铜罍就是属于四川当地的产品，这也说明四川地区出土“竹瓦街类型”铜罍的历史十分悠久。如果以上情况属实，那么四川地区出土的“竹瓦街类型”铜罍就有18件之多，再综合这种铜罍高大的体量、豪华的装饰艺术也都是以四川为最核心等特征，那么四川地区才更有可能是这种罍的故乡，而不大可能是中原的产品，或者是受中原青铜文化影响的结果。

① 孙华：《彭县竹瓦街铜器再分析——埋藏性质、年代、原因及其文化背景》，《长江流域青铜文化研究》，科学出版社，2002年，156页。

② 冯汉骥：《四川彭县出土的铜器》，《文物》1980年第12期。

③ 《文物考古工作十年（1949～1979）》，文物出版社，351页。

④ 西北大学文博学院、陕西省文物局：《城洋青铜器》，科学出版社，2006年，215、216页。

⑤ 杨宽：《中国历代尺度考——重版后记》，《中国古代度量衡论文集》，中州古籍出版社，1990年，76页。

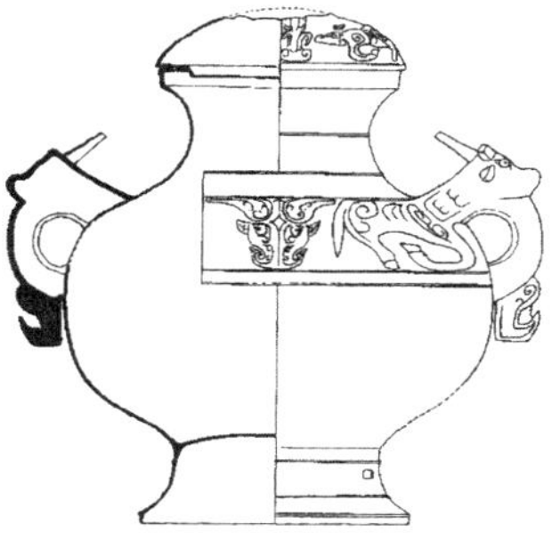

图6-68　汉台博物馆藏牛纹罍（《城洋》216页）

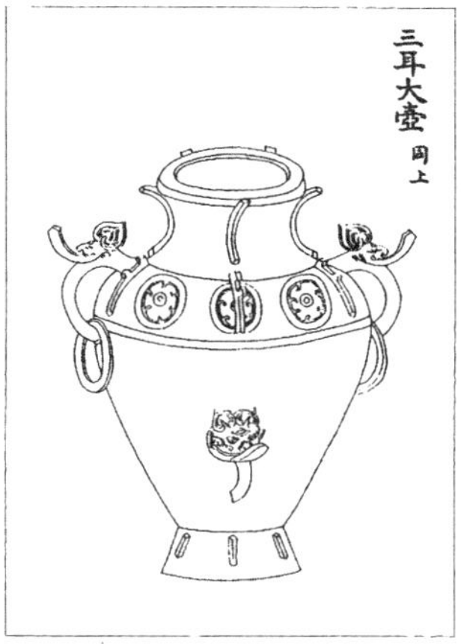

图6-69　涡纹罍（《考古图》卷4·74）

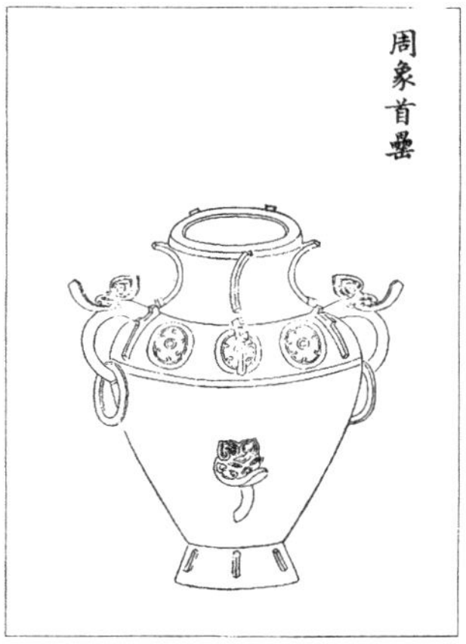

图6-70　涡纹罍（博古图》卷7·27）

对于竹瓦街铜罍包含的文化因素，我们认为它们是糅合了“周王朝的工匠技艺，当地蜀人贵族的思想”，是二者结合的产物。熟悉先秦史的学者都知道，来自四川的蜀人曾参与了武王灭商的“牧野之战”。《尚书·牧誓》：“王曰：‘嗟！我有国冢君，司徒、司马、司空，亚旅、师氏，千夫长、百夫长，及庸、蜀、羌、髳、微、卢、彭、濮人，称尔戈，比尔干，立尔矛，予其誓。’”《华阳国志》亦云：“武王伐纣，蜀与焉。”灭商之后，自然要论功行赏。“班赐尊彝”“分殷之器物”是周王朝对有功者进行赏赐的重要方式，竹瓦街一号窖藏中的“覃父癸”觯、“牧正父己”觯就是周人赏赐给蜀人或者蜀人掳掠殷人的器物，这一点在学术界已经达成共识①。当然，除赏赐器物之外，还可能赏赐作器的原材料——铜，以及铸造铜器的工匠。我们认为，要制作出竹瓦街类型的铜罍，必须要满足两个条件：一是要有大量充裕的铜资源；二是要有熟练掌握复杂铜器铸造技艺的工匠。而这两个条件对于当时有功于周王室的蜀地贵族都是具备的。蜀人贵族拥有了周王室赏赐的铜资源与熟练的工匠，自然会命令这些工匠按照他们的思想意图铸造出一种新型的礼器来。蜀人贵族见惯了中原的礼器，在自己作器的时候就想推陈出新，铸造出一种摆脱中原旧有程式的礼器。但是由于使用的是中原地区旧有的工匠，他们在骤然间也不可能有器形或者纹饰上的创新，作为权宜之计，这些工匠所能做的就是将中原地区固有的传统纹饰与罍体进行重新组合，再将罍的体量刻意加大，形成蜀地独特的风格。所以我们说竹瓦街类型的铜罍是“中原技艺与蜀人思想相结合的产物”。

关于竹瓦街铜罍表现出的精神风貌，我们可以从宝鸡石鼓山出土户氏家族的青铜器上得到启发。2012～2014年，宝鸡石鼓山出土一批商末周初的青铜器，其中有一组

① 参看徐中舒：《四川彭县濛阳镇出土的殷代二觯》，《文物》1962年第6期。冯汉骥：《四川彭县出土的铜器》，《文物》1980年第12期。

被张天恩先生称之为“户氏第三类铜器”的器物，器形高大华美，同样装饰有高耸夸张的扉棱，商周时期最高最大的方彝——户方彝也出土其中。张先生在论及这组铜器时，认为：“将器形和没有功能价值的扉棱增高、加大，实际上是对铜料资源的一种浪费，但在特定时段内却大行其道，这一定与时代背景相关。故笔者认为，这些风格类似的青铜器，很可能是灭商以后，周人（广义）获取了充足的青铜原料，利用殷墟工匠的技艺铸作的，他们既蕴含着周人崇尚凤鸟的思想观念，又彰显了神采飞扬的时代风貌。故此类青铜器的铸作时代范围应主要在武王伐纣以后，一夜富足的周人，属意要将胜利的愉悦展现在青铜艺术上，因此成为晚商和周初青铜文化转型的结点。”[①]竹瓦街铜罍纹饰装饰风格与石鼓山铜器近似，时代相同，所反映的也正是这种精神风貌。户氏家族贵族看重的是对中原固有器类的加高加大并进行华美装饰，而蜀地贵族则将这种胜利的愉悦着意展现在罍上。对于中原地区的贵族来说，他们所看重的主要是罍的实用性，所以中原地区的圆罍大多都是素面，这个我们在前文就已经讲过。而竹瓦街铜罍则不一样，竹瓦街铜罍表面装饰毫无实用价值的繁缛花纹、夸张扉棱，一方面是为了满足蜀人贵族在骤然间获得巨大成功的得意心理，另一方面也可能是蜀人贵族在祭祀理念上要刻意与中原保持不同的物质体现。

但是这种突然而来的辉煌注定不会延续太长时间。正如张先生所言，户氏青铜器“其延续时期似在成王时期而不会更晚，因为资源的挥霍不可能没有限度”[②]。竹瓦街窖藏铜罍也表现出了相同的状况，自1959年、1980年两座铜器窖藏的时代之后，四川地区的青铜铸造业很快就出现了大萧条。终有周一代，四川地区再也没有出现过类似于竹瓦街铜器这般繁荣鼎盛的局面。究其原因，这一方面是伴随着来自中原工匠的终老，四川本地的工匠不能在很短的时间里掌握这种高超的铸铜技艺而导致技术失传；另一方面是灭商之后不久蜀地便与周王朝交恶，导致周王朝“伐蜀”（周原甲骨H11：68），四川本地的铸铜原料缺乏周王朝有效的后续补充，导致了当地铸铜工业迅速衰落。因此西周早期以后我们所见到蜀地的铜器绝大多数都是以军事需要为主的戈、矛等兵器，再也见不到类似于竹瓦街这般高大、华美的礼容器了。

巴蜀地区战国时期的铜罍出土点有四川汶川阿尔村[③]、茂县牟托石棺墓器物陪葬坑[④]、成都三洞桥战国墓[⑤]、成都新都区战国墓[⑥]（图6-71～图6-74）。从地理位置上看主要集中在成都及以西地区。从形制纹饰上来看，这几个铜器点出土的铜罍都与凤

① 张天恩：《石鼓山户氏青铜器相关问题简论》，《文物》2015年第1期。

② 张天恩：《石鼓山户氏青铜器相关问题简论》，《文物》2015年第1期。

③ 阿坝州文管所：《汶川发现西周时期蜀文化青铜罍》，《四川文物》1989年第4期。

④ 茂县羌族博物馆、阿坝藏族羌族自治州文管所：《四川茂县牟托一号石棺墓及陪葬坑清理简报》，《文物》1994年第3期。

⑤ 成都市文物管理处：《成都三洞桥青羊小区战国墓》，《文物》1989年第5期。

⑥ 四川省博物馆、新都县文物管理所：《四川新都战国木椁墓》，《文物》1981年第6期。

图6-71　四川汶川阿尔村出土夔龙纹罍（《四川文物》1989年第4期，图2）

图6-72　茂县牟托石棺墓器物陪葬坑出土夔龙纹罍（《全集》13·85）

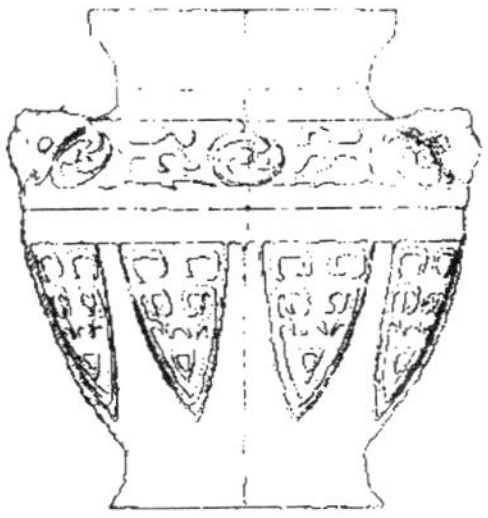

图6-73　成都三洞桥战国墓出土夔龙纹罍（《文物》1989年第5期，图4·4）

图6-74　成都新都区战国墓出土夔龙纹罍（《文物》1981年第6期，图30）

翔出土的对罍、扶风齐家窖藏出土的夔纹罍等极其相似，不同之处仅在于四川出土的这些罍制作粗疏，纹饰线条粗劣笨拙，精美程度远远比不上中原地区的同类型罍，且都出土在战国时期的墓葬当中，当是战国时期四川地区仿效中原制作的一种复古型礼器。对于四川地区在战国时期还保留着中原西周铜罍风格的现象，孙华先生认为是“文化滞后”的原因所致①，我们表示信从。复古型铜罍正是这种文化背景下的产物。

巴蜀地区的罍文化十分独特且发达，完全有别于中原地区。商周时期，中原地区的青铜罍往往是与觚、爵、斝、尊、卣等互相搭配，形成中原礼乐文化的重要组成部分。而巴蜀地区的铜罍则自西周早期开始就自成体系，而且五件成组，形成一大两中两小的独特组合，构成巴蜀地区独特的“列罍”文化。

春秋战国时期，当中原地区的罍已经为罐所取代的时候，巴蜀地区的罍还继续存在，而且呈现出迥异于中原地区的表现方式：茂县牟托石棺墓中有罍、钟组合；在巴蜀文化的戈、矛、剑、豆、带钩等器物上，还有罍与其他不明符号的器物图案的组合。这说明晚至东周时期，巴蜀地区依然对罍有着独特的偏爱与重视。对于这一现象，严志斌、洪梅先生已有十分详尽的论述，兹不赘言②。

① 孙华：《四川盆地青铜文化初论》，《四川盆地的青铜时代》，科学出版社，2000年，45页。

② 严志斌、洪梅：《战国时期巴蜀文化罍形符号研究》，《国家博物馆馆刊》2015年第11期。

第五节　汉 中 盆 地

汉中是连接关中与巴蜀的交通枢纽，因此在文化传播方面，“中原青铜文化向川西地区的传播，汉水上游应为其重要的通道之一”[①]。但是就出土青铜罍来看，绝大部分却是属于中原文化系统的。汉中盆地出土的青铜罍主要集中在城固、洋县两个地区，共计5件，占出土总数的3.3%。

汉中商代时期的铜罍出土点有洋县小江乡张村[②]、城固县博望乡陈邸村[③]、城固宝山苏村[④]、城固宝山肖家村[⑤]。洋县小江乡张村出土的弦纹罍和安阳小屯M18：37罍十分接近（图6-75）；洋县小江乡张村出土的涡纹罍和安阳戚家庄东M269出土的爰罍非常相似（图6-76）；城固县博望乡陈邸村出土的山父己罍与2007年河南安阳榕树湾M1出土的铜罍十分相像（图6-77）；城固县宝山苏村出土的三角夔纹方罍、肖家村出土的亚伐方罍和妇好方罍风格十分相似（图6-78、图6-79），尤其是亚伐方罍不但器形纹饰高度雷同于妇好方罍，就是体量二者也仅仅相差0.3厘米。以上铜罍的诸多特点反映出汉中盆地与安阳地区早在殷墟二期就保持着密切的文化往来。这些铜罍都是十分典型的中原式铜罍。

图6-75　洋县小江乡张村出土弦纹罍（《汉中》1 · 111页）

图6-76　洋县小江乡张村出土涡纹罍（《汉中》1 · 114页）

图6-77　城固县陈邸村出土的山父己罍（《汉中》1 · 118页）

① 西北大学文博学院：《城固宝山——1998年发掘报告 · 结语》，文物出版社，2002年。

② 西北大学文博学院、陕西省文物局：《城洋青铜器》，科学出版社，2006年，162～165、176、177页。

③ 西北大学文博学院、陕西省文物局：《城洋青铜器》，科学出版社，2006年，43～44页。

④ 西北大学文博学院、陕西省文物局：《城洋青铜器》，科学出版社，2006年，83、85页。

⑤ 西北大学文博学院、陕西省文物局：《城洋青铜器》，科学出版社，2006年，86～88页。

图6-78　城固县苏村出土的三角夔纹方罍（《汉中》2·128页）

图6-79　城固县肖家村出土的亚伐方罍（《汉中》1·122页）

关于城洋青铜器群的文化性质，赵丛苍先生概括有“巴人遗存说”“早期蜀文化遗存说”“商代西南夷的一支”等诸多文化属性。但就青铜罍而言，赵丛苍先生认为是“积极接受商文化的结果”[①]，其说甚是。

第六节　长江中下游地区

长江中下游地区主要包括现今的湖北、湖南、安徽等地区。这一地区地域广阔，商周时期方国众多，因而文化面貌也各有不同。长江中下游地区共出土商周时期的青铜罍15件，占出土总数的10%。

湖北地区发现的青铜罍主要集中在随枣走廊的随州地区以及江汉平原西部的江陵一带。

湖北商时期的青铜罍有随县均川老湾[②]、武汉蔡甸竹林嘴[③]等地。1976年湖北随县均川镇熊家老湾出土一件涡纹罍（图6-80），年代属殷墟三期，是典型的中原式铜罍；1966年武汉蔡甸区竹林嘴出土的凤鸟纹方罍（图6-81），造型上来看属于中原式铜罍，但是颈、肩、腹三段均装饰相对凤鸟纹的作法在中原地区却较为少见，具有一定的地方特色。

① 西北大学文博学院、陕西省文物局：《城洋青铜器》，科学出版社，2006年，246页。

② 随州市博物馆：《湖北随县发现商周青铜器》，《考古》1984年第6期。

③ 刘庆平：《武汉馆藏文物精粹》，武汉出版社，2006年，181页。

图6-80　随县熊家老湾出土涡纹罍
（《考古》1984年第6期，图版4 · 4）

图6-81　武汉竹林嘴出土凤鸟纹方罍
（《武汉馆藏文物精粹》181页）

湖北发现的西周铜罍遗存有：随州叶家山曾国墓地①、羊子山噩国墓地②、江陵万城西周墓地③。叶家山墓地的性质目前学术界普遍倾向于是西周时期被封为曾侯的南宫括家族墓地。这座墓地出土的青铜罍可以分为两种类型：一种是典型的中原式铜罍：M111出土的父□罍（图6-82），造型纹饰接近于同时期中原地区的铜罍，其上有日名“父□”，器主应当与殷遗民有关，只是随葬在了周人的墓葬当中；叶家山M1：014涡纹方罍残损严重，从仅存的上半部来看，应该还是中原式铜罍。另一种是竹瓦街类型铜罍：M27出土的2件立鸟盖悬铃铜罍、M28出土的兽首悬铃铜罍、M111出土的蟠龙兽首铜罍（图6-83 ~ 图6-85），这4件罍的造型纹饰与彭县竹瓦街窖藏出土的铜罍在风格上十分相似，年代也接近，都没有铭文，是独具特色的地方类型铜罍。

图6-82　叶家山M111出土父□罍（《叶家山》137页）

图6-83　叶家山M27出土立鸟盖悬铃铜罍（《叶家山》217页）

图6-84　叶家山M28出土兽首悬铃铜罍（《叶家山》93页）

图6-85　叶家山M111出土蟠龙兽首罍（《叶家山》133页）

① 湖北省博物馆等：《随州叶家山西周早期曾国墓地》，文物出版社，2013年，35、37、38、92、95、132 ~ 137页。湖北省考古研究所、随州市博物馆：《湖北随州叶家山西周墓地发掘简报》，《文物》2011年第11期。

② 随州市博物馆：《随州出土文物精粹》，文物出版社，2009年，30 ~ 32页。

③ 李健：《湖北江陵万城出土西周铜器》，《考古》1963年第4期。

张昌平先生在论述洞庭湖地区的青铜器时，认为："西周王朝建立之后经营南国是其封建统治的一个重要方面，……叶家山、羊子山等考古发现，大体可以展现出西周之初周王朝经营南国的基本脉络：由随州的羊子山、叶家山，向南到达江陵万城，沿随枣走廊的涢水东南到黄陂鲁台山、蕲春毛家嘴，并进一步辐射到湖南望城高砂脊。"[①]叶家山正好处于周王朝经营南土的战略路线之上，因此在曾国的墓地出现中原文化系统的铜罍就是很自然的事情了。至于曾国墓地出土竹瓦街类型铜罍，那是因为湖北与四川同处长江流域，两地可以进行文化交流，竹瓦街铜罍的铸造技术可以沿江东下，由四川直达湖北地区。

随州羊子山噩国墓地M4出土的噩侯圆罍、噩侯方罍（图6-86、87），圆罍在形制纹饰上类似于燕侯克罍，属中原式铜罍；方罍形制接近中原地区同时期的方罍，但是腹部装饰的神面纹十分独特，为噩国墓地的卣、尊、罍等铜器所独有，是一种十分独特的文化现象。关于这种神面纹的来源，张懋镕先生认为它来自于宝鸡地区，"包括噩侯方罍在内的这些纹饰奇特的青铜器受到了宝鸡地区青铜器的强烈影响"[②]。随州作为周王朝经营南土的起点，受到中原周王朝文化的影响当然也是在情理之中了。

图6-86　羊子山M4出土噩侯圆罍（《随州》32页）

图6-87　羊子山M4出土噩侯方罍（《随州》30页）

江陵万城出土的两件三角夔纹罍（图6-88），形制纹饰相同，从造型上来看属于中原式铜罍。与之共出有15件青铜器，其中的鼎、甗、簋中有"北子""冉"等铭文。郭沫若先生认为"北"为国名，"即邶、鄘、卫之邶，在今河南汤阴或淇县附近，不能远至江陵。北国器在江陵出土，可能是经历过曲折的经历，为楚国所俘获"[③]。刘彬徽先生认为这里的"北子"器属于湖北境内的一个方国之器，器铭中

① 张昌平：《论洞庭湖地区发现的商周青铜器——从皿方罍说起》，《酌彼金罍：皿方罍与湖南出土青铜器精粹》，湖南省博物馆、上海博物馆，上海书画出版社，2015年，33页。

② 张懋镕：《试论山仲方座簋的价值》，《古文字与青铜器论集》（四），科学出版社，2014年，50、51页。

③ 郭沫若：《跋江陵与寿县铜器群》，《考古》1963年第4期。

的“冉”是商“冉”族的分支，西周早期立国于江陵一带，国名为“北”，爵称为“子”，与中原地区的“邶”不是同一个国[①]。黄锡全先生认为铭文中的“冉”是商朝的王族，曾见于河南安阳侯家庄、鹤壁，湖北东北部等地出土的器物上。“北子”器南北均出的现象，可能是“冉”族在商末迫于局势，一支向北，一支向南所致[②]。所以对于这批铜器的性质，至今还未能有一个较为统一的说法。单就器物组合中有两件圆罍共存的情况来看，我们认为这座墓葬还是受到了中原周文化的影响。江陵也是周王朝经略南土的一个所经之处，因此这组铜器有可能是受周王朝册封的一个跟殷遗民有关的小方国的器物。

湖南地区：湖南地区出土的商周青铜罍主要集中在洞庭湖流域。其中桃源县出土了著名的皿天全方罍（图6-89），该罍大体轮廓继承了殷墟以来的方罍造型，但是其硕大的体腹、高大的体量、繁缛的纹装饰、高耸飞扬的扉棱、外撇的圈足等特征却不是安阳殷墟地区的方罍所常见的，因此皿天全方罍当是具有较浓地方特色的铜罍。这件铜罍在1919年出土不久就器、盖分离，盖在几经辗转后，于1956年为湖南省博物馆收藏，器身在与器盖分离后流失海外，陆续为日本、法国等收藏家所拥有。2014年，在湖南省博物馆与社会各界的努力下，与美国佳士得拍卖公司签订洽购合同，将流失海外几近1个世纪的器身迎接回国，安放在湖南省博物馆，至此才实现了永久的盖、器合体。国宝荣归，是令人振奋的大事，故而在此多叙几笔。

张昌平先生在经过仔细分析后，认为洞庭湖地区的青铜器“与殷墟青铜器似是而非的特征，让我们似乎可以看到在殷墟晚期前后这个阶段，在洞庭湖地区的青铜器中，一些或可能是在安阳地区生产后输送到南方，一些或可能是完全按照安阳地区的技术、理念生产，但产地并非是安阳地区。那些更加夸张、更富创造性的设计，很可能是来自安阳的工匠在没有中原文化礼制约束之下采用了更为发挥、更加肆意的造型风格而制作的”[③]。皿天全方罍的制作理念符合张昌平先生的论断。相比之下，湖南黄材出土的西周时期的“冉父乙”罍[④]就是典型的中原式铜罍（图6-90），当是完全继承了中原铸器理念的结果。

安徽地区：安徽出土的青铜罍主要在桐城至安庆一线。这一地区未出土商时期的铜罍。西周的铜罍只见于安徽东至县出土的一件涡纹罍，是典型的中原式铜罍（图6-91），由于报告陈述甚为简略，无法从背景资料方面深入分析。

---

① 刘彬徽：《湖北出土两周金文国别年代考述》，《古文字研究》第13辑，中华书局，1986年，242页。

② 转引自黄国辉：《江陵“北子”器所见人物关系及宗法史实》，《历史研究》2011年第2期。

③ 张昌平：《论洞庭湖地区发现的商周青铜器——从皿方罍说起》，《酌彼金罍：皿方罍与湖南出土青铜器精粹》，上海书画出版社，2015年，29页。

④ 湖南省博物馆：《湖南出土殷商西周青铜器》，岳麓书社，2007年，141、142页。

图6-88　湖北江陵万城出土三角夔纹罍之一（《全集》6·116）

图6-89　湖南桃源县出土皿天全方罍（《酌彼金罍》41页）

图6-90　湖南黄材出土冉父乙罍（《湖南出土殷商西周青铜器》彩版5）

图6-91　安徽东至出土涡纹罍（安徽省博物馆展线拍摄）

第七节　岭南地区

岭南地区出土的青铜罍主要发现于现今的广西境内。共出土4件，占出土总数的2.7%。这一地区在先秦时期是百越及其先民聚居之地，目前没有发现商代的青铜罍，西周的青铜罍仅见1993年广西贺州市马东村周代墓葬出土的M1：1罍[①]（图6-92），形制纹饰完全模仿中原地区的西周铜罍造型，不同之处仅在于圈足甚高，为中原铜罍所罕见，具有一定的地方文化因素。这种现象说明岭南地区虽然地处偏远，但还是受到了中原文化较强的影响。

图6-92　广西贺州马东村出土铜罍（《考古》2001年第11期，图版1·6）

岭南地区所铸造的青铜罍大多模仿中原，再附加一些具有本地文化特色的装饰艺术，总体较为粗糙，也没有铭文发现。

① 贺州市博物馆：《广西贺州市马东村周代墓葬》，《考古》2001年第11期。

第八节　小　　结

通过上文对于商周时期青铜罍地域文化特征的分析，我们大致可以得出这样的认识：

第一，中原地区的青铜罍都表现出形制统一、器形规整、演变序列明确等特点。此种现象正如李学勤先生所言："以中原地区而论，商至西周青铜器大多在同一时期表现类同的特点，这一方面反映当时王朝内部的统一，同时也表明交往关系的充分发达。"[①]边远地区的青铜罍可以分为三种类型：一是纯粹的中原式铜罍；二是在中原式铜罍的基础上稍加改造，形成具备一定地域特色的铜罍；三是完全有别于中原文化的铜罍，即完全按照自己本地的铸器理念铸造出具有独特地域风格的铜罍，这以竹瓦街类型铜罍最具代表性。

第二，中原文化对周边地域的影响占据主导地位，但是在一定程度上又受到周边文化的影响。中原影响周边的事例很多，周边地区出土中原式铜罍即是典型例证，此处我们不再枚举。周边影响中原的现象较为少见，岐山贺家村的兽面纹铜罍受到彭县竹瓦街铜罍的影响即是一例。

第三，除中原与周边地区的文化交流以外，在周边地区之间也存在着文化交流。童恩正先生在综合考察了东北到西南地区的石器、石棺葬、石头建筑遗迹、青铜器、地形地貌、植被水文、民族风俗等多方面的资料后，认为："从中国东北到中国的西南存在一个半月形的文化带，而竹瓦街铜罍和北洞村铜罍出现相似性是由于横亘内蒙古高原、黄土高原、青藏高原东缘的文化传播带导致的文化传播的结果。"[②]童先生的这一论点极具前瞻性，有十分积极的意义。

除"半月形文化带"所涉及的铜罍之外，在春秋时期的周边地带还出现一种造型非常相似的"亚"字形铜罍，出土点有：1992年四川茂县牟托一号船棺墓M1：A罍[③]（图6-93）、1985年内蒙宁城小黑石沟石椁墓M8501：4罍[④]（图6-94）、山东滕州安上村出土的三角夔纹罍[⑤]（图6-95）、山东枣庄市山亭区东江村小邾国墓地出土的三

① 李学勤：《非中原地区青铜器研究的几个问题》，《东南文化》1988年第5期。

② 童恩正：《试论我国从东北到西南的半月形文化传播带》，《中国西南民族考古论文集》，文物出版社，1990年，252页。

③ 茂县羌族博物馆等：《四川茂县牟托一号石棺墓及陪葬坑清理简报》，《文物》1994年第3期。

④ 内蒙古自治区文物考古研究所、宁城县辽中京博物馆：《小黑石沟——夏家店上层文化遗址发掘简报》，科学出版社，2009年，264页，图212。

⑤ 山东省博物馆：《山东省博物馆藏珍 · 青铜器卷》，山东文化音像出版社，2004年，23页。

角夔纹罍[①]（图6-96）、湖南湘阴发现的三角夔纹罍[②]（图6-97）、安徽桐城市商桥出土的双龙耳罍[③]（图6-98）、广西荔浦、陆川、宾阳出土的3件三角夔纹罍[④]（图6-99、图6-100）。宋治民先生在研究了茂县牟托一号船棺墓出土的“亚”字形罍后，认为“从形制到纹饰都为中原系统的风格，特别流行于黄河流域，所饰重环纹颇具时代特征”[⑤]。但是我们通过对“亚”字形铜罍出土地域的梳理，发现这种罍只出土在当时中原人称之为戎狄之区的环中国周边地带。如果将“亚”字形罍的出土点在地图上用线连接起来，我们就会发现它们的分布大致呈圆圈状，这说明环中国周边地带在先秦时期就有着比较密切的文化往来。

不但罍的本体接近，“亚”字形铜罍的出土背景资料也有诸多相似之处，内蒙古宁城小黑石沟M8501是一座石棺墓，茂县牟托一号船棺墓M1也是一座石棺墓，而且这座石棺墓中的罍出土时“口及底部分别盖、垫一块长方形石板”[⑥]；广西荔浦县铜罍出土时，发掘简报称：“底部朝天，上面压一块已有些风化了的石灰石，下部两肩处各搁置一块石头，用意不明。”[⑦]内蒙古、四川、广西三地相距甚远，但是均跟石有关的考古迹象却说明三地在先秦时期的葬制葬俗上有着某种相通之处。这一现象对于印证童先生的“半月形理论”也有一定的旁证作用。

图6-93　牟托一号船棺墓M1：A罍（《全集》13·82）

图6-94　宁城小黑石沟石椁墓M8501：4罍（《小黑石沟》图212）

图6-95　滕州安上村出土的三角夔纹罍（《山东省博物馆藏珍·青铜器卷》23页）

---

① 枣庄市政协台港澳侨民族宗教委员会、枣庄市博物馆：《小邾国遗珍》，中国文史出版社，2006年，53页。

② 湖南省博物馆：《湖南出土殷商西周青铜器》，岳麓书社，2007年，154页，彩版6。

③ 安徽大学、安徽省社会科学院、安徽省文物考古研究所：《安徽江淮地区商周青铜器》，文物出版社，2014年，175页。

④ 广西壮族自治区博物馆：《近年来广西出土的先秦青铜器》，《考古》1984年第9期。

⑤ 宋治民：《四川茂县牟托1号石棺墓若干问题的初步分析》，《四川大学考古专业创建四十周年暨冯汉骥教授百年诞辰纪念文集》，四川大学出版社，2001年。

⑥ 茂县羌族博物馆等：《四川茂县牟托一号石棺墓及陪葬坑清理简报》，《文物》1994年第3期。

⑦ 广西壮族自治区博物馆：《近年来广西出土的先秦青铜器》，《考古》1984年第9期。

图6-96　枣庄小邾国墓地出土三角夔纹罍（《小邾国遗珍》123页）

图6-97　湖南湘阴发现的三角夔纹罍（《湖南出土殷商西周青铜器》彩版6）

图6-98　安徽桐城市商桥出土的双龙耳罍（《安徽江淮地区商周青铜器》175页）

图6-99　广西荔浦出土三角夔纹罍（《考古》1984年第9期，801页）

图6-100　广西陆川出土三角夔纹罍（《考古》1984年第9期，801页）

除以上地区外，四川地区和山东地区可能也有比较密切的文化往来。据宋治民先生研究，“四川牟托K3：1号鼎形制与山东滕州薛国故城2号墓地2号、4号墓出土的4件Ⅱ式鼎很近似”①。那么滕州安上村、小邾国墓地出土的“亚”字形铜罍与茂县牟托铜罍相似也就可以解释得通了。

我们知道，西周中期以后青铜罍在中原地区就已经消亡了，春秋时期却在中国的周边地区出现了“亚”字形铜罍。这可能是自中原地区罍衰落以后，中国周边的个别国族仍然倾慕商周以来的罍文化，在本地铸造出了这种略带中原圆罍风格的铜罍，是一种文化复古行为。另一方面也说明自周平王东迁，礼崩乐坏以后，在一些落后的地区可能还保存了西周时期的礼乐文明，就如我们在当今的农村及一些边远地区还能看到清代以来的丧葬礼俗一样。故此孔子说“礼失求诸野”，这恐怕就是周礼在野的现实证据吧。

第四，在商至西周早期还流行一种小罍，林巳奈夫称其为“罍形小壶”。我们在第三章将其列入Ac型罍当中，由于体形太小，我们将之称为“罍形弄器”，目前见诸发表的总共有8件。其中有出土地点的有传出土于安阳的“子媚罍”（图

① 宋治民：《四川茂县牟托1号石棺墓若干问题的初步分析》，《四川大学考古专业创建四十周年暨冯汉骥教授百年诞辰纪念文集》，四川大学出版社，2001年，272页。

3-26）、宝鸡茹家庄M1乙出土的涡纹小罍（图3-27）、洛阳北窑M37出土的牛首小圆罍（图3-28）；传世器有《西清续鉴》甲、乙编著录的云雷纹小罍和涡纹小罍（图6-101、图6-102）、陈梦家先生在《美集》中收录的弦纹小罍（图6-103）、妇姦小罍（图3-24）、兽面三角夔纹小罍（图3-24、图3-25）。这种罍形弄器目前所见只出土于靠近商、周统治核心区的安阳、宝鸡地区，在边远地区还未有发现。由于数量太少，而且大多已经失去背景资料，我们难以对其进行全面的考察。但是从其中有几件器物身上，我们还是发现了一些有用的信息，出土涡纹小罍的茹家庄M1，是整个強国墓地当中最大的墓葬，墓主为一代強伯与其殉妾的合葬墓，该墓共出土青铜器194件，其中仅強伯所在的乙室就占了181件[①]，墓主的地位之高自不待言；安阳出土的子媚小罍，年代在殷墟三期，虽然非科学发掘出土，但是与之同铭者有：爵9觚2觯1斝1[②]，虽然这个酒器组合已经不完整，但是随葬9件爵的现象已经显示了器主的身份一定不低。在殷墟三期的铜罍墓葬当中，只有小屯M160出土的爵超过了9件（10件），M160的墓主是仅次于妇好的商王室大贵族，所以子媚小罍的器主地位也应当不低。其余的几件铜罍虽然没有出土背景，但是华丽的装饰、精致的造型也都显示出不俗的气质。所以我们推测这种罍形弄器的使用者当是商周时期具有较高身份的贵族。

关于这种器物使用者的性别，由于缺乏更多的证据，我们也只能谈一些推测性的意见。茹家庄涡纹小罍出土于強伯与其殉妾的合葬墓；妇姦小罍从铭文来看器主应该是一名女性；子媚小罍铭中有一“媚”字，可能显示器主也跟女性有关。从两周时期流行的弄器如青铜匮以及三门峡虢国墓地出土的梁姬罐、黄孟姬小鑑等器主都为女性[③]这一状况来看，这种罍形弄器的使用者也很可能是为商周时期的女性贵族。

图6-101　云雷纹小罍（《西清续鉴》（甲编）8·50）

图6-102　涡纹小罍（《西清续鉴》（乙编）6·12）

图6-103　弦纹小罍（《美集》A775）

① 卢连成、胡智生：《宝鸡強国墓地》（上），文物出版社，1988年，279页。

② 吴镇烽：《商周青铜器铭文暨图像集成》，上海古籍出版社，2012年，07340～07348、09313～09314、10177、10967。

③ 方辉：《试论周代的铜匮》，《收藏家》2009年第6期。黄孟姬小鑑铭文有“黄子作黄孟姬行器”（《考古》1984年第4期），可知为女性用器。

第五，从地理位置上来看，青铜罍的分布具有一定的规律性。商时期的青铜罍在安阳殷墟兴起以后，基本上是沿着黄河沿线的陕东北山地、晋陕高原、海岱地区进行分布。另外在湖南洞庭湖流域、汉水上游的汉中盆地、东北大凌河流域等与商王朝关系密切的地域也有青铜罍出土，这是商王朝影响力强大的表现。

西周时期的青铜罍主要分布在周王朝的统治核心关中地区一线，另外在与周王室关系最为亲密的高等级诸侯国如晋国、燕国、曾国等地也有零星发现，在一些边远地区有独具地方特色的青铜罍出现，这是商代青铜罍所不见的情况。在东夷海岱地区不见有西周时期的青铜罍出土，这可能跟海岱地区发现的西周遗存本来就少是有关系的。

第七章　青铜罍与其他器类的关系

关于青铜罍的定名问题，第二章已有论述。但是在第二章第一节我们总结历代学者关于罍的定名问题的时候，也发现了一些问题，即有将青铜器中的瓿、尊缶、浴缶、𦉜、小口广肩尊、壶等器物称之为“罍”的现象。虽然这样的定名方法并不准确，但是也说明了青铜罍和这些器类存在某种联系，因此有必要进行区分。将瓿称之为“罍”，由于二者差别太大，且这种说法未在学界产生影响，此处不予探讨。将浴缶、𦉜称之为“罍”实际上是混淆了浴缶、罍、𦉜三者之间的区别与联系，这个问题我们将在本书的下编进行讨论。本章讨论的重点是罍与小口广肩尊、壶、尊缶的关系。

第一节　青铜罍与小口广肩尊的关系

商代二里冈上层晚段至殷墟二期曾流行一种小口广肩的器物（图7-1、图7-2），由于本身没有自名，学术界对其有着不同的称谓：

图7-1　郑州向阳回族食品厂出土小口广肩器（二里冈上层晚段）（《全集》1·123）

图7-2　陕西城固县龙头镇出土小口广肩器（殷墟一期）（《全集》1·132）

有称之为"罍"者，代表学者有容庚、朱凤瀚、陈佩芬、曹玮[①]诸位先生；有称之为"尊"者，代表学者有郑振香、陈志达、刘一曼、张小丽[②]诸位先生；《盘龙城发掘报告》也将盘龙城出土的若干类似器物称之为"尊"[③]；有称之为瓿者，代表学者有李济、郭宝钧先生[④]；马承源先生将这种器称之为"瓮"[⑤]，但是响应"瓮"这种称谓的学者较少，此处不予详述。本节所要讨论的是这种器与罍的关系。

首先，从器形上来讲，我们曾通过自名为"罍"的器物推导出罍的普遍形制为：敛口，圆肩，斜腹下收，依时代早晚分别有平底或圈足；肩部两侧有两耳或四耳，腹中部一侧有鼻纽或无鼻纽。而小口广肩器的普遍形制为：小口，束颈，圆肩或折肩，深鼓腹，高圈足，圈足上有镂空；无耳，腹部也无鼻纽。

从形制上来看，两者差异较大。

其次，从装饰艺术来说，罍肩部两侧多为兽首耳或兽首衔环耳，小口广肩器肩部两侧多装饰浮雕兽头；罍肩部正面多装饰圆涡纹，小口广肩器肩部多素面或装饰兽面纹；罍腹部多素面，装饰纹饰者也多是三角夔纹，小口广肩器腹部多装饰兽面纹。罍圈足多素面或少数装饰弦纹，小口广肩器圈足多饰弦纹或兽面纹。

虽然某些竹瓦街类型铜罍腹部也装饰兽面纹，但是这种罍数量极少，只分布于边远地区，并不构成商周时期青铜圆罍的主流特征，应该作为特例对待。

因此从纹饰的装饰布局来说，罍与小口广肩器也存在着较大差异。

从铭文情况来看，罍在发展演变过程中出现了自名罍，而小口广肩器并没有发现自名器（跟流行时代有关）。

基于以上几点考虑，我们认为小口广肩器称之为"罍"似乎有欠妥当。

对于文物的定名，有以下几点原则：①有自名的器物要依自名定名；②宋代学者依据史籍著录作出的命名；③既无自名，又缺乏史籍著录者，可根据其造型、用途予

---

① 容庚：《商周彝器通考》，台湾大通书局印行，（上册）22页；（下册）419页，图795。朱凤瀚：《中国青铜器综论》，上海古籍出版社，2009年，209页。陈佩芬：《中国青铜器辞典》，上海辞书出版社，2013年，1106～1110页。曹玮：《汉中出土商代青铜器》，巴蜀书社，2006年，1·102～110页。

② 郑振香、陈志达：《殷墟青铜器的分期与年代》，《殷墟青铜器》，文物出版社，1985年，43页。刘一曼：《安阳殷墓青铜礼器组合的几个问题》，《考古学报》1995年第4期。张小丽：《出土商周青铜尊研究》，西北大学硕士学位论文，2005年。

③ 湖北省文物考古研究所：《盘龙城——一九六三年～一九九四年考古发掘报告》（上），文物出版社，2001年，142、285～287、423页。

④ 李济：《记小屯出土之青铜器》（上篇），《中国考古学报》第三册，1948年。郭宝钧：《商周铜器群综合研究》，文物出版社，1981年，155页。

⑤ 马承源：《中国青铜器》，上海古籍出版社，2003年，238～240页。

以定名[①]。小口广肩器并无自名，将其称之为“罍”是依据了第2条定名的原则，北宋吕大临《考古图》收录1件与小口广肩器十分相似的器物（图7-3），吕大临将之命名为“足迹罍”，后世学者便以此为蓝本，将这种定名方法沿用下来，一至于今日。

那么小口广肩器应该归属于哪一类器呢？与小口广肩器同时还流行一种大口广肩尊的器物（图7-4、图7-5），其与小口广肩器在器形、纹饰种类、布局、功用以及在墓葬中的组合等方面十分接近，差别仅在于小口广肩器是侈口，而大口广肩尊是大敞口。据此，我们认为小口广肩器应该命名为“小口广肩尊”，关于它和大口广肩尊的关系，张小丽女士有十分详细的论证[②]，此处不再赘言。笔者在写作硕士学位论文的时候，也曾将这种小口广肩尊称之为“折肩无耳罍”[③]。现今看来，这种观点有误，现予以改正。

在青铜器的功能演变历史中，盆曾经替代了盂，匜也曾经替代了盉，但是我们并不可以说盂就可以命名为“盆”，盉也可以命名为“匜”。同理，罍替代了小口广肩尊，也并不能说明了小口广肩尊就可以命名为“罍”，这可以作为小口广肩器不能称之为“罍”的又一旁证。

小口广肩尊不能定名为“罍”，但是它与罍之间却有着密切的关系。业师张懋镕先生在研究青铜器器类之间的关系时，曾提出了一种“更替关系”理论，认为存在“更替关系”的两类铜器之间“既无派生关系，也无相生关系，但二者在年代上有明显或者不明显的早晚衔接关系，在形态、组合、用途、功能上有相似之处”，并举

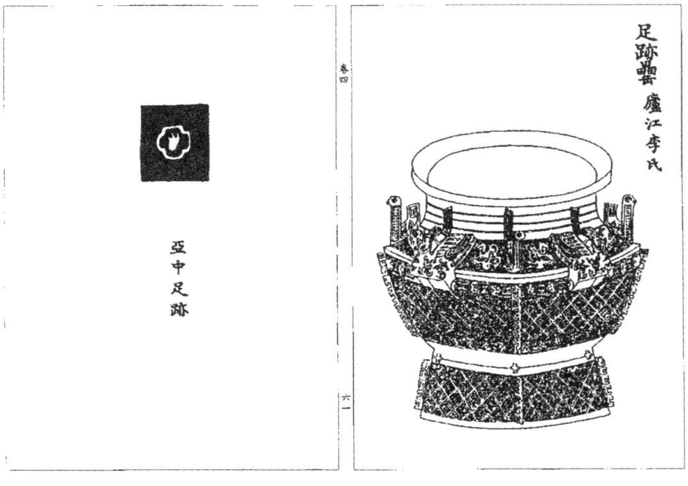

图7-3　《考古图》收录的“足迹罍”（《考古图》4·61）

① 张懋镕：《关于青铜器定名的几点思考——从伯湄父簋的定名谈起》，《古文字与青铜器论集》（三），科学出版社，2010年，139页。

② 张小丽：《出土商周青铜尊研究》，西北大学2005年硕士学位论文。

③ 王宏：《商周青铜罍研究》，陕西师范大学2010年硕士学位论文。

图7-4　河南偃师塔庄出土大口广肩尊（殷墟一期）（《全集》1 · 105）

图7-5　郑州向阳回族食品厂出土大口广肩尊（二里冈上层晚段）（《全集》1 · 106）

例说明盂与盆、盉与匜等都存在这种关系[①]。小口广肩尊与罍都为圆体，在墓葬中的组合、用途、功能都相同，流行时间上也是前后相继，正好符合业师所提出的这个理论，所以小口广肩尊与罍之间是一种更替关系。

第二节　小口广肩尊与瓿的关系

从本节标题来看，似乎“小口广肩尊与瓿的关系”与本书我们所要探讨的问题没有多少关系，但是由于笔者在写作硕士毕业论文时曾讨论过这个问题，今行文至此，顺便予以辨析。

《说文 · 瓦部》：“瓿，甂也，从瓦音声。”“甂，似小瓿，口大而卑，用食，从瓦扁声。”北宋王黼著《博古图》，收录8件定名为“瓿”的器物[②]，除了其中的周蟠虬瓿一、二为以后的考古学材料证明是为春秋时期的浴缶外，其余6件器在考古材料中从未发现过有自名（图7-6～图7-9），所以后人便以《博古图》所定之名为标准，将商代早中期与之相似的器物皆称之为瓿。小口广肩尊和瓿有某些相似之处，由此就出现了有学者将之称为“瓿”的情况。

① 张懋镕：《试论中国古代青铜器器类之间的关系》，《古文字与青铜器论集》（二），科学出版社，2006年，138页。

② （宋）王黼：《博古图》，清乾隆十八年天都黄晟亦政堂修补明万历二十八年吴历化宝古堂刻本影印。

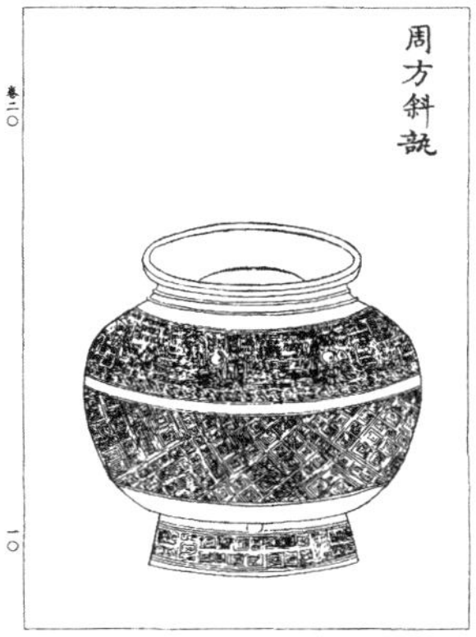

图7-6　勾连云雷纹瓿（《博古图》20·10）

图7-7　方格云雷纹瓿（《博古图》20·11）

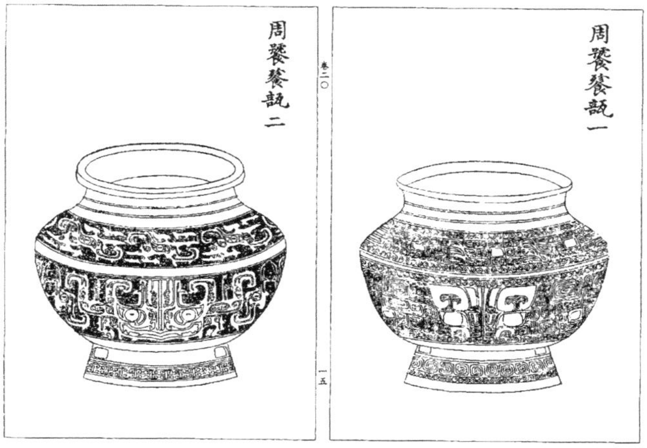

图7-8　兽面纹瓿一、二（《博古图》20·15）

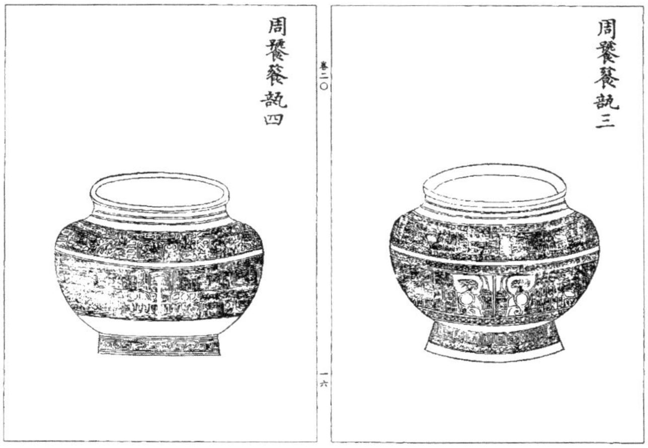

图7-9　兽面纹瓿三、四（《博古图》20·16）

首先谈谈小口广肩尊与瓿的共同点：①二者都为圆体，束颈、鼓腹、圈足；颈部饰弦纹，肩部饰以联珠纹为界的夔纹，腹部饰兽面纹，圈足饰弦纹或兽面纹。②二者在大中小型墓葬中都有发现，随葬方式具有普遍性，如小口广肩尊既出现于面积为1.5平方米的郑州白家庄M2[①]，也出现于面积达8.64平方米的中型墓小屯M388[②]。瓿也表现出相同的状况，既出土于墓葬面积为1.93平方米的小屯M188[③]，也和小口广肩尊共存于小屯M388，甚至还随葬于面积达20平方米以上的大型墓葬如安阳殷墟妇好墓。因此，从在墓葬中的地位等级这个层面上来说，小口广肩尊与瓿是等同的。③从用途方面来讲，小口广肩尊作为盛酒器，学界几无疑义。瓿按照《说文》的说法，当是一种食器。但是学术界一般认为，尊、瓿这类器物腹腔较大，体型较高，易于盛酒，所以普遍将其当做盛酒器来看待[④]。河南博物院藏一件瓿，张昌平先生根据底部有蟠龙纹，甚至认为它是水器[⑤]。但是从二里冈到殷墟的墓葬组合来看，瓿往往是和其他酒器伴出，综合其腹深的形制特点，我们也认为它应当是盛酒器。

再来谈谈二者的区别：

从器形上来讲，小口广肩尊为侈口、颈部较长，折（圆）肩、鼓腹向下收为高圈足；瓿为敛口、短颈、圆肩、扁圆形腹向下收为圈足。小口广肩尊的最宽处在肩部，而瓿的最宽处在腹中部。但是也有极个别特例，如上海博物馆藏四羊首瓿[⑥]最宽处也在肩部。小口广肩尊的体高大于肩宽，但是瓿的体高往往小于体宽（图7-10、图7-11），这点是区分两者最显著的特点。

从流行时间上来讲，小口广肩尊出现于二里冈上层晚段，衰落于殷墟二期早段，之后在中原地区不再出现；瓿最早见于殷墟一期的安阳小屯墓葬M232、M388[⑦]中，衰落于殷墟二期晚段，其后中原地区极为少见[⑧]，多见于长江流域。

从来源上看，小口广肩尊应当是从陶器演化而来。关于瓿的起源，迄今还未发现有年代早于铜瓿的陶瓿，张昌平先生认为类似于铜瓿的陶器在郑州市人民公园（时代属二里冈期）[⑨]就有出土，但是从体量来看，郑州市人民公园出土的这件陶器体高大于

---

① 河南文物工作队第一队：《郑州市白家庄商代墓葬发掘报告》，《文物参考资料》1955年第10期。

② 李济：《记小屯出土之青铜器》（上篇），《中国考古学报》第三册，1948年。

③ 李济：《记小屯出土之青铜器》（上篇），《中国考古学报》第三册，1948年。

④ 张昌平：《商代铜瓿概论》，《长江流域青铜文化研究》，科学出版社，2002年，110页。

⑤ 张昌平：《商代铜瓿概论》，《长江流域青铜文化研究》，科学出版社，2002年，110页。

⑥ 中国青铜器编辑委员会：《中国青铜器全集》，文物出版社，2004年，4、98。

⑦ 李济：《记小屯出土之青铜器》（上篇），《中国考古学报》第三册，1948年。

⑧ 殷墟二期以后中原地区发现的瓿只见于陕西岐山贺家村M1出土1件，时代属西周武成时期，见陕西省博物馆等：《陕西岐山贺家村西周墓葬》，《考古》1976年第10期。

⑨ 安志敏：《郑州市人民公园附近的殷代遗存》，《文物参考资料》1954年第6期。

体宽，还应当是陶小口广肩尊，所以铜瓿的起源当不是来源于陶器。张懋镕先生在研究中国古代青铜器器类之间的关系时，认为“瓿是由罍（小口广肩尊）派生而来”[①]，其说是，我们表示信从。所以小口广肩尊与瓿的来源也是不一样的。

综上，小口广肩尊与瓿是既有联系、又有区别的两种器类，在定名时有必要加以区分。

图7-10　汉中洋县马畅出土兽面纹瓿
（《全集》4·101）

图7-11　上海博物馆藏四羊首瓿
（《全集》4·99）

第三节　青铜罍与壶的关系

唐人陆德明在对《诗经·卷耳》中“罍”作注解的时候，认为罍“其形似壶，容一斛，刻而画之，为云雷之形”；容庚先生也认为罍是“壶之敛口广肩者归之[②]”；本书第二章也曾谈到《西清古鉴》《宁寿鉴古》等文献有将壶定名为罍的现象，需要辨析。

首先，罍与壶具有若干共同点：从器形上来说，两者都是圆形或者方形；从功能上来讲，二者都可以作为酒器或者水器；从流行时间上来讲，虽然青铜壶流行的时间非常久远，从商代早期一至于东汉末期，但是二者在商代晚期至西周中期之间有重叠发展的一段时期。鉴于这几点共同之处，前贤们将壶定名为罍确有一定道理。

但是需要注意的是，青铜礼器中的壶并不同于我们日常生活中所用的壶。日常生活中我们把凡是能够盛装液体的带颈深腹容器都可统称为“壶”，而青铜礼器中的壶却有着严格的定义及形制标准。裴书研曾经对商周时期的青铜壶做过系统的整理与研究[③]，我们通过对裴著所收录的壶进行观察，发现不论何种型式的壶，它们都有一个共同的特征就是：长颈，鼓腹，有圈足。典型器如商代晚期的妇好壶（图7-12）、子洲

① 张懋镕：《试论中国古代青铜器器类之间的关系》，《古文字与青铜器论集》（第二辑），科学出版社，2006年，133页。

② 容庚：《商周彝器通考》（上册），台湾大通书局印行，22页。

③ 裴书研：《中国古代青铜器整理与研究·青铜壶卷》，科学出版社，2016年。

县出土的圆壶（图7-13），西周早期的曾侯壶（图7-14）、西周中期的散车父壶（图7-15）、汤伯壶（图7-16）等，莫不属于此种造型，而和我们日常生活中所用之壶有着较大的差异。前贤们之所以将二者相混淆，可能是受到了日常生活所用之壶的影响。

图7-12　妇好壶（《全集》3 · 88）

图7-13　陕西子洲县出土圆壶（《文物》2015年1期，图2）

图7-14　曾侯壶（《叶家山》40页）

图7-15　散车父壶（《全集》5 · 147）

图7-16　汤伯壶（《商周》12172）

总结了青铜礼器中壶的造型，我们可以看到罍与壶的区别在于：青铜罍是短束颈、圆肩，斜鼓腹向下斜收为平底或圈足，肩部有对称双耳，下腹部有鼻纽，器体的最宽处在肩部。而壶则是长颈、无肩、圆鼓腹下收为圈足，器体的最宽处在下腹中部。罍大多无盖，有盖者盖内只是一个很短的子口，而商代至西周时期的壶则大多数都有盖，盖内的插榫很长。罍与壶在形制上有着明显的区别。

从纹饰装饰艺术来看，青铜罍以素面器居多，有纹饰者也是在颈部、圈足部装饰弦纹，肩部装饰圆涡纹，腹部装饰三角夔纹，极少数在圈足装饰兽面纹或对称夔纹，整个纹饰布局较为单一。而青铜壶则依照纹饰设计的格局，分别装饰有凤鸟纹、兽面纹、垂鳞纹、曲尺雷纹、十字环带纹等多种纹饰，内容十分丰富。

从墓葬随葬数量来看，罍、壶在墓葬当中绝大部分都是单件出土，但是在商代晚期的侯家庄东区M1055、妇好墓分别出土过3件、4件铜壶的现象[①]。这种现象在铜罍墓中是不曾见过的，墓葬随葬3件以上铜罍的状况只见于西周早期陕西武功黄南窑村墓葬、宝鸡石鼓山M4等墓葬当中，而且在同一时间段中墓葬出土铜壶的频次要远远高于铜罍。

从铭文的书写位置来看，罍与壶二者也有不同，罍的铭文绝大多数都是在口沿内壁或者器盖内壁，而壶的铭文则绝大多数都书写在器体的内底之上，还有书写在器盖内壁、盖榫、盖顶、器颈之上的，书写于口沿内壁的数量极少，与罍形成鲜明对比。

从以上分析可以看出，罍和壶之间虽然有一些关联，但是二者的区别占据主要地位。所以在青铜器的研究中，不可以将两者等同起来，而要区别看待。

第四节　青铜罍与尊缶的关系

《西清古鉴》收录的“周攻罍”（图7-17）、《十二家吉金图录》收录的“铸客罍”（图7-18）从形制上来看都是战国时期流行的尊缶，但却都定名为“罍”，需要区分。

首先，从形制上来看，尊缶的器形较为单一。1978年河南淅川下寺楚墓出土的鄬子倗尊缶、倗尊缶（图7-19、20）皆自名为“尊缶”，可以作为尊缶这一类器物的典型代表：直口长颈，溜肩圆腹，小平底，矮圈足，盖隆起，盖顶及器身均有环纽，与我们通常所说的罍形制差别很大。

其次，罍与尊缶在流行时间上也并不衔接。青铜罍主要流行于商代晚期至西周中期，而尊缶只流行于春秋晚期至战国时期，且器表多装饰蟠虺纹、错嵌龙纹等。青铜罍上所流行的兽面纹、三角夔纹在这一时期早已消亡，并不见于青铜尊缶之上。

再者，罍主要流行于中原以及北方地区，在南方并不多见，而尊缶则主要流行于南方楚地，是楚文化的一种酒器。

学术界之所以将尊缶命名为“罍”，是基于以下两点误解：

第一，尊缶的形制与我们前文所说的小口广肩尊有些相似，此前有学者将小口广肩尊归入罍属，所以就有学者将尊缶称之为“罍”。

第二，将尊缶与春秋战国时期楚地流行的浴缶混同起来。浴缶在形制及流行时

① 裴书研：《中国古代青铜器整理与研究·青铜壶卷》，科学出版社，2016年，166页。

间上与青铜𬭼比较接近，学界往往将“𬭼”“罍”互称，由此产生了将浴缶称之为“罍”的现象，进而将尊缶称之为“罍”。

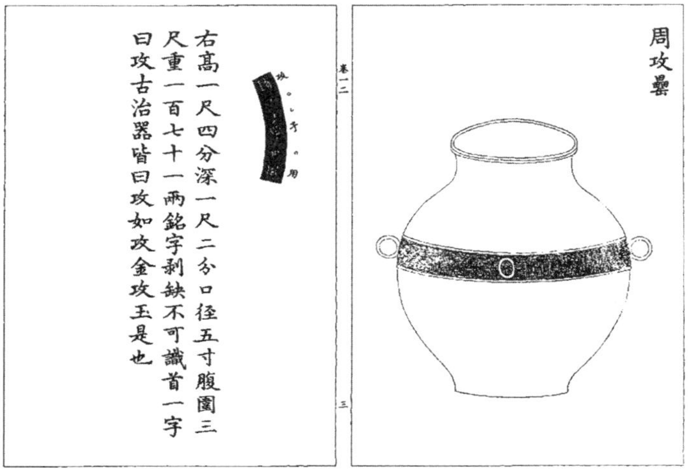

图7-17　“攻”尊缶（《西清古鉴》12 · 3）

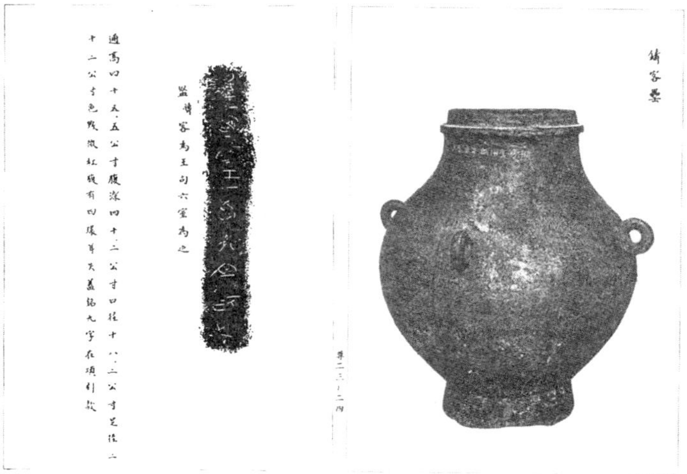

图7-18　铸客尊缶（《十二家吉金图录》尊23、24）

图7-19　鄬子倗尊缶（《全集》10·45）

图7-20　倗尊缶（《全集》10·46）

第五节　小　　结

对于青铜罍与相关器类之间关系的探讨，不仅仅具有器形分类上的意义，更重要的目的在于通过区分探讨，可以搞清楚不同器类在流行时间、流行地域等方面所反映出的地方文化特征、在礼仪系统中发挥的不同作用以及所体现的葬制葬俗等方面的问题。因此，这样的区分是有意义的，也是必要的。

第八章　青铜罍的起源与消亡

第一节　青铜罍的起源

关于青铜罍的起源问题，容庚与张维持先生合著的《殷周青铜器通论》略有论述："《说文·木部》：'櫑，龟目酒尊，刻木作云雷像，象施不穷也。罍，櫑或从缶；[illegible]，櫑或从皿；[illegible]，籀文櫑。'从缶、从木是其表质，从皿是表其为器。其初器不一定是木制的，因此种器体多为圆形，腹内全空，刳木作器，颇为困难"[①]。

李济先生也对罍的起源做了探讨，他认为"罍"字不见于甲骨文，且引用《说文·木部》内容所述，认为："就这些留存的古说推寻，很显然这器物的原形可能是用木制，更早的大概是土烧的陶器。木制的大概是方形罍的开始，土制的大概是圆形罍的开始。古木器保存者甚少，但瓦器从史前时代起，留存到现在的甚多。"[②]

郭宝钧先生也对于罍的起源做了探讨："'瓿''罍'都是盛酒、贮酒器，在中商时期，形制尚未分化，可以兼名。到殷商功用显分，瓿小而罍大，罍有两耳，有面鼻，而瓿无之……，但都是从中商郑白分群的瓿（注：郭氏的"瓿"指小口广肩尊）形分化而来。"[③]

分析以上诸位学者的论述，容庚、张维持先生没有说明罍起源于何物，但是否定了罍来源于木质器的说法；李济先生认为圆罍起源于陶罍、方罍来源于木器；郭宝钧先生认为罍是由小口广肩尊分化而来。

从目前的考古材料来看，我们认为李济先生的说法比较符合实际。因为青铜圆罍来源于陶罍已经为考古材料所证实，1959年河南安阳武官村M1出土的M1：18为一泥质灰陶罍[④]（图8-1），小口直颈，圆肩收腹，底略内凹，肩部两侧及下腹一面均有半环耳一个，形制和殷墟二期的铜圆罍（如安阳小屯M18弦纹罍）（图8-2）极为近似。M1的年代郑振香、陈志达先生定为殷墟一期偏晚阶段[⑤]，早于青铜圆罍出现的时间。因此

---

① 容庚、张维持：《殷周青铜器通论》，文物出版社，1984年，56页。

② 李济：《李济文集》卷四，上海人民出版社，2006年，316页。

③ 郭宝钧：《商周铜器群综合研究》，文物出版社，1981年，37页。

④ 中国社会科学院考古研究所安阳工作队：《安阳武官村北的一座殷墓》，《考古》1979年第3期。

⑤ 郑振香、陈志达：《殷墟青铜器的分期与年代》，《殷墟青铜器》，文物出版社，1985年，33页。

说，青铜圆罍来源于陶罍。

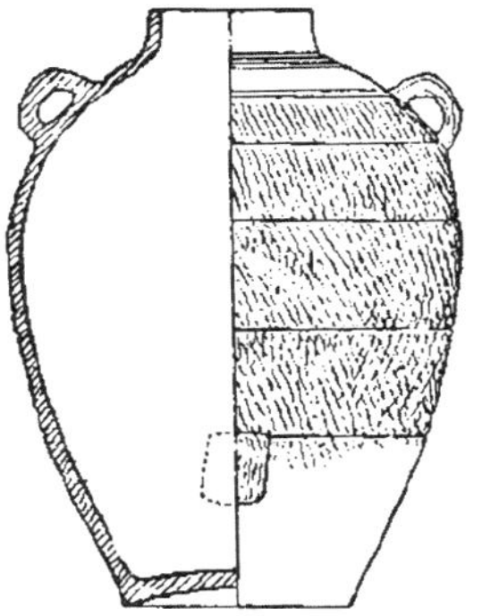

图8-1　安阳武官村M1：18陶罍（《考古》1979年第3期，225页，图3·6）

图8-2　安阳小屯M18出土弦纹罍（《全集》3·79）

目前没有发现陶质的方罍，说明铜方罍不是来源于陶方罍。河北藁城台西商代早中期墓葬当中曾出土过长方形的漆盒[①]，这说明在商代时期工匠是有能力制作出方形礼器的，所以我们认同李济先生关于“方罍来源于木质器”的说法。但是目前没有发现木质方罍，这可能是方罍本身代表的地位较高，制作本来就稀少，加之墓葬时间久远，难以保存。期待在未来的考古中能够发现木质方罍的相关资料。

第二节　青铜罍的消亡

青铜罍自殷墟二期在安阳地区出现到西周中期以后消亡，经历了商、周两个历史时期。要探讨青铜罍的消亡问题，我们首先要搞清楚商周时期哪些族属使用青铜罍，哪些族属不使用青铜罍，进而分析这些族属所处的社会背景，才有可能更加接近青铜罍消亡的真实原因。

在我们目前所收集到的292件青铜罍当中，属于商代晚期的有151件，西周早期的101件，西周中期的17件。春秋战国时期的地方型铜罍共23件，不在我们的探讨范围之内。商代晚期的151件铜罍族属属于商王朝或与商王朝有关的贵族，这个几无探讨的必要。我们分析的重点是西周时期的青铜罍族属如何？一般来说，我们确定商周时期铜器的族属往往采用以下几种方法：

① 河北省文物管理处台西考古队：《河北藁城台西村商代遗址发掘简报》，《文物》1979年第6期。

（1）带有日名、族徽的器物，多可判定为殷遗民所用之器[①]。

（2）墓葬中带有腰坑、殉牲的，多可判定为殷遗民或者跟殷遗民有关的族群。

（3）铭文内容明确显示为姬姓周人作器，可以判定器主为姬姓周人。

（4）铭文内容虽不能明确指定器物的族属，可以通过与之相关的其他器物的信息来推导该器物的族属。

西周早期，能够判明族属的有65件，其中有33件基本可以判定为殷遗民作器。其中的28件罍铭文中有“日名”或者“族徽”，分别为：冉父乙罍、□罍、□□父戊罍、天罍、鱼父庚罍、用罍、敚□父己罍、陵方罍、毌㑼父乙罍、史方罍（喀左山湾子）、□方罍、子方罍、册享□罍、㠱罍、何𥨊父癸罍、禾罍、□父丁罍、□父己方罍、亚妇娖方罍、御方罍盖、冉父己罍、□□□罍、作祖戊罍、爯罍、中罍、趡罍、山西大河口M1：251罍、妫罍。

另有竟罍铭文中虽然没有日名、族徽，但是传世器中有竟鼎（《商周》01406）、竟鬲（《商周》02683、02684）、竟父辛觯（《商周》10350）等，其中竟鬲、竟父辛觯铭文中有日名父乙、父辛，所以推测“竟”所在的家族也与殷遗民有关。鹿邑太清宫长子口墓出土圆、方各1件铜罍，该墓葬有腰坑、殉人、殉狗，该墓主长子口是“殷遗民”[②]。1961年湖北江陵万城出土的青铜罍没有铭文，但前文说过，其很可能跟“冉”族殷遗民有关。

有些铜罍的使用者或者作器者是姬姓周人：2011年湖北随州叶家山M1、M27、M28、M111均出土青铜罍，共6件，它们的使用者都是姬姓的曾国贵族；1986年北京琉璃河墓地出土的燕侯克罍，器主是西周初年的一代燕侯。

还有一些铜罍的族属既和殷商遗民无关，也不是姬姓的周人：宝鸡石鼓山石嘴头M1、M3、M4也都曾出土青铜罍，发掘报告称，石鼓山墓地是为“姜戎氏户氏家族墓地”[③]。1973、1974年辽宁喀左两座青铜器窖藏，1959、1980年四川彭县竹瓦街两座窖藏出土的铜罍具有明显的地方特色，器主均不是姬姓的周人。2007年随州安居羊子山出土的噩侯圆罍、噩侯方罍器主是一代噩侯，为西周时期长期与周王朝敌对的方国首领。2009年山西翼城县大河口墓地M1017出土的霸伯罍，器主是西周时期霸国的国君，族属为“怀姓的主要宗族之长”[④]。宝鸡茹家庄、纸坊头出土的铜罍族属为西周时期的强国贵族。

其余如安徽东至、广西贺州、陇县梁甫、扶风庄李、岐山贺家村等地出土的铜

① 张懋镕:《周人不用日名说》,《历史研究》1993年第5期；《周人不用族徽说》,《考古》1995年第9期。

② 河南省文物考古研究所、周口市文化局：《鹿邑太清宫长子口墓》，中州古籍出版社，2000年，210页。

③ 石鼓山考古队：《陕西省宝鸡市石鼓山西周墓》，《考古与文物》2013年第1期。

④ 张天恩：《晋南已发现的西周国族初析》，《考古与文物》2010年第1期。

罍，以及一些有铭文的传世器如太史罍、伯罍、作员从彝罍（2件）等，由于缺乏相关可资利用的材料，我们难以判定它们的族属。

西周中期总共有17件铜罍，可以判定族属的有5件：对罍、䢅伯㝵父罍、𧄍罍、戈罍、季姒[illegible]罍。对罍铭为“对作文考日癸宝尊罍”，器主跟殷遗民有关。䢅伯㝵父罍是为䢅国的贵族作器，故地在今河南境内，为嬴姓国[1]。𧄍罍铭文为“𧄍作且己尊彝”，也跟殷遗民有关。戈罍铭文中只有1字族徽“戈”，器主与殷遗民有关。季姒[illegible]罍的作器者为一跟“姒”姓有关的女子，且在铭文的末端有一常见的族徽“[illegible]”，可以确定也是殷商遗民的器物，其余12件难以判定族属。

通过以上分析，我们可以发现以下几个现象：

（1）周初青铜罍的使用者主要是殷遗民。在西周早期的65件青铜罍当中，与殷遗民有关的铜罍有33件，占总数的51%；与姬姓周人有关的有7件，占总数的10.7%；既非殷遗民又非姬姓周人的有25件，占总数的38.5%。西周中期可判定族属的5件铜罍中，有4件跟殷遗民有关，1件为嬴姓贵族，没有1件青铜罍跟姬姓周人有关。青铜罍最早发源于安阳殷墟，本来就是殷人礼仪系统中的一种礼器，周武王灭商以后，虽然商周政权发生了更迭，但是在社会礼仪当中殷遗民还是继续使用了这种属于本族特色的礼器，这是殷人不忘故旧，眷恋本族文化的体现。这种现象跟西周初年周王朝统治者对殷遗民的重酒礼俗表现出的宽容是有关系的，如《尚书·酒诰》：“又惟殷之迪诸臣惟工乃湎于酒，勿庸杀之，姑惟教之。”周人对于殷人旧臣、百工酗酒的现象仅仅是给予口头的训诫，并不加以严厉的惩罚。

（2）周初姬姓周人中的少数上层贵族以及其他族群也在使用青铜罍。周人统治者虽然颁布了具有禁酒性质的法令——《酒诰》，但是这并不意味着臣民必须达到“滴酒不沾”的地步。周人贵族只是严厉反对“聚众饮酒”等酗酒行为，《尚书·酒诰》：“群饮，汝勿佚，尽拘执以归于周，予其杀。”而对于某些特定场合的饮酒行为则是完全允许的，“饮惟祀，德将无罪”，在祭祀的时候可以饮酒，只是要用德行来扶持不至于喝醉就行了；“孝养厥父母，厥父母庆，自洗腆，致用酒”，孝敬自己的父母，父母高兴了等情况下，也可以饮酒，等等。加之周王朝建立之初，周人的礼制并不完善，还不足以对殷人的礼仪形成压倒性的优势，所以少量的姬姓周人也接受了殷商文化的影响，使用了青铜罍，只不过罍在姬姓周人中的行用范围十分有限罢了。文献的记载也刚好印证了我们在周初的考古材料中既能见到殷遗民使用青铜罍，又能见到少量的姬姓周人及其他族群使用青铜罍的事实，而且这样的现象一直贯穿于整个西周早期。

（3）姬姓周人总体上排斥青铜罍。西周早期，我们偶然能够见到姬姓周人使用青铜罍，但他们绝大多数只是青铜罍的使用者，且都分布在周原以外的地区。目前能确

① 徐世权：《出土商周青铜器铭文中的国名考察》，吉林大学硕士学位论文，2009年，8页。

定的仅限于燕侯克1人[①]。在整个商周时期291件铜罍当中，姬姓周人作器只有1件，这显然是一个微不足道的数据。这种现象说明姬姓周人鉴于商人酗酒亡国的历史教训，是并不重视青铜罍这种大型体量的酒器的。如果说在西周早期我们还能够看到少数几例姬姓周人用罍的事实，那么到了西周中期，这种现象就近乎绝迹了，迄今所见西周中期青铜罍的使用者仅限于殷遗民。这种姬姓周人不重视青铜罍的状况不仅体现在青铜罍铭文所反映出的信息，考古材料也可以说明这一点。现今可以确定为西周时期姬姓诸侯国墓葬如河南平顶山应国墓地也都没有发现过青铜罍；天马—曲村晋国墓地虽然出土过1件伯方罍，但它被发现于曲村居址的一座枯井当中，其不被重视程度由此可见一斑。再者，西周早期中原地区的青铜罍还是延续殷墟的造型风格，几无创新，所以才造成了我们前文所说的“对于一些圈足变化不是很明显的铜罍来说，我们几乎很难从器形上判断出它的年代到底应该是归属于殷墟四期还是西周早期，只能从其所属的出土单位的年代来判定铜罍本身的年代”。造型没有创新本身从侧面就反映出姬姓周人贵族对罍的排斥，也说明罍在极盛时期暗含着衰落的危机。

（4）殷遗民也在逐渐放弃使用青铜罍。西周中期开始，随着社会的变迁，当西周国祚稳固以后，重食文化逐渐在整个社会当中占据主导地位，以重酒文化为特色的殷人礼制在没有王室的支持下，逐渐失去了存在的空间，必然要向周人的重食礼仪作出让步。尽管西周中期还存在若干殷遗民使用青铜罍的情况，甚至在长安普渡村的长由墓中还出现了早已过时的罍觚爵酒器组合，但是这种螳臂挡车式的礼仪坚守并不能阻止滚滚而来文化大潮流，注定是一座即将没落的孤岛，很快消逝于历史的长河当中。殷遗民要在周人的社会中生存发展，只能是放弃自身旧有的文化传统，主动或者被动接受周人文化的同化。

第三节　小　　结

同大多数的青铜礼器一样，青铜圆罍也是来源于与之形制相近的陶器，而且得到了考古材料的证实。只是方罍稍有例外，在目前还没有发现陶方罍的前提下，我们只能对方罍的起源做一些推测性的结论。但是不管怎么说，作为殷人礼仪系统中的一种礼器，青铜罍始终伴随着殷周政权的更替与礼仪的变迁，并且在不同的时期有着不同的地位。它随着殷商文化的发达而壮大，又随着周人礼仪的成熟而衰落，所以说殷周文化的嬗变是青铜罍消亡的根本原因。但是另一方面，周人的目的只是排挤殷人的重酒文化，一旦周人的这种目的得以实现，他们反过来又鉴于青铜罍这种大体量器的实

---

① 据陈梦家《西周铜器断代》（上）14页言有“康侯罍”1件，器形、铭文皆已散佚。因情况未明，本书未收录。

用性，就又创造性地制作出了具有周人文化特色的青铜罍的派生物——青铜𨱔，这应当说是“周因商礼”，并进行“损益”的物质体现。至于说青铜𨱔在东周时期也能充当酒器的功能，那可能又是另一种文化背景下的产物了。

下编　两周青铜𬭚整理与研究

第一章　青铜鑐研究简史

第一节　清代至民国

鑐是罍的派生物。青铜鑐由于存世量较少，迄今未见宋代金石学家关于鑐的著录。最早著录鑐的文献见于《西清古鉴》《西清续鉴》（甲编）、《西清续鉴》（乙编）、《宁寿鉴古》，这4部著作收录两周时期的青铜鑐共7件，皆器形完整、图形摹绘清晰、器物信息清楚，为后世研究传世青铜鑐提供了十分珍贵的图像材料。唯一不足之处在于这些著作中均将鑐命名为“瓿”，可能受到了鑐与瓿都为矮胖体，造型较为相似等特点的影响，应予以纠正。

民国时期有周庆云、邹安著《梦坡室获古丛编》，收录1件“伯夏父鑐”，年代为西周晚期，这是最早自名为“鑐”的器物之一，对于青铜鑐的定名具有十分重要的价值[①]。另外邹安所著《周金文存》还收录了番伯官曾鑐、仲义父鑐等，都是鑐中重器，伯夏父鑐在该书中也被重新收录[②]；孙海波《新郑彝器》、关百益《郑冢古器图考》同时收录了1923年河南新郑郑公大墓出土的蟠虺纹鑐[③]。

清代至民国时期学者收录的青铜鑐资料对于研究两周时期铜鑐的造型、定名、功用等问题十分重要，缺陷仅在于鑐的定名上，大多数情况是将鑐命名为“瓿”，也有将“鑐”“罍”互称的，这些问题我们将在后文探讨。

第二节　新中国成立以来

陈梦家著《西周铜器断代》，结合文献记载以及以往著录，对于西周晚期的仲义父鑐进行了铭文方面的综合考释，认为它是周孝王时期的铜器[④]；刘彬徽著《楚系青铜

---

① 周庆云、邹寿祺：《梦坡室获古丛编》，1927年石印本。

② 邹安：《周金文存》，1916年仓圣明智大学刊本。

③ 孙海波：《新郑彝器》，1937年考古学社专刊第十九种影印本。关百益：《郑冢古器图考》，1928年中华书局影印本。

④ 陈梦家：《西周铜器断代》（上、下册），中华书局，2004年，上册247～254页，下册799页。

器研究》，对于𦉜和缶之间的区别与联系进行了探讨[①]；陈佩芬著《夏商周青铜器研究》，收录了7件两周时期的青铜𦉜资料，其中有1923年山西浑源李峪村出土的络绳纹𦉜等重要器物[②]，另外陈佩芬还编撰《中国青铜器辞典》，共收录了16件青铜𦉜的资料[③]；中国青铜器编辑委员会编纂的《中国青铜器全集》，共收集青铜𦉜20件，附有精美的图片以及相关的尺寸、出土地、藏地等说明[④]；朱凤瀚著《中国青铜器综论》，认为𦉜与罍是两种不同的器类，将𦉜分为两型进行了分析说明[⑤]；马承源著《中国青铜器》，也将𦉜与罍区别对待，并对𦉜进行了类型学分析[⑥]；张懋镕撰文《试论中国古代青铜器器类之间的关系》，探讨了罍与𦉜的关系，认为𦉜的形制和罍接近，出现于西周晚期，二者之间是一种派生关系[⑦]；

另外还有一些关于青铜𦉜铭文的工具书：《陕西金文汇编》收录𦉜铭4条，附有器物时代、出土时间、地点、收藏地以及以往著录书目等[⑧]；《殷周金文集成》（简称《集成》），收录青铜𦉜铭文拓片22条[⑨]；吴镇烽《商周青铜器铭文暨图像集成》《商周青铜器铭文暨图像集成续编》收录21件青铜𦉜铭文资料，且和器物图像一一对应，为检索青铜𦉜的相关资料提供了方便[⑩]。

日本也有一些学者对青铜𦉜进行了收集整理。林巳奈夫编《〈殷周时代青铜器之研究〉——殷周青铜器综览一》，收录了两周时期的青铜𦉜10件，都有图像及尺寸说明[⑪]；日本出光美术馆还收藏了一件中国春秋晚期的蟠虺络绳纹𦉜[⑫]。

日本学者对于青铜𦉜的研究主要是以图录著作为主，关于𦉜的研究性文章较为少见。

---

① 刘彬徽：《楚系青铜器研究》，湖北教育出版社，1995年，534页。

② 陈佩芬：《夏商周青铜器研究》，上海古籍出版社，2000年，353（1、2）、464、465、517（1、2）、518。

③ 陈佩芬：《中国青铜器辞典》，上海辞书出版社，2013年，1121～1134页。

④ 中国青铜器编辑委员会：《中国青铜器全集》，文物出版社，1995～1998年，见本书附表4、5。

⑤ 朱凤瀚：《古代中国青铜器》，南开大学出版社，1995年，107～110页。

⑥ 马承源：《中国青铜器》，上海古籍出版社，2003年，233～238页。

⑦ 张懋镕：《试论中国古代青铜器器类之间的关系》，《古文字与青铜器论集》（第二辑），科学出版社，2006年，133～135页。

⑧ 吴镇烽：《陕西金文汇编》，三秦出版社，1989年，699～702页。

⑨ 中国社会科学院考古研究所：《殷周金文集成》，中华书局，1984年，9959～9975。

⑩ 吴镇烽：《商周青铜器铭文暨图像集成》，上海古籍出版社，2012年。吴镇烽：《商周青铜器铭文暨图像集成续编》，上海古籍出版社，2016年。资料见本书附表4、5。

⑪ 〔日〕林巳奈夫：《〈殷周时代青铜器之研究〉——殷周青铜器综览一》，吉川弘文馆，1984年，罍62、64～71、73。罍72疑伪，罍74应该是罐一类的器物。

⑫ 〔日〕出光美术馆：《出光美术馆：开馆十五周年纪念展图录》，文化印刷株式会社，1981年，1073。

第三节　小　结

青铜𨱔由于数量较少，因此学界对它的关注没有青铜罍那样广泛，但是发现少并不等于它在商周青铜礼器中的地位不重要。我们知道青铜罍在西周中期以后逐渐走向了消亡，但是罍的消亡是如同觚、斝、觯一样彻底退出了历史舞台，还是以另外一种变体继续存在？我们只有通过对𨱔的研究才能够解决这个问题。而要解决这个问题，梳理前人对𨱔的研究成果是我们做好这个工作的必要前提。

第二章　青铜䨻的定名与功用

第一节　青铜䨻的定名

一、文献记载中䨻的定名问题

《说文·缶部》："䨻，瓦器也。从缶，霝声。"王筠句读："字与《瓦部》瓴同。"《广雅·释器》："䨻，瓶也。"《广韵·青韵》："䨻，似瓶有耳。"《玉篇·缶部》："䨻，瓦器，似瓶，有耳。"从文献记载来看，䨻、瓴相通，是一种形制像瓶且有耳的陶质容器。

二、出土材料中䨻的定名问题

目前出土资料所见自名为"䨻"的铜器，大致有如下几件（表2-1）：

表2-1　自名为"䨻"的器物资料汇总表

图号	器名	时代	铭文释文	出处
图2-1	仲义父䨻	西周晚期	仲义父作旅䨻，其万年子子孙孙永宝用	《商周》13999
图2-2	郑义伯䨻	西周晚期	郑义伯作季姜䨻，余以行以川，我郑即浩，我用以皮沓丆，我以[illegible]兽，用锡眉寿，孙子[illegible]永宝	《商周》14008
图2-3	膳夫吉父䨻	西周晚期	膳夫吉父作旅䨻，其子子孙孙永宝用	《商周》13995
图2-4	伯夏父䨻	西周晚期	伯夏父作毕姬尊䨻，其万年子子孙孙永宝用	《商周》14001
图2-5	番伯官曾䨻	春秋早期	唯番伯官曾自作宝䨻，其万年，子子孙孙永宝用享	《商周》14006
图2-6	曾伯文䨻	春秋早期	唯曾伯文自作厥饮䨻，用征行	《商周》13993
图2-7	伯亚臣䨻	春秋早期	唯正月初吉丁亥，黄孙须颈子伯亚臣，自作䨻，用征、用祈眉寿，万年无疆，子孙永宝是常	《商周》14007
图2-8	伯游父䨻	春秋中期	唯五月初吉丁亥，黄季氏伯马颈君游父作其尊䨻，其眉寿万年无疆，子子孙孙永宝用之	《商周》14009
图2-9	京叔䨻	西周晚期	京叔萺嬴媵䨻	《商周续编》0900

图2-1　仲义父𬬻

图2-2　郑义伯𬬻

图2-3　膳夫吉父𬬻

图2-4　伯夏父𨱍

图2-5　番伯官曾𨱍

图2-6　曾伯文𨱍

图2-7　伯亚臣𬭚

图2-8　伯游父𬭚

图2-9　京叔𬭚

上图2-1至图2-8是我们通常所见主流形态的𬬻，从形制来看皆是侈口，束颈，斜肩，斜深腹，肩部有耳或无耳，随着时代的演变逐渐由假圈足演变为平底。形制稳定，演变序列明确，是为两周时期青铜𬬻的标准形制。准此，凡是东周时期与这种𬬻形制相同或者相近的铜器我们都可以将其定名为“𬬻”。

除主流形态的𬬻以外，还有一种异形𬬻（图2-9），有自名，只流行于西周晚期，数量不多，但是十分有特色。具体形制为：喇叭口，细颈，圆鼓腹，平底或矮圈足。肩部有对称双耳，体表装饰曲折纹或西周晚期流行的重环纹、环带纹等，可以看做是青铜𬬻的非主流形态。

青铜𬬻除了自名为“𬬻”以外，还有自名为“行器”的。河南光山县宝相寺出土的黄君孟𬬻（图2-10）、黄夫人𬬻（图2-11）皆自名为“行器”[①]。“行器”的称谓多见于江汉地区的青铜器上，可能是对于所作器物的美称，等同于青铜器中常见的“宝器”“宝尊彝”等称谓。

还有称之为“甗”的。2006年陕西凤翔县城关镇小沙凹村出土的郑仲盬𬬻[②]（图2-12），自名为“尊甗”。《仪礼·士丧礼》：“东方之馔两瓦甗，其实醴酒。”甗、𬬻同为酒器，“甗”可以作为𬬻的一个别称。

还有称之为“罍”的，如邳伯夏子𬬻，这是因为𬬻本来就属于广义上的罍，下文详述。

图2-10　黄君孟𬬻（《全集》7 · 86）

① 河南信阳地区文管会、光山县文管会：《春秋早期黄君孟夫妇墓发掘简报》，《考古》1984年第4期。

② 凤翔县博物馆：《凤翔遗珍——凤翔县博物馆藏品精粹》，三秦出版社，2012年，117。

图2-11　黄夫人𬭚（《全集》7·87）

图2-12　鄀仲盤𬭚（《凤翔遗珍》117）

同时，文献所载“𬭚形似瓶”这一说法似乎也得到了考古材料的支持。1986年湖北荆门包山2号楚墓出土一批青铜容器，与这些容器伴出的遣册上的器物名皆能和这些器物一一对应。其中有一对铜容器，发掘报告定名为“直颈平肩壶”①（图2-13），遣册记之为“二鉼銅”。发掘者将“二鉼銅”释为“二瓶罂”，并引《汉书·韩信传》：“以木罂缶渡军。”颜师古注：“罂缶谓瓶之大腹小口者也。”②从遣册的记载与器物的对应来看，这两件器物很可能是就是战国以来人们常说的“瓶”。两器的形制为：有盖，直颈，圆肩，鼓腹，与自名为“𬭚”的器物形制十分接近，这应当是“𬭚形似瓶”在考古学上的证据。类似的器物还见于湖北江陵藤店1号墓（图2-14）等墓葬。

① 湖北省荆沙铁路考古队：《包山楚墓》（上册），文物出版社，1991年，105页。

② 湖北省荆沙铁路考古队：《包山楚简》，文物出版社，1991年，59页。

图2-13　包山楚墓出土“瓶罍”（《全集》10 · 39）

图2-14　湖北江陵藤店1号墓出土“瓶罍”（《全集》10 · 37）

第二节　青铜𬭚的功用及使用场合

从文献记载来看，𬭚可以作为水器。《说文 · 缶部》：“𬭚，瓦器也。从缶，需声。”王筠句读：“字与《瓦部》瓴同。”证明“𬭚”“瓴”可以互通。《淮南子 · 修务训》：“夫捄火者，汲水而趍之，或以瓮瓴。”《史记 · 高祖本纪》：“譬犹居高屋建瓴水。”据此知𬭚可以作为盛水器，但是𬭚作为水器没有得到考古材料的证实。

就目前考古材料所见，𬭚主要是作为酒器。上节𨜏中盬𬭚自名为“甗”已经很清楚地表达了这个意思；曾伯文𬭚铭文“作厥饮𬭚”也可作为明证（图2-6）；1986～1991年北京延庆军都山玉皇庙墓地出土YYM2：5、YYM18：3两件蟠虺纹𬭚，据发掘报告称，在出土时，当器口板结的填土块被清理掉之后，清理者当时尚能闻到𬭚内散发出浓郁的酒香。两件𬭚腹内均遗有炭化了的粟米酒糟积块。YYM2：5的酒糟积块厚约13厘米，YYM18：3的酒糟积块厚约16厘米。发掘者认为在这支文化当中，青铜𬭚既可以作为盛酒器，也可以作为酿酒器①。这是𬭚可以作为酒器的实物证据。

从使用场合来看，𬭚除了作为日常祭祀用器，还可以作为征伐、出行所用的携带用器。仲义父𬭚、膳夫吉父𬭚铭文皆云“作旅𬭚”；曾伯文𬭚“作厥饮𬭚，用征行”；伯亚臣𬭚“自作𬭚，用征、用祈眉寿，万年无疆”；郑义伯𬭚“郑义伯作季姜𬭚，余以行以川，我郑即俈，我用以皮沓丂，我以䜌兽，用锡眉寿”；伯游父𬭚“黄季氏伯马颈君游父作其尊𬭚，其眉寿万年无疆”。以上铭文反映出𬭚用于军旅、出行等场合。山西浑源李峪村（图2-15）、河北唐县北城子（图2-16）出土的铜𬭚腹部装饰十字交叉的络绳纹，可能就是受了这种器物需要用绳捆扎，便于出行时携带的影响。

① 北京市文物研究所：《军都山墓地：玉皇庙》（二），文物出版社，2007年，903页。

类似的做法在考古材料中也有发现，1979年陕西汉中机械厂西汉墓葬出土了一件蒜头铜壶，出土时壶的圈足用棕绳缠绕一周，然后在两侧作结，分两个头，穿过衔环，作为系带[①]（图2-17），棕绳在壶圈足部位打的结与这两件𬭚腹部的十字结高度一致。东周与汉代虽然年代相去久远，但是这种捆扎携运器物的道理应该是一致的。这也说明这种器物在长距离携运时可能往往是通过用绳捆扎来实现的。汉辛延年《羽林郎》诗："就我求清酒,丝绳提玉壶"，说明用绳捆扎容器也是携运器物的一种传统做法。所以𬭚可以作为携带用器用于军旅、出行等礼仪活动的说法是十分可信的。

图2-15　山西浑源李峪村出土𬭚（《夏商周》518）

图2-16　河北唐县北城子出土𬭚（《全集》9·129）

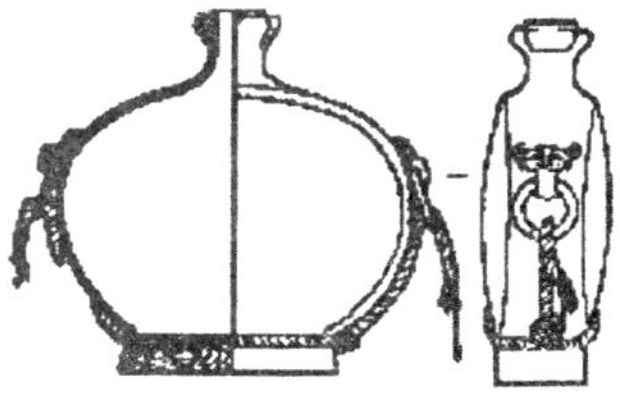

图2-17　汉中机械厂西汉墓出土蒜头壶（《考古与文物》1982年第2期，图1·1）

综上，我们认为青铜𬭚是先秦贵族祭祀礼仪中所使用的一种酒器或水器，有时候还会使用于军旅、出行等场合。

第三节　小　　结

𬭚由于文献记载较为简略，所以我们只能从考古资料来考察它的定名与功用问题。通过自名为"𬭚"的器物的梳理，我们为𬭚的定名建立了一个形制上的标准，这样在以后的青铜器研究中我们就可以较容易地分辨出哪些器物是𬭚，哪些器物不是𬭚，不至于和其他相似的器物相混淆。通过军都山墓地"𬭚中盛酒"现象的考察，我们明确地知道了𬭚具有盛酒器的功能。通过𬭚体表装饰络绳纹的考察，我们推测了𬭚在携运过程中的使用方式。通过铭文的考察，我们大概知道了𬭚的使用场合。所有这些信息，不但弥补了文献记载的不足，也使我们对𬭚有了一个较为全面的认识。

① 赵化成：《陕西汉中市清理两座西汉前期墓》，《考古与文物》1982年第2期，图1·1。

第三章　青铜𬭚的型式分析及分期研究

第一节　青铜𬭚的型式分析

对于青铜𬭚的型式分析，我们仍然采用上编对于青铜罍型式分析的理论与方法。截至2016年，我们共收集到两周时期的青铜𬭚资料共计117件，其中出土品91件，传世品26件[①]。现以其中器形明确、演变规律明显的103件青铜𬭚为研究对象，进行类型学分析：

依据腹部、肩部等形制不同，可以分为4型：

A型　斜腹圆肩（72件：出土54件，传世18件）：依据肩部有无耳又可分为两亚型：

Aa型（63件：出土46件，传世17件）：肩部有耳，依体形高宽比例及纹饰变化情况可以分为6式：

Ⅰ式（5件：出土2件，传世3件）：体高略大于体宽，肩部饰重环纹，腹部饰垂鳞纹。

标本一：扶风任家村出土仲义父𬭚，小口，长颈，圆肩，腹向下斜收，矮圈足，有盖，盖的子口很长，插入器口。颈部下面有四个小系，肩部饰一对对称的卷龙形耳。盖沿、肩沿和圈足上饰重环纹，腹饰垂鳞纹，颈饰云纹。器盖及肩部各有铭文16字。通高44.2、口径15.5厘米[②]。西周晚期（图3-1）。

标本二：北京故宫博物院藏郑义伯𬭚，小口，长颈，圆肩，腹向下斜收为矮圈足。肩部饰一对龙形耳，颈部饰一周窃曲纹，肩部饰一周重环纹，腹饰垂鳞纹。盖口外壁及器颈各铸铭文35字。通高45.5、口径约14.7厘米[③]。西周晚期（图3-2）。

Ⅱ式（12件：出土9件，传世3件）：体高与体宽比例接近，体表饰蟠螭纹。

标本：1983年湖北枣阳郭家庙M2出土两件蟠螭纹𬭚,平口折沿，束颈，圆肩，斜腹

---

① 本编第三、五章所引用𬭚的相关数据资料均来源于附表4、5，或由附表4、5的数据计算而来，下文不再重复说明。

② 中国青铜器编辑委员会：《中国青铜器全集》，文物出版社，1996年，5・183。

③ 故宫博物院：《故宫青铜器图典》，紫禁城出版社，2010年，116。

图3-1　仲义父𬭚（《全集》5·183右）

图3-2　郑义伯𬭚（《商周》14008）

平底，肩上对称的兽首耳。通体饰蟠螭纹。通高29、口径16、底径12厘米[①]。春秋早期（图3-3、图3-4）。

图3-3　枣阳郭家庙出土蟠螭纹𬭚（GM02：04）（《穆穆曾侯》79页）

图3-4　枣阳郭家庙出土蟠螭纹𬭚（GM02：05）（《穆穆曾侯》83页）

Ⅲ式（9件：出土7件，传世2件）：体高略小于体宽，通体饰蟠螭纹或素面。

标本一：烟台博物馆藏蟠螭纹𬭚，侈口平沿，束颈，圆肩，鼓腹向下斜收为平底，肩部有对称的兽首耳。通体饰蟠螭纹。通高26.3、口径16.3厘米[②]。春秋中期（图3-5）。

标本二：2005年洛阳体育场路东周墓M8830出土素面𬭚，侈口平沿，束颈，圆

① 吴宏堂、方勤主编，襄阳博物馆等编：《穆穆曾侯——枣阳郭家庙曾国墓地》，文物出版社，2015年，79、83页。

② 中国青铜器编辑委员会：《中国青铜器全集》，文物出版社，1997年，9·74。

肩，鼓腹向下斜收为平底，肩部有对称双耳。通体素面。通高14.2、口径14厘米①。春秋中期（图3-6）。

图3-5　烟台博物馆藏蟠螭纹罍

（《全集》9 · 28）

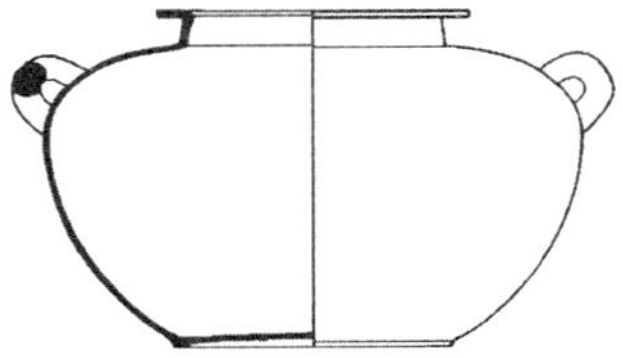

图3-6　洛阳体育场M8830出土素面罍

（《文物》2011年第8期，图5 · 1）

Ⅳ式（20件：出土14件，传世6件）：体高小于体宽，通体以蟠虺纹为主。

标本一：山东莒县天井汪出土蟠虺纹罍，侈口，束颈，圆肩，斜腹下收为平底。肩部有对称的兽首衔环耳。通体装饰蟠虺纹。通高40、口径21.5厘米②。春秋晚期（图3-7）。

标本二：河北怀来甘子堡出土蟠虺纹罍，侈口，束颈，圆肩，斜腹下收为平底。肩部有对称的兽首耳。通体装饰蟠虺纹。通高21、口径16厘米③。春秋晚期（图3-8）。

图3-7　莒县天井汪出土蟠虺纹罍

（《全集》9 · 74）

图3-8　河北怀来甘子堡出土蟠虺纹罍

（《全集》9 · 128）

Ⅴ式（14件：出土12件，传世2件）：体形高宽比例基本接近，有的有矮圈足。

---

① 洛阳市文物工作队：《洛阳体育场路东周墓（M8830）发掘简报》，《文物》2011年第8期。

② 山东省博物馆：《山东省博物馆藏珍 · 青铜器卷》，山东文化音像出版社，2004年，49页。

③ 中国青铜器编辑委员会：《中国青铜器全集》，文物出版社，1997年，9 · 128。

标本一：1988年太原金胜村晋国赵卿墓出土蟠虺纹罍，平口，沿外折，短直颈，圆肩，斜腹下收为平底，肩部左右饰对称的兽首衔环耳，前后饰对称的铺首衔环耳。肩上中下部皆装饰蟠虺纹，腹部饰蟠虺纹组成的蕉叶纹。通高36.3、口径17.2厘米①。战国早期（图3-9）。

标本二：1970年河北唐县北城子2号墓出土络绳纹罍，平口，口沿外折，短直颈，圆肩，斜腹下收为假圈足，肩部饰四个对称的兽首衔环耳。肩、腹均饰打了十字节的络绳纹，络绳纹间填以纤细的蟠虺纹，圈足饰绳纹。通高30.9、口径21.3厘米②。战国早期（图3-10）。

图3-9　太原金胜村出土蟠虺纹罍（《全集》8·49）

图3-10　河北唐县北城子出土络绳纹罍（《全集》9·129）

Ⅵ式（3件：出土2件，传世1件）：体形较之上式没有太大变化，主要装饰战国时期流行的纹饰。

标本一：2011年安徽六安白鹭洲战国墓M585出土云雷鸟纹罍，盖微鼓，与器身子母口相扣，盖顶有三个小纽，器身直口，颈微束，圆肩，弧腹，平底，底部有三小足，肩部有对称的兽首衔环耳。盖顶饰成组的“8”字形纹，其间装饰羽状纹、云雷纹，肩、腹装饰以云雷纹为地的鸟纹，上、下以卷云纹带分割。纹饰带下方对应装饰草叶形纹，内饰对称的鸟纹。通高25.3、口径13.7厘米③。战国中晚期（图3-11）。

标本二：工师文罍，盘口束颈，圆肩平底。肩部左右装饰一对顾首蟠龙，前后饰圆雕羊首。下腹部接近器底处有四个半环形牛首鋬。口沿外有铭文17字。通高27.5、口径13厘米④。战国晚期（图3-12）。

---

① 中国青铜器编辑委员会：《中国青铜器全集》，文物出版社，1995年，8·49。

② 河北博物院：《战国雄风·中山古国》，文物出版社，2014年，10。

③ 安徽省文物考古研究所、六安市文物管理局：《安徽六安市白鹭洲战国墓M585的发掘》，《考古》2012年第11期。

④ 冀东山、梁彦民：《神韵与辉煌》，三秦出版社，2006年，112页。

图3-11　安徽六安白鹭洲战国墓M585出土云雷鸟纹罍（《考古》2012年第11期，图版12 · 5）

图3-12　工师文罍（《神韵与辉煌》112页）

Ab型（9件：出土8件，传世1件），肩部无耳，依体形及纹饰变化情况可以分为2式：

Ⅰ式（3件：出土2件，传世1件）：直颈较长，腹部饰络绳纹或素面。

标本：山西浑源李峪村出土络绳纹罍，直口，平沿外折，圆肩，斜腹向下收为矮圈足。腹部装饰络绳纹，络绳纹之间填以错红铜龙纹。通高29、口径18.9厘米①。春秋晚期（图3-13）。

Ⅱ式（6件：出土6件）：直颈变短，通体素面。

标本一：1954～1955年洛阳中州路西工段M115：45素面罍，直口，平沿外折，圆肩，斜腹向下收为矮圈足。通体素面。通高14.4厘米②。春秋晚期（图3-14）。

标本二：1999年山东省滕州市北辛村战国墓出土素面罍，直口，平沿外折，圆肩，斜腹向下收为矮圈足。通体素面。通高25、口径19厘米③。战国早期（图3-15）。

B型　斜腹折肩（21件：出土19件，传世2件），依据肩部有无双耳可分为两亚型：

Ba型（15件：出土14件，传世1件）：肩部有耳，依体形高宽比例及纹饰变化情况可以分为3式：

Ⅰ式（3件：出土3件）：体高略大于体宽，腹部饰垂鳞纹。

标本：1940年陕西扶风县法门镇任家村窖藏出土膳夫吉父罍（2件），小口，长颈，折肩，腹向下斜收为平底，有盖。肩部饰一对对称的卷龙形耳。盖沿饰重环纹，颈部饰环带纹，肩及腹饰垂鳞纹。盖、器同铭，各15字。通高37.2～37.8、口径

① 陈佩芬：《夏商周青铜器研究》，上海古籍出版社，2000年，517 · 1。

② 中国科学院考古研究所：《洛阳中州路 · 西工段》，科学出版社，1959年，93页，图版56 · 1。

③ 《山东滕州市北辛村发现一座战国墓》，《考古》2004年第3期，图版8 · 3。

15.5~15.7厘米[①]。西周晚期（图3-16）。

Ⅱ式（11件：出土11件）：体高与体宽比例接近。

标本一：1983年河南光山县宝相寺出土G2：A10 黄夫人𬭚，直口微侈，宽沿，短直颈，折肩，斜腹凹底。兽面桥形耳，平盖。盖面饰简化窃曲纹，上腹饰两组蟠螭纹，下腹饰一组蟠螭纹。颈下肩部有铭文2行15字。通高27、口径16.7厘米[②]。春秋早期（图3-17）。

图3-13　山西浑源李峪村出土络绳纹𬭚（《夏商周》517·1）

图3-14　洛阳中州路西工段M115出土𬭚（《洛阳中州路·西工段》图版56·1）

图3-15　滕州北辛战国墓出土𬭚（《考古》2004年第3期，图版8·3）

图3-16　扶风任家村窖藏出土膳夫吉父𬭚（《商周》13994（左）、13995（右））

标本二：1994年山东安丘市柘山镇东古庙村出土蟠螭纹𬭚，口微侈，宽沿，短束颈，折肩，斜腹下收为凹底。肩部饰对称的兽首耳，通体饰蟠螭纹。通高28.3、口径18厘米[③]。春秋早期（图3-18）。

① 吴镇烽：《商周青铜器铭文暨图像集成》，上海古籍出版社，2012年，13994、13995。

② 中国青铜器编辑委员会：《中国青铜器全集》，文物出版社，1998年，7·87。

③ 安丘市博物馆：《山东安丘柘山镇东古庙村春秋墓》，《文物》2012年第7期。

图3-17　黄夫人𬭚（《全集》7 · 87）

图3-18　山东安丘古庙村出土𬭚（《文物》2012年第7期，图6）

图3-19　伯游父𬭚（《商周》14009）

Ⅲ式（1件：传世1件）：体高小于体宽，通体饰蟠螭纹。

标本：上海博物馆藏伯游父𬭚，侈口，束颈，折肩，斜腹下收为平底。肩部有对称的兽首衔环耳。肩部上下两侧均饰蟠螭纹。颈肩连接处铸铭文35字。通高36.3、口径25厘米[①]。春秋中期（图3-19）。

Bb型（6件：出土5件，传世1件）：肩部无耳。

标本一：1983年河南光山县宝相寺出土G1：A7黄君孟𬭚，宽沿微侈，短直颈折肩，斜腹向下收为微凹底。肩部饰蟠螭纹，下有铭文15字。通高23、口径15.6厘米[②]。春秋早期（图3-20）。

标本二：上海博物馆藏番伯官曾𬭚，宽沿微侈，短直颈折肩，斜腹向下收为微凹底。肩部饰蟠螭纹，腹部饰垂鳞纹。口沿铸铭文20字。通高23.5、口径18.3厘米[③]。春秋早期（图3-21）。

图3-20　黄君孟𬭚（《全集》7 · 86）

图3-21　番伯官曾𬭚（《商周》14006）

C型　球形腹（5件：出土4件，传世1件）。

标本一：1923年河南新郑郑公大墓出土蟠虺纹𬭚，侈口，束颈，圆肩，球形腹下

① 周亚：《伯游父诸器刍议》，《上海博物馆集刊》第10期，119页，图7。

② 中国青铜器编辑委员会：《中国青铜器全集》，文物出版社，1998年，7 · 86。

③ 陈佩芬：《夏商周青铜器研究》，上海古籍出版社，2000年，464。

收为矮圈足。肩部有四个对称的双龙衔环耳。肩上部有四个圆涡纹，圆涡纹之间装饰互相缠绕的蟠虺纹，肩中部饰一道凸弦纹，肩下部装饰一周蟠虺纹，再下一周由蟠虺纹组成的三角纹。通高40.5、口径29.5厘米①。春秋晚期（图3-22）。

标本二：1936年河南省辉县琉璃阁甲墓出土络绳纹𬭚，侈口，平沿，直颈，圆肩，球形腹下收为矮圈足。肩部有四个对称的爬龙形环耳。肩腹通饰十字相交的络绳纹，络绳纹之间装饰纤细的蟠虺纹，蟠虺纹间装饰有表面内凹的小乳凸，原来应该有镶嵌物，已脱落。通高30.5、口径20.3厘米②。春秋晚期（图3-23）。

图3-22　郑公大墓出土蟠虺纹𬭚
（《全集》7·27）

图3-23　辉县琉璃阁出土络绳纹𬭚
（《全集》8·182）

D型　异形𬭚（5件：出土4件，传世1件）。

标本一：1969年烟台上夼村出土曲折纹𬭚，喇叭口，细长颈，圆鼓腹，矮圈足。肩部有对称双环耳，颈部饰凸弦纹，腹部饰三角形曲折纹。通高34.5厘米③。西周晚期（图3-24）。

标本二：1972年湖北随州均川熊家老湾出土曲折纹𬭚，喇叭口，细长颈，圆鼓腹，平底内凹。肩、腹部以三周凹弦纹将直线纹分为三组，每组饰一周曲折纹。通高35.5、口径13.3厘米④。西周晚期（图3-25）。

图3-24　烟台上夼村出土曲折纹𬭚
（《全集》9·85）

图3-25　熊家老湾出土曲折纹𬭚
（《随州》34页）

① 中国青铜器编辑委员会：《中国青铜器全集》，文物出版社，1998年，7·27。

② 中国青铜器编辑委员会：《中国青铜器全集》，文物出版社，1995年，8·182。

③ 中国青铜器编辑委员会：《中国青铜器全集》，文物出版社，1997年，9·85。

④ 随州市博物馆：《随州出土文物精粹》，文物出版社，2009年，34页。

另有山东、安徽等地出土的几件铜𨭚，由于地域特征明显，数量稀少，没有演变规律，我们将在第五章单独介绍，此处不再进行型式分析。

第二节　青铜𨭚的分期研究

按照两周青铜𨭚的发展演变脉络，我们拟将青铜𨭚的发展过程分为六期，并对每一期的特点进行总结。

第一期：西周晚期。第一期的典型器物有AaⅠ式、BaⅠ式、D型𨭚。共计14件，约占总数的12%。第一期的AaⅠ式、BaⅠ式𨭚体表装饰西周晚期常见的重环纹、垂鳞纹。D型𨭚装饰的曲折纹不常见于中原地区的铜器上，体现出较为明显的地域特点。第一期的绝对年代相当于西周晚期厉王至幽王时期。

第一期的青铜𨭚形体较为高大，通常都保持在45厘米的高度左右，而且束颈、圆肩、斜深腹的造型也都和青铜罍有诸多相似之处，不同之处仅在于青铜𨭚肩部是半龙形耳而青铜罍是环耳；青铜罍是外撇的圈足而青铜𨭚是假圈足。这当是𨭚刚由罍派生出来，形态上还不能在骤然间摆脱罍的影响所致。这一时期还出现D型异形𨭚，形制类似于壶，我们只是通过它的自名才确知它应定名为“𨭚”，是一种新器型。

第一期的主流型铜𨭚全部出土于周王朝的统治核心地带周原地区，作器者与使用者都是周王朝的高级贵族，其被受重视的程度由此可见一斑。异形𨭚绝大多数出土于海岱地区，在周王朝的南土如湖北随州也偶有发现。

第一期的青铜𨭚都有自名，这为我们推定𨭚的形制特征起到了十分重要的参考作用。从铭文内容可以反映出这一时期𨭚的功用是可以作为军旅用器或者妇女的陪嫁用器。

第一期青铜𨭚的数量虽然不是很多，但是它体量高大，造型华美，是𨭚刚由罍派生而来的重要时期，在西周晚期的青铜礼器中占据重要的地位。第一期是青铜𨭚的初创期。

第二期：春秋早期。属于第二期的典型器物有AaⅡ式、BaⅡ式和Bb型𨭚。总共31件，占总数的26.4%。

第二期的青铜𨭚数量较之第一期明显增多，但是体量有所降低，绝大多数都保持在25厘米左右的高度，三门峡虢国墓地、黄君孟夫妇墓甚至出现了通高仅有8.4、10厘米的𨭚形弄器[①]。和第一期相比，第二期的铜𨭚造型比较简单，通体装饰纹饰的现象比较少见，纹饰除西周中晚期以来流行的窃曲纹以外，还出现较为肥大的蟠螭纹。

---

① 河南省文物考古研究所、三门峡市文物工作队：《三门峡虢国墓》（第一卷），文物出版社，1999年，251页，图182·6，彩版28，图版94·4。河南信阳地区文管会、光山县文管会：《春秋早期黄君孟夫妇墓发掘简报》，《考古》1984年第4期，G2：A3（原名小罐）。

第二期的铜罍主要出土于东周时期河南、湖北、山东等地的诸侯国。这当和西周灭亡，周平王东迁洛邑，将本来起源于周人统治核心区的铜罍文化带至东方地区有关。使用者不但有姬姓的曾国贵族，还有嬴姓的黄国以及东夷地区的贵族。铭文内容所反映的铜罍的功用也有所变化，看不到作为媵器的功能。曾伯文罍、伯亚臣罍等铭文都有"征行""用征"等内容，说明这一时期的铜罍除用于宗庙祭祀外，依然可以作为军旅、征行所用的携带用器。第二期是青铜罍的发展期。

第三期：春秋中期。属于第三期的典型器物有AaIII式、BaIII式罍。共计16件，占总数的13.6%。第三期铜罍造型简单，形制较第二期略微宽扁，总体变化不是很明显。洛阳地区出土的铜罍都是素面，说明这一时期罍在东周王室核心区域出现了衰落。第三期有纹饰者仅限于传世品，且数量很少，多装饰蟠螭纹、交龙纹等。精品只有一件伯游父罍，制作十分精美，铭文内容显示器主"伯游父"是春秋时期的黄国贵族。黄国使用青铜罍的现象从春秋早期延续至春秋中期，说明罍在黄国受到相当程度的重视。青铜罍在第三期出现了短暂的挫折。

第四期：春秋晚期。属于第四期的典型器物有AaⅣ、AbI式、C型罍、地方类型罍，共计32件，约占总数的27.4%。

这一时期的罍发展到了数量上的高峰期，并且造型规整统一，演变序列明确，纹饰装饰以春秋晚期流行的蟠虺纹为主。传统的AaⅣ式罍通高大多保持在30厘米左右，山东莒县天井汪出土的铜罍甚至达到了40厘米的高度[①]。这一时期还出现了无耳的AbI式罍，山西浑源李峪村出土的两件铜罍即属于这种造型，腹部装饰十字交叉的络绳纹，络绳纹的空格当中又装饰双龙纹，显得十分华美。另外第四期在新郑李家楼郑公大墓、辉县琉璃阁墓地还出现球形腹的C型罍，器腹浑圆如球状，肩部有四个爬龙衔环耳，纹饰装饰十分奢华，为以往从未见过的精品。

第四期在周边地带还出土了一些十分具有地方特色的铜罍。河北怀来甘子堡出土的铜罍顶部有一个可以拆卸的镂空盖（图5-18），做工十分精美，为这一时期铜罍中的经典之作，这种做法在中原地区较为少见；安徽蚌埠钟离国墓葬中出土的铜罍体量高达45厘米[②]，装饰十分华美（图5-15），乍一看是受到了南方楚文化的影响，但是仔细分析又可以看出它具有十分独特的地方特色；山东沂水县、莒县寨里河出土的罍[③]不但体量巨大，而且造型纹饰皆不类中原地区，显示出独特的海岱文化风格。

第四期青铜罍的分布地域也十分广泛，有河南、河北、陕西、山西、山东、北京

---

① 中国青铜器编辑委员会：《中国青铜器全集》，文物出版社，1997年，9·74。

② 安徽省文物考古研究所、蚌埠市博物馆：《安徽蚌埠市双墩一号春秋墓葬》，《考古》2009年第7期。

③ 山东省博物馆：《山东省博物馆藏珍·青铜器卷》，山东文化音像出版社，2004年，49页。苏兆庆：《古莒遗珍》，人民美术出版社，2003年，55页。

等地。有铭文者虽然只有邛伯夏子𬭚，但是字体秀美，笔道挺拔有力，具有很高的艺术价值。

第四期的铜𬭚不论是在体量、装饰艺术，还是分布地域方面都出现了一个崭新的局面，青铜𬭚走向了高峰期。

第五期：战国早期。属于第五期的典型器物有A a Ⅴ式、AbⅡ式𬭚。共计21件，占总数的18%左右，数量较之第四期开始下降。主要分布在山西、河北、山东、广东等地。A a Ⅴ式𬭚继续延续AaⅣ式𬭚的风格，器体略高，纹饰装饰依然十分华丽，但略显程式化。大多数𬭚都是体表装饰络绳纹，内填以纤细的蟠虺纹。也有少数重器，长治分水岭M270出土两件𬭚体量高大，造型纹饰完全一致，在整座墓葬礼器当中显得十分醒目，是十分重要的礼器。相比之下，这一时期的AbⅡ式𬭚就要逊色许多，通体以素面为主，体量也不是很高大，预示着青铜𬭚在繁荣之后出现了衰落的迹象。这一时期的青铜𬭚上也未发现铭文。第五期是青铜𬭚的衰落期。

第六期：战国晚期。第六期青铜𬭚处于消亡阶段。仅见AaⅥ式𬭚，只有3件，占总数的2.6%左右。出土品只有安徽六安白鹭洲战国墓出土的云雷鸟纹𬭚，甘肃西和县出土的工师文𬭚。其余如信宫𬭚只能从铭文内容来看是战国晚期秦国的器物，其他地区皆不见出土。说明𬭚在战国晚期的中原、北方以及东方其他诸侯国已经趋于消亡，只在楚地与秦地有少量的流行。到了秦朝建立以后，𬭚就彻底退出了历史舞台。

第三节　小　　结

𬭚作为青铜罍的派生物，虽然总体数量不是很多，但是流行时间很长，从西周晚期一直到战国晚期。它发源于西周晚期的周原地区，是周文化影响下的产物，发展于春秋早中期，在春秋晚期达到了繁荣的局面，战国以后走向衰落。𬭚虽然是一种派生物，但是它的分布地域依然十分广泛，不时有高规格的大器、重器出现，在两周时期的青铜礼器中扮演了相当重要的角色。

第四章　青铜𬭚墓葬礼器组合分析

第一节　分析的对象与方法

对于青铜𬭚在墓葬当中的组合情况，我们仍然采用对于青铜罍墓葬的选取方法，即选择没有经过盗扰破坏或虽经轻微的扰动但是器物组合仍然完整的墓葬为研究对象，通过分析墓葬中𬭚与其他礼器的组合关系，来判断𬭚在墓葬礼器中的地位以及扮演的角色等相关问题。

第二节　各期墓葬礼器组合研究

第一期：西周晚期。第一期器物组合完整的铜𬭚墓葬有：

烟台上夼村㠱国墓：鼎2𬭚2匜1（墓室被破坏）[①]。

莱阳前河前村西周墓葬：鼎2甗1壶1𬭚1盘1匜1（约1.6平方米）[②]。

第一期主流形态的𬭚只成对出现在周原地区的窖藏当中，在墓葬当中没有发现。墓葬出土只见异形𬭚，皆出土于海岱地区。从墓葬器物组合来看，这一时期的墓葬当中，鼎、甗、簋充当食器，盘、匜充当水器，因此𬭚在墓葬中是充当酒器的作用，且都出土于一些小型的贵族墓葬。

第二期：春秋早期。第二期的组合完整的墓葬有：

山东沂源县姑子坪M1：鼎5簋2簠2𬭚1壶1方彝1盘1匕2（27.8平方米）[③]。

山东邹县七家峪春秋墓：鼎6簠8鬲5壶1𬭚2盘1匜1（27.9平方米）[④]。

湖北枣阳郭家庙M02：鼎1𬭚2[⑤]。

---

① 山东省烟台地区文物管理委员会：《烟台市上夼村出土己国铜器》，《考古》1983年第4期。

② 李步青：《山东莱阳县出土己国铜器》，《文物》1983年第12期。

③ 山东大学考古系、淄博市文物局、沂源县文管所：《山东沂源县姑子坪周代墓葬》，《考古》2003年第1期。

④ 王轩：《山东邹县七家峪出土的西周铜器》，《考古》1965年第11期。

⑤ 湖北省文物考古研究所：《曾国青铜器》，文物出版社，2007年，136页。

随州均川熊家老湾曾伯文墓：簋4𬭚1方卣1[①]。

黄君孟夫妇墓（97.6平方米左右）：[②]

黄君孟墓G1：鼎2豆2𬭚2盘1匜1；

黄君孟夫人墓G2：鼎2豆2鬲2𬭚2壶2盉2盘1匜1小𬭚1。

河南潢川上油岗磨盘山春秋墓：鼎盘壶盆1𬭚1盉1[③]（鼎盘壶数量不明）。

三门峡虢国墓M2012：鼎11簋10簠2铺2鬲8甗1盘7盉6匜1方壶2方彝5觚1爵4觯6梁姬罐1𬭚1方盒1（20.8平方米）[④]。

第二期礼器组合完整的墓葬有7座，大型墓1座（黄君孟夫妇墓），中型墓3座（三门峡M2012、沂源姑子坪M1、邹县七家峪春秋墓）。这一时期的墓葬中基本的食器组合有鼎、鼎簋簠、鼎豆鬲、鼎甗簋簠铺等；水器组合有盘壶、盘盉、盘匜；因此𬭚还应当是扮演酒器的角色，但是并没有与别的哪种酒器形成稳固的组合。三门峡M2012、黄君孟夫人墓中出土的小𬭚是一种𬭚形弄器，是贵族的赏玩之物，不具备酒器或者水器的作用。这一时期墓葬中的𬭚大多数成对出现。

第三期：春秋中期。组合完整的墓葬有：

洛阳西工区LBM4：鼎2簋1𬭚1盘1匜1鈉1（10.7平方米）[⑤]。

洛阳体育场路东周墓M8830：鼎5簋1簠2壶2𬭚2匜1鈉1（5.9平方米）[⑥]。

洛阳西工区西小屯墓葬M3494：鼎5簋1簠2壶2𬭚2盘1匜1勺1（15平方米）[⑦]。

沂水刘家店子M1：鼎16鬲9甗1簋7壶7𬭚4瓿2盆2盘1鈉2盂1盉1罐1匜1（49.3平方米）[⑧]。

山东栖霞县松山吕家埠M1：鼎1𬭚1匜1鈉1（13.05平方米）[⑨]。

---

① 湖北省文物考古研究所：《曾国青铜器》，文物出版社，2007年，144页。

② 河南信阳地区文管会、光山县文管会：《春秋早期黄君孟夫妇墓发掘简报》，《考古》1984年第4期。

③ 河南信阳地区文管会、潢川县文化馆：《河南潢川县发现黄国和蔡国铜器》，《文物》1980年第1期。

④ 河南省文物考古研究所、三门峡市文物工作队：《三门峡虢国墓》（第一卷），文物出版社，1999年，235、236页。

⑤ 中国社会科学院考古研究所洛阳唐城队：《1983年洛阳西工区墓葬发掘简报》，《考古》1985年第6期。

⑥ 洛阳市文物工作队：《洛阳体育场路东周墓（M8830）发掘简报》，《文物》2011年第8期。

⑦ 洛阳市文物考古研究院：《河南洛阳市西工区西小屯村春秋墓葬》，《考古》2016年第4期。

⑧ 山东省文物考古研究所、沂水县文物管理站：《山东沂水刘家店子春秋墓发掘简报》，《文物》1984年第9期。

⑨ 栖霞县文物管理所：《山东栖霞县吕家埠西周墓》，《考古》1988年第9期。

第三期保存完整的墓葬组合有5座。食器中常见鼎簋簠组合，水器中常见盘匜组合，罍在墓葬当中多数呈偶数出现，逐渐与壶形成比较稳固的酒器组合。沂水刘家店子M1还出现了4罍共出的现象，说明罍在海岱地区受到进一步的重视。这一时期的铜罍墓葬面积与随葬器物的多寡不太成正比例，可能跟当时的丧葬习俗以及墓主人的财富多寡有关，所以不能单一的以墓葬面积的大小来判定墓主人级别的高低，而要综合随葬器物的数量综合分析。

第四期：春秋晚期。第四期的完整墓葬组合有：

洛阳西工区西小屯墓葬M8832：鼎8簋1簠4壶3罍2盘1匜3鈉1勺1（7.3平方米）①。

辉县琉璃阁甲墓M：鼎18 簋6鬲5簠5豆8甗1钵1盨1敦2方壶2扁壶2瓠壶1罍2鈉1洗1鉴1方炉1炭箕1 （110平方米）②。

北京延庆军都山M2：鼎1敦1盘1匜1罍1鈉1杯2斗1匕1（墓室面积不详）③。

北京延庆军都山M18：鍑1敦1罍1鈉1（6.2平方米）④。

北京延庆军都山M250：鍑1罍1鈉1（3.5平方米）⑤。

安徽双墩M1：鼎5簠4甗1豆2罍2盉1盘1匜2勺1双连盒1（314平方米）⑥。

第四期完整组合墓葬6座。中原地区墓葬中食器组合有鼎簋簠，大型墓葬中还有甗鬲豆，罍仍然与壶形成稳定的酒器组合，而且成对出现。北方边远地区如延庆军都山墓地食器组合为鍑敦，罍与鈉形成酒器组合，且呈单件出现，显示了有别于中原地区的葬制葬俗。安徽双墩M1虽然偏处江南楚地，据发掘报告称是属于钟离国的墓葬⑦，但是在随葬礼器的组合方式上完全模仿了中原洛阳、辉县等地的风格，罍也是成对出现，充当酒器的作用。

第五期：战国早期。第五期的完整墓葬组合有：

洛阳西工区M3490：鼎5簠2簋1罍2盘1匜1鈉1勺1（10.5平方米）⑧。

---

① 洛阳市文物工作队：《河南洛阳市西工区M8832号东周墓》，《考古》2011年第9期。

② 河南博物院、台北历史博物馆：《辉县琉璃阁甲乙二墓》，大象出版社，2003年，13、14页。

③ 北京市文物研究所：《军都山墓地——玉皇庙》（一），文物出版社，2007年，284页。

④ 北京市文物研究所：《军都山墓地——玉皇庙》（一），文物出版社，2007年，287、290页。

⑤ 北京市文物研究所：《军都山墓地——玉皇庙》（一），文物出版社，2007年，327、328页。

⑥ 安徽省文物考古研究所、蚌埠市博物馆：《春秋钟离君柏墓发掘报告》，《考古学报》2013年第2期。

⑦ 安徽省文物考古研究所、蚌埠市博物馆：《春秋钟离君柏墓发掘报告》，《考古》2013年第2期。

⑧ 洛阳市文物考古研究院：《河南洛阳市西工区西小屯村春秋墓葬》，《考古》2016年第4期。

湖北南漳川庙山东周墓地M18：鼎2敦2罍2盘1匜1（9平方米）[①]。

山西万荣庙前村战国墓：鼎7鬲3簋2鉴2尊1罍2匜1（17.5平方米）[②]。

山西长治分水岭M270：鼎10簠2敦2罍2方壶2盉1鉶1盘1匜1（21.2平方米）[③]。

山西潞城河M7：鼎13甗1簠2豆8壶2罍2罐2鉴4盉1盘3匜1鉶1勺2炭箕1 （36.5平方米）[④]。

山西太原金胜村赵卿墓：鼎25鬲6豆14壶8鸟尊1鉴6罍鉶簠（罍鉶簠数目不详）（59.8平方米）[⑤]。

河北唐县北城子战国墓M2：鼎2甗1簋1豆1壶1匜1罍1小釜1（8.9平方米）[⑥]。

山东滕州北辛战国墓：鼎2罍2豆2（墓室被破坏）[⑦]。

第五期有完整组合墓葬8座。食器有鼎、簠、敦、甗、豆、鬲等，但是并没有形成稳定的炊食器组合方式，水器中盘匜组合最为稳定，大型墓如太原金胜村赵卿墓中出现有鉴。罍在河南、山西、山东、湖北等地的墓葬当中仍然成对出现，并在部分墓葬当中与壶形成固定的酒器组合。只在河北唐县北城子战国墓中单独出现，这和北京延庆军都山墓葬出土罍的情况是一样的，这当是两地同处北方，距离较近，联系较为紧密，而与中原葬俗较为疏远的原因所致。

第六期：战国晚期。这一时期的完整墓葬组合只有1座：

安徽六安白鹭洲战国墓M585：鼎4盒2罍1匜1洗1勺1（36.8平方米）[⑧]。

该座墓葬中炊食器有鼎、盒，水器有匜、洗，因此罍继续充当酒器。战国时期青铜器逐渐由礼器向生活实用器过渡，因此罍扮演什么角色已经不显得十分重要。这一时期列国之间为了生存重视的是战场上的雌雄高低，西周以来形成的一系列严格的礼仪制度进一步遭到瓦解，罍也逐渐失去了礼仪用器的功能，随着铁器的广泛使用，它也随着其他青铜礼器一起逐渐退出了历史舞台。

---

① 湖北省考古研究所、南漳县博物馆：《湖北南漳川庙山东周墓地2014年发掘报告》，《江汉考古》2015年第4期。

② 杨福斗：《山西万荣县庙前村的战国墓》，《文物参考资料》1958年第12期。

③ 山西省文物工作委员会晋东南工作组、山西省长治市博物馆：《长治分水岭269、270号东周墓》，《考古学报》1974年第2期。

④ 山西省考古研究所、山西省晋东南地区文化局：《山西省潞城县潞河战国墓》，《文物》1986年第6期。

⑤ 山西省考古研究所、太原市文物管理委员会：《太原金胜村251号春秋大墓及车马坑发掘简报》，《文物》1989年第9期。

⑥ 郑绍宗：《唐县南伏城及北城子出土周代青铜器》，《文物春秋》1991年第1期。

⑦ 《山东滕州市北辛村发现一座战国墓》，《考古》2004年第3期。

⑧ 安徽省文物考古研究所、六安市文物管理局：《安徽六安市白鹭洲战国墓M585的发掘》，《考古》2012年第11期。

第三节　小　　结

通过本章的分析，我们发现青铜𬭚在墓葬中往往成对出现，在经过了相当漫长的发展演变以后逐渐与壶形成较为稳固的酒器组合。虽然文献中说明𬭚可以充当水器，但是这在墓葬礼器的组合中并没有得到体现，这可能是因为𬭚作为水器只运用于日常生活中的礼仪活动当中，在丧葬用器当中它只能充当酒器。

第五章　青铜鑐区域特征分析

青铜鑐在周原地区产生以后，伴随着西周灭亡，周平王东迁洛邑，它也跟随着转移到了中原地区，并扩散到东部地区、北方地区以及南方的楚地等。本章主要探讨鑐在这些地区所表现出来的文化因素。

第一节　关中地区

关中地区出土的青铜鑐主要集中于关中西部地区，有明确出土地点的有6件，占出土总数的6.6%。

西周晚期：关中出土的青铜鑐集中于周原地区，周原是青铜鑐的发源地。年代最早的仲义父鑐、膳夫吉父鑐皆出土于扶风任家村窖藏；伯夏父鑐虽然是传世器，但铭文与之近同的还有1件伯夏父鼎、10件伯夏父鬲。伯夏父鼎出土于1974年陕西岐山县贺家村一座铜器窖藏当中[1]，所以推测伯夏父鑐很可能也是来自于周原地区。上述的几件鑐都是成对出现，且郑义伯鑐、伯夏父鑐铭文都显示这种器物最初和姬姓周人有着密切的关系，因此它们都应当是周文化影响下的产物。周原地区出土的铜鑐虽少，但它是两周铜鑐的渊源，地位自然十分重要。

春秋时期：春秋时期关中地区主要是秦人的活动区域，这一时期的青铜鑐仅见于凤翔地区。2006年出土于凤翔小沙凹村的郏仲盬鑐[2]，年代在春秋早期。这件器与同时期河南光山县出土的黄君孟鑐、黄夫人鑐十分接近，肩部上下两侧装饰蟠螭纹转折也比较圆转，不似秦器那般平直、生硬，器主"郏仲"也不是秦人。所以这件器并非秦器，只是出土于秦人的活动地域内，在文化因素上是与汉淮地区的铜鑐有某些渊源关系。

与郏仲盬鑐同坑出土的另一件蟠虺纹鑐[3]（图5-1），年代在春秋晚期。该器造型

---

① 吴镇烽：《商周青铜器铭文暨图像集成》，上海古籍出版社，2012年，02170、02995～03004。

② 景宏伟、曹建宁：《陕西凤翔小沙凹村发现春秋时期窖藏青铜器》，《考古与文物》2016年第4期。

③ 景宏伟、曹建宁：《陕西凤翔小沙凹村发现春秋时期窖藏青铜器》，《考古与文物》2016年第4期。

纹饰与洛阳西工区M8832出土的蟠虺纹罍[①]十分接近，而且器表装饰的纤细蟠虺纹，肩部的顾首龙形耳都是这一时期中原地区的铜器上常见的装饰，是典型的中原式铜罍。

凤翔在春秋时期是秦人的国都所在，联系到关中地区极少见有青铜罍出土这一状况来看，罍并不是秦文化固有的器物。所以两件罍应当是秦人与东方地区进行了交流后流入秦地的器物。

与上述相同的情况还见于战国晚期的工师文罍（图3-12）、信宫罍（图5-2），虽然铭文经学者考证是为秦人的器物[②]，但是铜罍肩部的爬龙等装饰多是跟楚文化有密切的关系。湖北江陵望山楚墓出土1件报告称之为“盥缶”的陶器[③]（图5-3），造型装饰就和工师文罍、信宫罍十分近似。因此工师文罍、信宫罍也应当是战国晚期秦楚之间进行文化交流，秦人学习了楚人的铸器风格后所制作的器物。

工师文罍据传出土于甘肃礼县，因仅此1件，且是秦人用器，所以不再单独分区论述，附记于此。

图5-1　2006年凤翔小沙凹村出土的蟠虺纹罍（《凤翔遗珍》118）

图5-2　信宫罍（《商周》13825）

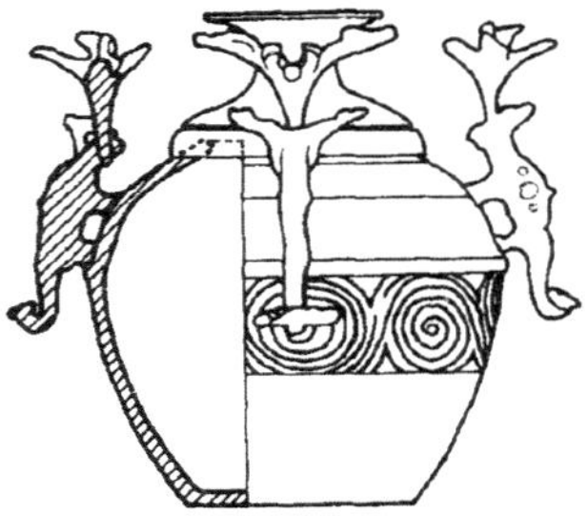

图5-3　江陵望山楚墓出土陶“盥缶”（《江陵望山沙塚楚墓》36页，图23·7）

第二节　中原地区

中原地区指现今的河南豫西、豫中一带，总共出土铜罍24件，占出土总数的26.4%左右。

春秋早期：西周覆灭以后，宗周遭遇犬戎破坏，周平王东迁洛邑以避戎寇，洛阳一带成为王畿之区，这一时期的青铜罍基本沿袭了关中铜罍的造型样式，构成东周时

① 洛阳市文物工作队：《河南洛阳市西工区M8832号东周墓》，《考古》2011年第9期，37页，图版9·3。

② 吴镇烽：《陕西历史博物馆馆刊》第4辑。吴镇烽：《商周青铜器铭文暨图像集成》，上海古籍出版社，2012年，13825。

③ 湖北省文物考古研究所：《江陵望山沙塚楚墓》，文物出版社，1996年，36页，图23·7。

期中原式铜鑐的基本特征。河南偃师塚周村[1]、河南郏县太仆乡[2]出土的AaI式鑐，洛阳中州路M4[3]出土的BaⅡ式鑐（图5-4）都是这一时期中原式铜鑐的典型代表，其他地区的铜鑐皆是以这种铜鑐的形制为原型。三门峡虢国墓地M2012出土的鑐形弄器[4]（图5-5），制作十分精致，刘社刚先生将之称为“凹弦纹罐”，认为它与同出的“梁姬罐”一样，是用来“盛放玛瑙、绿松石、玉珠、小玉雕等装饰品”[5]，是当时贵族用来盛装小件器物的把玩之物，与之类似的鑐形弄器还有黄君孟夫妇墓出土的黄孟姬小鑐。

图5-4　洛阳中州路M4出土鑐（《洛阳中州路 · 西Ⅰ段》图版52 · 2）

图5-5　三门峡虢国墓地出土小鑐（《三门峡虢国墓地》彩版28）

春秋中期：春秋中期中原地区的铜鑐全部出土于洛阳地区。这一时期的铜鑐普遍造型简约。洛阳LBM4、M3494、M8830出土的铜鑐[6]（图5-6～图5-8）全部都是素面，但是这些铜鑐墓葬中出土的鼎、壶等其他礼器则十分高大华美，与鑐形成鲜明对比，这大概跟这一时期中原的青铜鑐受到了短暂的挫折有关系。

春秋晚期：春秋晚期中原地区铜鑐出土地有洛阳西工区、新郑郑公大墓、辉县琉璃阁甲墓等。洛阳西工区M8832出土的蟠虺纹鑐[7]造型优美（图5-9），做工精细，纹饰布局合理，是这一时期铜鑐中比较少见的精品，是典型的中原式铜鑐。新郑郑公大墓出土的铜鑐[8]体腹硕大（图5-10），肩部有四个爬龙形耳，器表饰互相缠绕的蟠螭

---

① 新来、周到：《河南省博物馆所藏几件青铜器》，《考古》1966年第4期。

② 《河南郏县发现的古代铜器》，《文物参考资料》1954年第3期。

③ 中国科学院考古研究所：《洛阳中州路 · 西工段》，科学出版社，1959年，93页。

④ 河南省文物考古研究所、三门峡市文物工作队：《三门峡虢国墓》（第一卷），文物出版社，1999年，251页。

⑤ 刘社刚：《梁姬罐相关问题的思考》，《中原文物》2002年第6期。

⑥ 中国社会科学院考古研究所洛阳唐城队：《1983年洛阳西工区墓葬发掘简报》，《考古》1985年第6期。洛阳市文物考古研究院：《河南洛阳市西工区西小屯村春秋墓葬》，《考古》2016年第4期。洛阳市文物工作队：《洛阳体育场路东周墓（M8830）发掘简报》，《文物》2011年第8期。

⑦ 洛阳市文物工作队：《河南洛阳市西工区M8832号东周墓》，《考古》2011年第9期。

⑧ 河南博物院、台北历史博物馆：《新郑郑公大墓青铜器》，大象出版社，2001年，120页。

纹，这种着意体现龙纹风格的做法是楚系青铜器的显著特点[①]，具有强烈的楚文化色彩。春秋中晚期的郑国，夹在晋楚两大国之间，只能依靠双方中的一方来求得生存空间。文献记载，《左传·僖公十八年》："郑伯始朝于楚，楚子赐之金，既而悔之，与之盟曰'无以铸兵'，故铸以三钟。"《左传·僖公二十二年》："三月，郑伯如楚。"《左传·襄公十一年》："楚子、郑伯伐宋。"《左传·昭公三年》："十月，郑伯如楚。"从僖公十八年到昭公三年长达一百多年的时间当中，郑国一直依附于楚国，那么在文化的交流方面，郑器接受楚文化的影响也就是很自然的事情了。

河南辉县琉璃阁甲墓出土的蟠虺络绳纹𬭚[②]（图5-11），形制纹饰与郑公大墓出土的铜𬭚有诸多相似之处，也是受到了楚文化的影响。

图5-6　洛阳LBM4出土𬭚（《考古》1985年第6期，图版2·4）

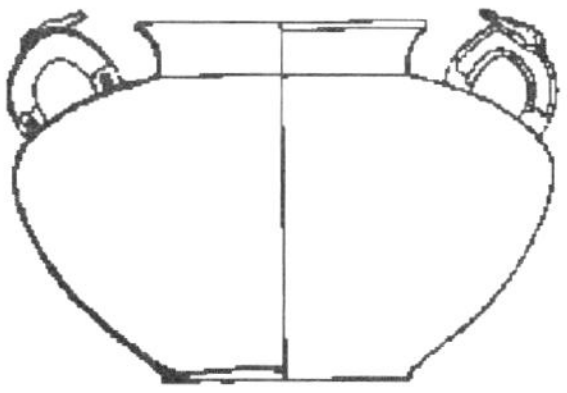

图5-7　洛阳M3494出土𬭚（《考古》2016年第4期，图3·1）

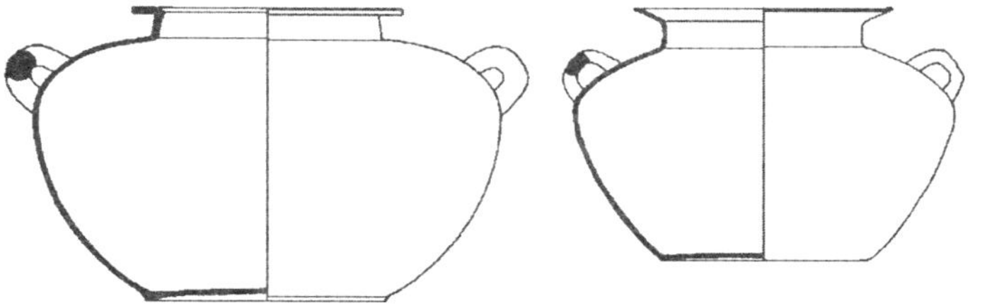

图5-8　洛阳M8830出土𬭚（《文物》2011年第8期，图5·1、4）

图5-9　洛阳M8832出土𬭚（《考古》2011年第9期，图版9·13）

图5-10　郑公大墓出土蟠虺纹𬭚之一（《新郑郑公大墓青铜器》120页）

图5-11　辉县琉璃阁甲墓出土蟠虺络绳纹𬭚之一（Z甲-17：1）（《辉县琉璃阁甲乙二墓》99页）

① 刘彬徽：《楚系青铜器研究》，湖北教育出版社，1995年，283页。

② 河南博物院、台北历史博物馆：《辉县琉璃阁甲乙二墓》，大象出版社，2003年，99页。

第三节 汉淮地区

汉淮地区的铜𬭚出土点有河南潢川、桐柏，湖北枣阳、随州，安徽蚌蜱、六安等地。共计出土铜𬭚18件，占出土总数的19.8%。

西周晚期：湖北随州熊家老湾出土的曲折纹𬭚[①]（图5-12），这是一件异形𬭚，与海岱地区的同类𬭚有密切关系，是湖北随州与海岱地区文化往来的实物例证。

春秋早期：河南潢川县出土的黄君孟夫妇𬭚、伯亚臣𬭚[②]是春秋时期的黄国铜器。黄国位于淮汉之间，南临强楚，北接陈、蔡等小诸侯国，离当时的成周洛邑较为遥远。但是这几件铜𬭚上却不见楚文化的影响，而和中原式铜𬭚形制十分接近，这说明当时的黄国受到中原文化的影响较深。黄国铜器上见不到楚文化的影子可能是因为黄国和楚国自来不和，黄国的青铜文化可能对于楚文化进行了强烈抵制。《左传 · 桓公八年》：“夏，楚子合诸侯于沈鹿，黄随不会。使薳章让黄。楚子伐随，军于汉、淮之间”；《左传 · 僖公十一年》：“黄人不归楚贡。冬，楚人伐黄”；《左传 · 僖公十二年》：“夏，楚人灭黄”等记载便是两国关系紧张的例证。另外春秋早期的楚国虽然已经开始向北扩张，但是楚文化的影响力还不足以和中原的周文化相抗衡，这也是淮汉小国铜器在这一时期不见楚风的一个重要因素。

1964年河南桐柏县发现的𬈯伯墉𬭚[③]（图5-13）、桐柏左庄出土的蟠螭纹𬭚[④]（图5-14）等虽然在大体造型上也是模仿了中原式铜𬭚的做法，但是工艺粗疏，铭文简约，这当是模仿中原文化不到位的表现；湖北枣阳郭家庙出土的蟠螭纹𬭚[⑤]、随州熊家老湾出土的曾伯文𬭚[⑥]，造型纹饰与仲义父𬭚、偃师塚周村𬭚十分相似，唯在纹饰装饰的华美程度上略微逊色于前者。李学勤先生在论及汉淮地区出土的青铜器时，就认为：“汉淮间的青铜器，凡属春秋早期的，不管是黄人、曾人还是楚人所制，形制多沿西周之旧，铭文草率简短，说明这一地区的文化主要在中原影响下，较不发达。”[⑦]上述青铜𬭚的特点正是该观点的实物写照。

---

① 随州市博物馆：《随州出土文物精粹》，文物出版社，2009年，34页。

② 河南信阳地区文管会、光山县文管会：《春秋早期黄君孟夫妇墓发掘简报》，《考古》1984年第4期。信阳地区文管会、潢川县文化馆：《河南潢川县发现黄国和蔡国铜器》，《文物》1980年第1期。

③ 《河南桐柏发现的周代铜器》，《考古》1965年第7期。

④ 河南省文物考古研究所、桐柏县文物管理委员会：《河南桐柏月河墓地第二次发掘》，《文物》2005年第8期。

⑤ 湖北省文物考古研究所：《曾国青铜器》，文物出版社，2007年，138、139页。

⑥ 鄂兵：《湖北随县发现曾国铜器》，《文物》1973年第5期。

⑦ 李学勤：《论汉淮间的青铜器》，《文物》1980年第1期。

图5-12　湖北随州熊家老湾出土的曲折纹𬭚（《随州》34页）

图5-13　𧞤伯墉𬭚（《商周》13991）

图5-14　桐柏左庄出土蟠螭纹𬭚（《文物》2005年第8期，图17）

春秋晚期：春秋晚期汉淮地区出土的铜𬭚主要集中在安徽地区。安徽蚌埠双墩出土的镂空盖蟠螭纹𬭚[①]（图5-15），造型十分奇特，器体顶端的镂空盖、底部的镂空禽鸟足、腹部的尖状凸起都不见于同时期的中原地区铜𬭚上，肩部的龙形耳以及腹部装饰的纤细蟠螭纹具有若干楚文化特征。据与之同出的其他铜器铭文显示，该墓的主人是春秋时期钟离国的国君[②]。钟离国在春秋晚期地处吴楚之间，受到楚文化的影响是不可避免的，但是这种整器造型的奇特性又显示出了具有独特文化风格的一面。

战国早期：战国早期汉淮地区只见湖北南漳川庙山东周墓地M18出土的两件蟠虺纹𬭚[③]（图5-16），从外形上来看，这两件铜𬭚有些类似于长江流域流行的浴缶，发掘简报也将之称之为"缶"。浴缶是楚文化特色的一种器物，这两件𬭚外形似缶可能是受到了楚文化中缶的影响。

图5-15　安徽蚌埠出土蟠螭纹𬭚（《考古学报》2013年第2期，图版7·2）

图5-16　湖北川庙山东周墓地M18出土𬭚（《江汉考古》2015年第4期，图版16·6）

图5-17　安徽白鹭洲战国墓M585出土的云雷鸟纹𬭚（《考古》2012年第11期，图版12·5）

① 安徽省文物考古研究所、蚌埠市博物馆：《安徽蚌埠市双墩一号春秋墓葬》，《考古》2009年第7期。

② 安徽省文物考古研究所、蚌埠市博物馆：《安徽蚌埠市双墩一号春秋墓葬》，《考古》2009年第7期。

③ 湖北省考古研究所、南漳县博物馆：《湖北南漳川庙山东周墓地2014年发掘报告》，《江汉考古》2015年第4期。

战国晚期：仅1件。安徽六安白鹭洲战国墓M585出土的云雷鸟纹罍[①]（图5-17），腹部装饰的对称鸟纹形态优美，婉转有力，具有明显的楚文化风格。

第四节　北方地区

北方地区未发现春秋早中期的青铜罍，青铜罍传入到北方地区的年代在春秋晚期，这一时期的青铜罍制作精美，装饰华丽。北方地区共计出土青铜罍18件，占出土总数的19.7%。

北方地区春秋晚期的铜罍出土点有：河北怀来甘子堡[②]、北京延庆军都山[③]等地。

河北怀来甘子堡除我们前文提到的1件中原式铜罍（图3-8）外，在甘子堡M1、M2还出土2件罍，这两件罍形制大体相同（图5-18、图5-19），其中M1：12罍器体是中原式的，只是这件器顶部有一个镂空的花冠状的盖，这样的造型装饰在中原地区是从来不见的，具有比较明显的地方特色；M2：9铜罍则完全模仿了中原地区春秋晚期铜罍的造型，是典型的中原式铜罍。

图5-18　河北怀来甘子堡M1出土罍（《全集》15 · 193）

图5-19　河北怀来甘子堡M2出土罍（《全集》15 · 194）

北京延庆军都山墓地出土的3件铜罍（图5-20～图5-22），从形制纹饰上看都是中原式的，但出土于军都山戎人墓地，估计是北方戎人与中原地区进行了交流的产物。

---

① 安徽省文物考古研究所、六安市文物管理局：《安徽六安市白鹭洲战国墓M585的发掘》，《考古》2012年第11期。

② 贺勇、刘建中：《河北怀来甘子堡发现的春秋墓群》，《文物春秋》1993年第2期。中国青铜器编辑委员会：《中国青铜器全集》，文物出版社，1997年，9 · 128。

③ 北京市文物研究所：《军都山墓地：玉皇庙》（二），文物出版社，2007年，903、904页。

图5-20　北京延庆军都山YYM2：5𬭚（《军都山墓地·玉皇庙》（四），彩版52）

图5-21　北京延庆军都山YYM18：3𬭚（《军都山墓地·玉皇庙》（四），彩版53）

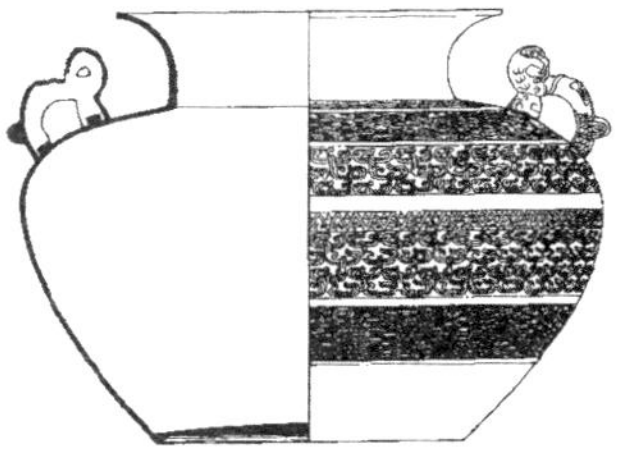

图5-22　北京延庆军都山YYM250：2𬭚（《军都山墓地·玉皇庙》（二），图565）

战国早期：战国早期北方地区的铜𬭚出土点有：山西长治分水岭M270（图5-23）、山西浑源李峪村（图2-15）、山西潞城县潞河战国墓（图5-24）、山西万荣庙前村（图5-25）、山西太原金胜村（图3-9）、河北唐县北城子（图2-16）等地。这些地区出土的铜𬭚从形制上来看都是中原式的。浑源李峪村、万荣庙前村、唐县北城子等地出土铜𬭚腹部装饰络绳纹的做法，可能是受到铜𬭚这一类器物在携运时经常用绳捆扎的影响。

图5-23　山西长治分水岭M270出土𬭚（《全集》8·138）

图5-24　山西潞城县战国墓出土𬭚（《全集》8·137）

图5-25　山西万荣庙前村出土𬭚（《传承与谋变》78页）

第五节　海岱地区

海岱地区出土的青铜𬭚主要集中在鲁东、鲁南地区。共计23件，占出土总数的25.3%。可以分为两种类型：

一种是具有中原风格的铜𬭚，当是受到了中原文化较深的影响。

春秋早期：山东邹县七家峪[①]（图5-26）、山东枣庄小邾国墓地出土的铜𬭚[②]

① 王轩：《山东邹县七家峪出土的西周铜器》，《考古》1965年第11期。

② 枣庄市政协台港澳侨民族宗教委员会、枣庄市博物馆：《小邾国遗珍》，中国文史出版社，2006年，122页。

（图5-27）都和AaⅠ式河南偃师塚周村𨱔十分相似，是典型的中原式铜𨱔。

春秋中期：山东栖霞县吕家埠出土的铜𨱔[①]（图5-28）与河南洛阳西工区 8830出土的素面𨱔基本相同，也是典型的中原式铜𨱔。

春秋晚期：山东莒县天井汪出土的蟠虺纹𨱔[②]在形制、纹饰装饰上都属于典型的中原式风格，唯独这件𨱔有一盖，这在中原地区的铜𨱔上是十分罕见的，具有很独特的地方风味。虽然有学者认为："莒国自立国之初，即与中原大国如商、周不睦，二者之间经常发生战争，西周晚期虽不见于周王室征伐莒的史实，但亦不见莒追随王师南下江淮的记载；春秋时期，莒的军力强盛，在当时的疆域中有一定的防御格局，与陈、黄、鲁、齐等国有好的交往或姻缘关系。"[③]但是在文化上，莒还是受到了中原文化较大的影响，只是在接受中原文化的同时又有所创新。

山东枣庄市峄城区出土的邳伯夏子𨱔也是中原式铜𨱔，但是体表饰的蟠虺纹和三角叶纹却具有一定的地方特色。王献唐先生考证其为战国初期下邳国之器[④]，但是从这件𨱔的形制等方面综合考虑，其还应当是春秋晚期的铜器。

另一种是具有典型地方文化特色的𨱔。可以分为两部分，一部分是出土于烟台地区的D型𨱔（图5-29、图5-30），形制与壶非常相似，但是通过自名我们可以知道它应该命名为"𨱔"[⑤]，体表装饰曲折纹，这种纹饰多流行于山东地区。山东地区的D型𨱔均出土于烟台地区的己国贵族墓葬当中[⑥]，是西周晚期十分具有地方特色的器物。而且这种铜𨱔还影响到了同时期的汉水流域的曾国铜器上[⑦]，说明早在西周晚期己国就和曾国有比较密切的文化交流。关于曾国铜𨱔受山东铜𨱔的影响，苏芳淑、张昌平先生已经有很好的论述，兹不赘言[⑧]。另一部分是出土于沂水流域的铜𨱔，1925年沂水县出土的瓦楞纹𨱔[⑨]（图5-31）、山东莒县寨里河乡老营村出土的变形龙纹𨱔[⑩]（图5-32），形制纹饰都和中原地区的铜𨱔差距很大，是具有明显地方特色的铜𨱔。

---

① 栖霞县文物管理所：《山东栖霞县吕家埠西周墓》，《考古》1988年第9期。

② 齐文涛：《概述近年来山东出土的商周青铜器》，《文物》1972年第5期。

③ 孙敬明、徐鹏志：《两周金文与莒史补》，《齐鲁学刊》1995年第4期。

④ 王献堂遗著：《邳伯罍考》，《考古学报》1963年第2期。图片见朱凤瀚：《古代中国青铜器》，南开大学出版社，1995年，201页。

⑤ 吴镇烽：《商周青铜器铭文暨图像集成续编》，上海古籍出版社，2016年，0900。

⑥ 李步青：《山东莱阳县出土己国铜器》，《文物》1983年第12期。山东省烟台地区文物管理委员会：《烟台市上夼村出土己国铜器》，《考古》1983年第4期。

⑦ 湖北省文物考古研究所：《曾国青铜器》，文物出版社，2007年，173页。

⑧ 湖北省文物考古研究所：《曾国青铜器》，文物出版社，2007年，174页。

⑨ 山东省博物馆：《山东省博物馆藏珍 · 青铜器卷》，山东文化音像出版社，2004年，38页。

⑩ 苏兆庆：《古莒遗珍》，人民美术出版社，2003年，55页。

图5-26　山东邹县七家峪出土蟠螭纹罍（《考古》1965年第11期，图版2·1）

图5-27　山东枣庄小邾国墓地出土罍（《小邾国遗珍》，122页）

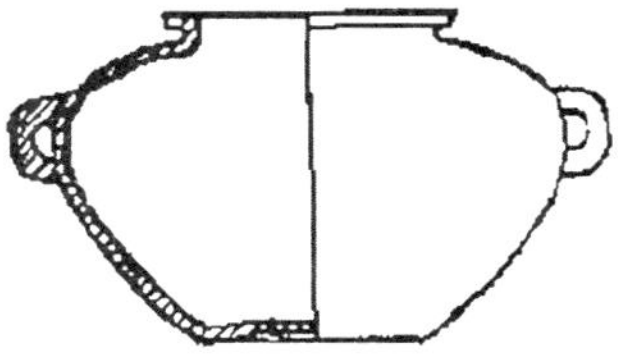

图5-28　山东栖霞县吕家埠出土铜罍（《全集》9·85）

图5-29　山东烟台上夼村出土的曲折纹罍（《全集》9·85）

图5-30　山东莱阳前河前村出土的曲折纹罍（《文物》1983年第12期，图版3·2）

图5-31　山东沂水县出土的瓦楞纹罍（《全集》9·73）

战国时期：1999年山东省滕州市北辛战国墓出土的M1：3罍[①]（图3-15），素面鼓腹，形制似罐，同洛阳中州路M115出土的素面罍（图3-14）比较相似，属于中原式铜罍。滕州即古之滕国所在地，史载："文王第十四子叔绣始封，姓姬姓，爵侯爵，十六世至滕侯糓。"[②]"周赧王二十九年，滕被宋所灭。"[③]周赧王二十九年为战国中期偏晚阶段，因此M1：3罍是属于滕国被灭前器物。

山东鲁南地区在东周时期诸侯国林立，有"泗上十二诸侯"之称。《战国策·楚

① 孙柱才等：《山东滕州市北辛村发现一座战国墓》，《考古》2004年第3期。

② （清）魏翼龙：《春秋滕薛杞越莒郳许七国统表》卷之二·一，清道光十三年萧山存问堂刻本。

③ （清）魏翼龙：《春秋滕薛杞越莒郳许七国统表》卷之三·十一，清道光十三年萧山存问堂刻本。

图5-32　山东莒县寨里河乡出土变形龙纹罍（《全集》9 · 72）

策》就有张仪游说楚怀王曰："大王悉起兵以攻宋，不至数月而宋可举。举宋而东指，则泗上十二诸侯尽王之有已。"《韩诗外传》记载齐宣王云："吾臣有檀子者，使之守南城，则楚人不敢北乡为寇，泗上十二诸侯皆来朝。"正是由于诸侯林立的政治格局，才造成了该地区出土的青铜罍发达而又丰富多彩的文化面貌。

第六节　岭南地区

岭南地区迄今只有广东省清远县三坑公社出土的1件青铜罍[①]（图5-33），仅占出土总数的1%，时代在战国早期，制作十分精美，器型也完全是中原式的，应当是中原的铜罍流落到了岭南地区。

图5-33　广东省清远县三坑公社出土青铜罍（《全集》10 · 50）

第七节　小　　结

总体看来，中原地区罍的数量最多，形制也最为稳定，其他地区大多数还是延续了中原地区罍的造型风格。这说明平王东迁以后的周王室虽然衰落，但是周文化还是具有相当的影响力。岭南地区由于地处偏远，接受周文化很少，所以出土的铜罍数量最少。这里有一个有意思的现象就是当时与东周王室关系比较亲密的诸侯国，如黄国、曾国等在铜罍的铸造方面就和中原式铜罍具有高度的一致性，而和周王室关系较为疏远的国族如安徽的钟离国、山东鲁南地区的"泗上十二诸侯"等在铜罍的铸造上更多地体现出的是当地的文化特色，这一文化现象十分值得关注。

① 广东省文物管理委员会：《广东清远的东周墓葬》，《考古》1964年第3期。

第六章　青铜𬭚与其他器类的关系

青铜𬭚作为一种礼器，当然不可避免地与其他青铜礼器之间会有一些相同或者相似的特点，基于这个原因，学界就经常产生一些将𬭚与其他礼器相混淆的现象，在此有必要进行区分。

第一节　青铜𬭚与瓿的关系

𬭚与瓿本来是年代相距十分久远的两种器类，但是由于二者在器形上某些共同的特点，导致学界有将𬭚、瓿互称的现象。早在清代的图录著作中就有将𬭚称之为“瓿”的现象，如周蟠虬瓿（《西清古鉴》34・16）、周夔纹瓿（《西清古鉴》34・19）、周蟠虺瓿（《西清续鉴》（甲编）16・15）、汉夔纹瓿（《西清续鉴》（乙编）16・31）等（图6-1～图6-4），从器形、纹饰来看都是“𬭚”。

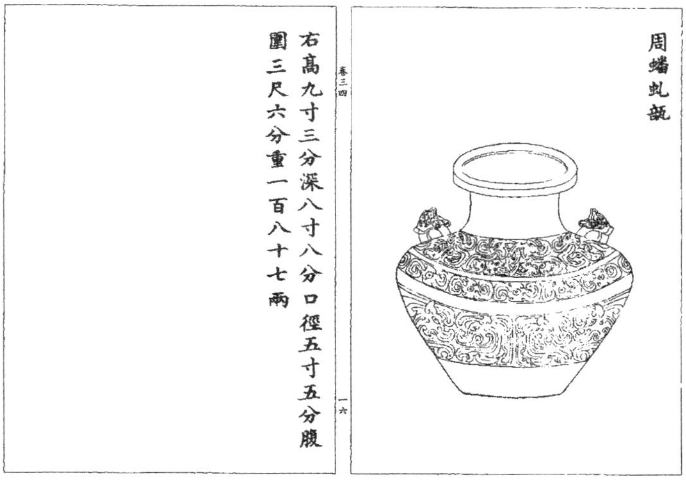

图6-1　周蟠虬瓿（《西清古鉴》34・16）

图6-2　周夔纹瓿（《西清古鉴》34 · 19）

图6-3　周蟠虺瓿（《西清续鉴》（甲编）16 · 15）

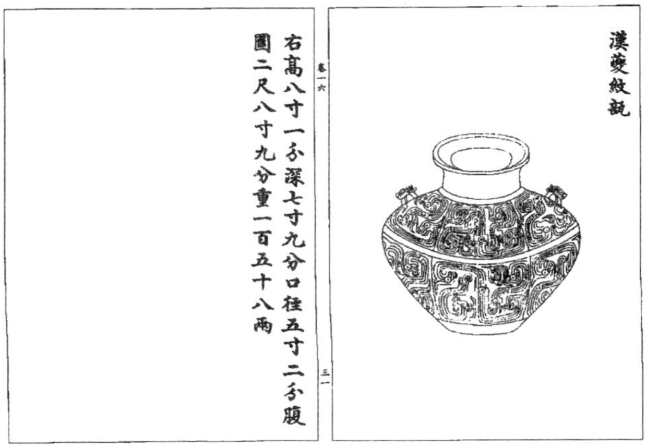

图6-4　汉夔纹瓿（《西清续鉴》（乙编）16 · 31）

我们在上编已经说过，瓿是流行于殷墟一期至殷墟二期的器物，而鑘则出现于西周晚期，至战国晚期以后消亡。二者既不是同时代流行的礼器，也在流行年代上没有重叠。

其次，瓿是一种圆鼓腹、短束颈、高圈足的器物，而鑘的颈部要比瓿长许多，且多为斜深腹，假圈足。即使是有像辉县琉璃阁出土的鼓腹矮圈足的鑘，也无一例外都是在肩部装饰具有楚文化特征的四条爬龙形耳，这种特点在瓿上是从来没有发现过的。

再者，瓿的纹饰装饰一般都是依照肩、腹、圈足分三段装饰，肩部多装饰云雷纹、兽面纹，有肩部两侧还有浮雕首头，这种装饰在鑘上是根本看不到的。鑘的肩部通常装饰弦纹、窃曲纹、重环纹，肩部多有双龙形耳，腹部多装饰垂鳞纹、蟠螭纹、蟠虺纹、络绳纹、三角夔纹等，圈足多素面无纹饰或仅装饰一圈重环纹。所以瓿与鑘的纹饰也不流行于同一时期。

综上几点来看，鑘与瓿虽有相似之处，但若仔细分辨，还是很容易区分开的。

第二节　青铜鑘与罍的关系

鑘是罍的派生物。从形态上来看，西周晚期的鑘完全继承了西周中期罍的造型样式，皆是侈口，束颈，圆肩，斜深腹。不同之处仅在于罍多无盖，而鑘多了一个有插榫的盖；罍肩部饰双环耳或兽首衔环耳，而鑘肩部是两个半环形的龙首；罍是圈足而鑘是假圈足。但是这些差异仅仅是局部的，并不能改变鑘的整体来源于罍这一事实。

从功能上来看，都可以作为酒器或者水器。

从流行时间上来讲，鑘与罍是前后相继的关系。罍自殷墟二期兴起至西周中期以后消亡，鑘兴起于西周晚期，消亡于战国晚期，也就是说鑘的产生期恰好是罍的消亡期。

从“罍”“鑘”二字的本体来说，二者是同源字，古音相通。都是由甲骨文“”（乙·971）演变而来，只不过在以后的演变过程中字形发生了分化，读音也发生了讹变，才导致了“罍”“鑘”分书的情况。

从演变规律上来看，罍从商至西周，器形逐渐由瘦高变得矮胖，鑘在两周时期也是遵循了这个规律。

从组合关系上来说，罍在西周中期的窖藏中出现了两两成对的现象，我们在前文说过这是受到了周文化中列器的影响。鑘在西周晚期的窖藏当中也是两两成对，与罍的组合情况是一致的。因此，业师张懋镕先生在研究青铜器器类之间的关系时曾说过：“鑘是由罍派生而来”，他还指出了派生物与被派生物之间的关系，即：“被派生物只能从功能、用途相同或者相近的派生物中衍生出来；派生物流行时间长，流行地区广，在青铜器组合中起核心或重要作用。而被派生物则流行时间较短，流行地区有限。”[①]罍与𨱔的特征正好符合上述论点，因此𨱔应该归入罍属。

也有学者提出不同意见，认为𨱔与罍有不尽相同之处，何况它已有自名，还是另列一类好[②]。但是通过我们在本书上下两编对罍与𨱔资料的搜集整理以及本节的论述来看，将𨱔归入罍属是合理的。也正因为𨱔本为罍类器的缘故，所以才有了邛伯夏子𨱔从形制上看分明为𨱔，却自名为“罍”的现象存在（图6-5）。称“𨱔”为“罍”可以看作是𨱔的一种复古称谓。

图6-5　邛伯夏子𨱔（《商周》14089）

我们在前文说过，罍本身是殷人礼制系统的礼器，它在商至西周早期的墓葬当中往往单独出现，应该可以看做是殷人礼仪的反映。在西周早期的武功黄南窑村墓葬中，首次出现了3件列罍共出的现象，说明周人的列器文化开始注入这种殷人的礼器上，到了西周中期它成对出现的频次增多，是殷周两种文化进一步融合的体现。到了西周晚期，罍派生出了𨱔，但是𨱔在组合关系上依然是延续了西周中期罍成对出现的惯例，使用者是包括姬姓周人在内的周王朝贵族，是彻底的周文化的产物。因此从单个的罍到成组成对的列罍，再到成组成对的𨱔，从表面来看是器物形制以及组合数量的变迁，实际上背后所反映的是社会礼仪中殷礼向周礼的变迁。

第三节　青铜𨱔与浴缶（盥缶）的关系

春秋中期开始，南方楚地出现一种自名为“浴缶”或“盥缶”的器物，形制和𨱔非常相似，所以一些发掘报告有将缶称之为“罍（𨱔）”的现象。如1979年河南固始

① 张懋镕：《古文字与青铜器论集》（第二辑），科学出版社，2006年，133页。

② 朱凤瀚：《中国青铜器综论》，上海古籍出版社，2009年，216页。

侯古堆一号墓出土的M1P：35缶①、1973年湖北江陵岳山大队出土的缶②、广东清远马头岗东周墓葬出土的缶③、2007年安徽凤阳卞庄一号春秋墓葬出土的缶④等。下文拟就𬭚与缶之间的关系作点分析：

从器形来看，𬭚与缶轮廓基本相同，都为微侈口，圆肩，肩部大多有双耳，鼓腹，平底或假圈足，而且流行时间也比较接近。

但是二者之间的区别还是非常明显的：

𬭚为侈口，束颈，圆肩或折肩，腹部向下斜收为平底或假圈足；缶为折沿，短直颈或无颈，圆肩，鼓腹向下斜收为内凹平底或假圈足。𬭚肩部一般为对称双耳或双耳衔环，而缶肩部往往为双耳衔环形提链。

𬭚绝大多数无盖，有盖者都为子母口或器口与盖口刚好平齐，子母口者盖的插榫插入器的母口当中；而缶绝大多数有盖，盖径大于口径，呈覆盆状倒扣于器口之上，盖缘和缶肩部相接，这是区分𬭚与缶最显著的特点。造成𬭚与缶器盖差别的原因可能跟二者的功能有关，𬭚是酒器，在𬭚的子口缦上丝麻、布帛一类的东西，插入器口以后，再将盖与器口旋紧，可以防止酒精挥发，起到密封的作用。而缶是水器，用一个较大的盖子罩在器口上，只要能防止灰尘落入水中就可以了，并不需要特别的加固密封。

𬭚的肩部无饼形装饰，而缶的肩部往往有圆饼形装饰，数量为四到十个，以偶数出现，呈等距分布。𬭚肩部大多饰窃曲纹、重环纹、蟠虺纹；腹部饰蟠螭纹，有的还是素面；足部装饰重环纹或素面。缶有纹饰者在腹部往往装饰由蟠虺纹组成的倒垂三角纹饰，缶的足部几乎全部都是素面。

𬭚最早发源于西周晚期的周原地区，而目前所见年代最早的缶则是出土于河南淅川下寺春秋楚墓的M7：3交龙纹盥缶⑤（图6-6），年代为春秋中期。二者的起源既有时间上的差异，也有地域上的差异。

从功能上来讲，𬭚主要是作为酒器，缶却大多数是用来当做水器。

从墓葬组合上来讲，𬭚在墓葬中多成对出现，而缶既有成对出土，也有单件出土。

从文化属性方面分析，刘彬徽先生认为："𬭚是属于北方中原文化之器类，可称为'中原式'器物。缶是属于南方楚文化系统之器类，可称之为'楚式'器物，这两

① 河南省文物考古研究所：《固始侯古堆一号墓》，大象出版社，2004年，38页。

② 荆州地区博物馆：《江陵岳山大队出土一批春秋铜器》，《文物》1982年第10期。

③ 广东省文物管理委员会：《广东清远的东周墓葬》，《考古》1964年第3期。

④ 安徽省文物考古研究所等：《安徽凤阳卞庄一号春秋墓发掘简报》，《文物》2009年第8期。

⑤ 河南省文物研究所：《淅川下寺春秋楚墓》，文物出版社，1991年，34页。

类器物在广东也有发现，反映了中原地区文化和楚文化对广东的影响。”[①]此说甚是。因为在春秋早期，楚文化的影响力还不是很强大，所以在中原地区如河南只出现有鑐而不见有缶。到了春秋以后，随着楚国势力的强大，楚文化向北推移，缶才逐渐开始在北方地区出现，如山东泰安县东更道村出土的“楚高缶”等[②]。

所以说，鑐虽然外形与缶有些相似，但是它们文化内涵方面的区别还是非常明显的。在此我们顺便罗列一些春秋至战国时期缶的典型器物，以便于读者对缶有一个直观的认识（图6-7 ~ 图6-10）。

图6-6　1978年河南淅川下寺M7出土交龙纹浴缶（《全集》10 · 66）

图6-7　1978年河南淅川下寺M2出土鄬子倗浴缶（春秋晚期）（《全集》10 · 64）

图6-8　1978年河南淅川下寺M3出土倗浴缶（春秋晚期）（《全集》10 · 65）

第四节　小　结

对于青铜鑐与其他相似器类之间关系的区分探讨，不仅仅是要从器形上将它们区分开来，更重要的是要搞清鑐与这些器物在功能、出现的场合、标示的文化属性有哪些内在的不同之处。只有明确了这些，我们才有可能将鑐的研究层次由单纯的器物研究上升到对器物背后的文化内涵的研究，这才是我们进行青铜鑐研究的价值所在。

图6-9　1978年河南固始侯古堆出土镶嵌兽纹浴缶（战国早期）（《全集》11 · 40）

图6-10　1978年湖北随州擂鼓墩M1出土曾侯乙浴缶（战国早期）（《全集》10 · 136）

① 刘彬徽：《罍、缶辨证》，《江汉考古》1982年第2期。

② 吴镇烽：《商周青铜器铭文暨图像集成》，上海古籍出版社，2012年，14060。

第七章 青铜𬭚的起源与消亡

青铜𬭚不像一般的青铜礼器一样大多数起源于陶器，它是罍的派生物。即如业师张懋镕先生所言“被派生器物的出现，标志着礼器系统的日益复杂，礼制的日益完善”[①]，所以青铜𬭚的出现可以看作是西周罍文化继续延伸的一种表现。周原地区出土的仲义父𬭚、膳夫吉父𬭚可以视为𬭚的始祖。虽然文献中说明𬭚是一种陶器，但是从考古资料来看，陶质的𬭚与铜质的𬭚应该是两套不同的器物系统，只是二者在外形上可能比较相似而已。

但是也有学者提出不同的意见，张昌平先生在综合分析了同出土于湖北随州熊家老湾出土的曾伯文𬭚与另一件异形𬭚之后，认为这两件器都是𬭚的起始阶段，而且通过对器形的分析，认为𬭚是罍、罐结合的产物[②]。

我们在明确了周原作为青铜𬭚的发源地这一事实之后，那么曾伯文𬭚实际上是借鉴了周原膳夫吉父𬭚的形制而制作出来的，所以它并不是𬭚的起始阶段。异形𬭚的产生应当是山东地区受到了中原地区的壶与罍下腹鼻纽的双重影响，再结合本地区所流行的曲折纹所创造出的一种新器形，也正因为它数量少，流行范围很小，所以流行时间很短，在西周晚期以后就消失了。至于后世的鈚受没受这种异形𬭚的影响，二者之间有什么关联，还需要深入探讨。

青铜𬭚作为一种礼器，在两周时期主要是作为酒器出现在墓葬当中。随着社会的发展，铁质器大量出现，到了战国晚期，铜器衰落，青铜𬭚也伴随着簠、缶等其他礼器一起退出了历史舞台。虽然满城汉墓出土的1件铺兽衔环耳鼓腹容器形制与𬭚有些相似（图7-1），发掘报告将之命名为“罍（𬭚）”[③]，但是这一时期的青铜器已经世俗化，仅仅是一种生活实用器，早已不具备的礼仪用器的功能了，人们只是在制作的时候模仿了𬭚的造型而已，所以对这件器应当称之为“壶”。

图7-1　满城汉墓出土的壶（《满城汉墓》图版22·1）

---

① 张懋镕：《试论中国古代青铜器器类之间的关系》，《古文字与青铜器论集》（二），科学出版社，2006年，134页。

② 湖北省文物考古研究所：《曾国青铜器》，文物出版社，2007年，174页。

③ 中国社会科学院考古研究所、河北省文物管理处：《满城汉墓发掘报告》（上），文物出版社，1980年，49页。

同青铜罍一样，青铜𬭚的起源与消亡也是时代礼仪变迁的结果，它作为周文化的一种礼器，在讲究礼仪的两周社会扮演了重要角色。但是随着社会礼俗的发展演变，它的命运也必然随之发生变化，只不过这种变化它不是突然的、断层式的，而是有一个循序渐进的过程，首先表现在数量的逐步减少，其次表现在墓葬中𬭚、壶组合的瓦解，最后在周礼的进一步遭到废弃与铁器时代来临的双重冲击下，它不可避免地走向了消亡。

结　　语

本书通过对于商周时期青铜罍、䥶总体发展脉络的梳理，基本上搞清楚了罍类器的研究简史、定名功用、使用场合、发展演变规律、流行的时间、各时期的特征、在祭祀礼器中的地位、在各个地区所体现的文化特色以及起源与消亡的原因等相关问题。但是由于时间仓促，加之本人学术水平有限，在本书的写作中难免挂一漏万，所有关于罍类器的铭文、铸造工艺等问题都没能继续探讨，有望在以后的学习中继续完成这些工作。

附　　表

附表1　出土商周青铜罍资料统计表

序号	器名	时代	出土地点	分期	型式	铭文	通高（厘米）	口径（厘米）	底径（厘米）	著录出处	图片
1	素面罍（M539：22）	殷墟二期	1980年河南安阳大司空M539	第一期	Aa Ⅰ式		34.3	12.5	13	《考古》1992年第6期，510页；《全集》3·80	
2	弦纹罍	殷墟二期	1964年陕西清涧县二郎山张家坬	第一期	Aa Ⅰ式		34.3	12		《陕北》2·170页；《陕青》1·70页	
3	素面罍（M18：37）	殷墟二期	1976年河南安阳小屯M18	第　期	Aa Ⅰ式		33	11.6	12	《考古学报》1981年第4期,497页；《全集》3·79；《综览》罍3	

续表

序号	器名	时代	出土地点	分期	型式	铭文	通高（厘米）	口径（厘米）	底径（厘米）	著录出处	图片
4	圆涡纹罍	殷墟二期	河南出土，新郑博物馆藏	第一期	AaⅠ式		35	14.5		《河青》262页	
5	素面罍（1990YMAT：6）	殷墟二期	1964年洋县小江乡张村[①]	第一期	AaⅠ式		37	14.5		《文博》1996年第6期，73页；《城洋》162、165页；《汉中》1·111	
6	弦纹罍（M1：3）	殷墟二期	1979年河南罗山县蟒张商代墓地M1	第一期	AaⅠ式		33.5	12.5		《考古》1981年第2期，113页，图3·2；《考古学报》1986年第2期，166页，图17·6，图版3·6	
7	弦纹罍	殷墟二期	2009～2010安阳殷墟刘家庄北宜家苑住宅小区M33	第一期	AaⅠ式					《徐家桥》179页，彩版51·2	

① 这件铜罍简报及赵丛苍先生皆认为1990年出土于洋县马畅镇安家，与之同出有5件瓿。曹玮先生认为1964年出土于洋县小江乡张村。后经洋县文物博物馆翟群涛先生核对原始材料，确证这件罍确实系1964年洋县小江乡出土，并非与5件瓿同出。今从曹说，并对翟先生表示感谢。

续表

序号	器名	时代	出土地点	分期	型式	铭文	通高（厘米）	口径（厘米）	底径（厘米）	著录出处	图片
8	弦纹罍（94ALNM793：3）	殷墟二期	1994年安阳刘家庄北地M793	第一期	AaⅠ式		40.2			《殷墟新出土青铜器》211页	
9	残罍（M5：5）	殷墟二期	2006年安阳殷墟郭家庄东南文源绿岛住宅小区M5	第一期	AaⅠ式		残碎无数据	残碎无数据	残碎无数据	《考古》2008年第8期，28页；《徐家桥》50页，彩版19·5	 残碎，经修复
10	罍残片	殷墟二期	2005年陕西省甘泉县下寺湾阎家沟商墓	第一期	AaⅠ式		残为碎片，没有尺寸	残为碎片，没有尺寸	残为碎片，没有尺寸	《考古与文物》2007年第3期，15页	残碎，无照片公布，但从简报的器形描述看符合殷墟二期铜罍特征
11	涡纹罍（M1：7）	殷墟三期早段	1973年陕西岐山县贺家村西M1	第二期	AaⅡ式		40	15		《考古》1976年第1期，33、34页；《周原》6·1246页；《陕青》1·41页；《综览》罍19	
12	涡纹罍（06FSM：7）	殷墟三期早段	2006年陕西省扶风县上宋乡红卫村墓葬	第二期	AaⅡ式		43	18		《考古与文物》2007年第3期，6页	

续表

序号	器名	时代	出土地点	分期	型式	铭文	通高（厘米）	口径（厘米）	底径（厘米）	著录出处	图片
13	[illegible]父丁罍	殷墟三期早段	1981年河南武陟县宁郭村	第二期	AaⅡ式	耳内、腹壁各铸铭文2字，“[illegible]”“父丁”	44.5	18.3	16	《文物》1989年第12期，91页，图1·1、2，图3；《新收》293；《商周》13762	
14	孤竹父丁罍（2号）	殷墟三期早段	1973年辽宁喀左县北洞村	第二期	AaⅡ式	6字，“父丁，孤竹亚微”	41.5	17		《考古》1973年第4期，225~226页，图版7·1；《集成》09810；《商周》13810	
15	涡纹罍	殷墟三期早段	山东寿光县古城镇“益都侯城”遗址	第二期	AaⅡ式		42.5	18.5		《文物》1985年第3期，4页，图7，图版2·6	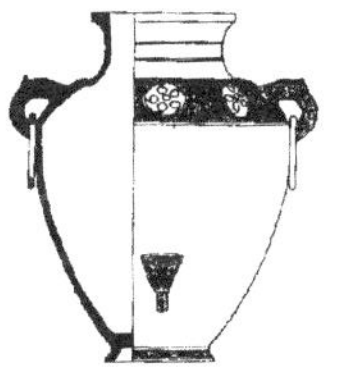
16	融罍（M8：10）	殷墟三期早段	1986年山东青州市苏埠屯商代墓地M8	第二期	AaⅡ式	1字，“[illegible]（融）”	30.4	15.4	13.2	《海岱考古》第一辑，265页；《新收》1056；《商周》13707	

续表

序号	器名	时代	出土地点	分期	型式	铭文	通高（厘米）	口径（厘米）	底径（厘米）	著录出处	图片
17	作扬从彝罍	殷墟三期早段	1931年山东益都苏埠屯	第二期	AaⅡ式	4字“作扬从彝”	21.8	12.5		《山金》645页；《商周》13793	 山东省博物馆展线拍摄
18	涡纹罍（1981YZHCT：1）	殷墟三期早段	1981年陕西省洋县小江乡张村北之汉江南岸	第二期	AaⅡ式		39.2	16.8	13.7	《文博》1996年第6期，73页；《汉中》1·114页；《城洋》176、177页	
19	爰罍（M269：35）	殷墟三期晚段	河南安阳殷墟戚家庄东M269	第二期	AaⅢ式	1字，“爰”	38.6	16.9	16.6	《考古学报》1991年第3期，334页；《全集》3·83；《新收》149；《商周》13706	
20	涡纹罍	殷墟三期晚段	1976年湖北随县均川镇熊家老塆	第二期	AaⅢ式		42	14.5		《考古》1984年第6期，512页，图版4·4	

续表

序号	器名	时代	出土地点	分期	型式	铭文	通高（厘米）	口径（厘米）	底径（厘米）	著录出处	图片
21	責甲罍	殷墟三期晚段	1959年陕西省武功县游风镇滹沱村出土，1960年陕西省博物馆征集	第二期	AaⅢ式	2字，“責甲”	55	18		《文物》1963年第3期；《神韵与辉煌》109页；《辞典》1116页；《陕青》1·116页；《集成》09773；《综览》罍29；《商周》13755	
22	涡纹罍（M1：24）	殷墟四期	2007年河南安阳榕树湾M1	第三期	AaⅣ式		25.5	12.3	13	《考古》2009年第5期，32、33页，图5·2，图版7·1；《徐家桥》103页，图49，彩版41·2	
23	涡纹罍（M6：30）	殷墟四期	1986年安阳郭庄村北M6	第三期	AaⅣ式		26.3	12.6	13.2	《考古》1991年第10期，903页，图2·1，图版4·3	
24	何罍	殷墟四期	传河南安阳市郭家湾北地	第三期	AaⅣ式	1字，“何”				《集成》09739；《商周》13702	

续表

序号	器名	时代	出土地点	分期	型式	铭文	通高（厘米）	口径（厘米）	底径（厘米）	著录出处	图片
25	冈罍（M1：32）	殷墟四期	1985年山西灵石旌介村商代墓葬M1	第三期	AaⅣ式	1字，“冈”	43	19.2	20.5	《文物》1986年第11期，4页；《灵石旌介商墓》51～53页；《商周》13721	
26	山父己罍（1992CHBCT：1）	殷墟四期	1992年陕西城固县博望乡陈邸村	第三期	AaⅣ式	3字“山父己”	42.8	18.7	19.6	《文博》2001年第1期，77页，图3；《汉中》1·118~121页；《城洋》43、44页，图44；《商周》13774	
27	涡纹罍（M128：5）	殷墟四期	1998年山东省滕州前掌大M128	第三期	AaⅣ式		34.4	15.4	14.8	《前掌大》275、277页，图198·1	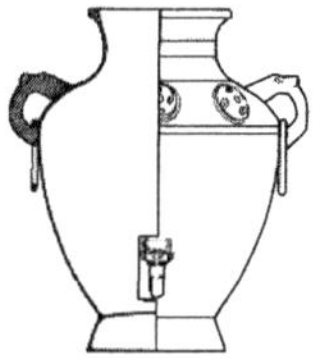
28	涡纹罍（M38：49）	殷墟四期	1995年山东省滕州前掌大M38	第三期	AaⅣ式		27.4	13.2	12.9	《前掌大》275、277页，图198·2，彩版42·1	

续表

序号	器名	时代	出土地点	分期	型式	铭文	通高（厘米）	口径（厘米）	底径（厘米）	著录出处	图片
29	马天豕父丁罍	殷墟四期	传河南安阳出土，现藏日本宁乐美术馆	第三期	AaⅣ式	5字，“马天豕父丁”	43.8			《综览》罍20；《集成》09797；《商周》13796	
30	涡纹罍（3号）	殷墟四期	1973年辽宁喀左县北洞村	第三期	AaⅣ式		43.5	18		《考古》1973年第4期，226页，图版6·3；《综览》罍30	
31	涡纹罍（4号）	殷墟四期	1973年辽宁喀左县北洞村	第三期	AaⅣ式		43.5	18		《考古》1973年第4期，226页，图版7·2	
32	涡纹罍（5号）	殷墟四期	1973年辽宁喀左县北洞村	第三期	AaⅣ式		43.5	18		《考古》1973年第4期，226页，图版7·3	

续表

序号	器名	时代	出土地点	分期	型式	铭文	通高（厘米）	口径（厘米）	底径（厘米）	著录出处	图片
33	涡纹罍（6号）	殷墟四期	1973年辽宁喀左县北洞村	第三期	AaⅣ式		43.5	18		《考古》1973年第4期，226页，图版7·4	
34	龏叡罍	殷墟四期	传1981年山东费县出土，1981年北京市文物工作队从废铜中拣选	第三期	AaⅣ式	2字，“龏叡”	25	13.2	11.4	《文物》1982年第9期,37页；《集成》09770；《商周》13754	
35	父[illegible]罍（M111：109）	西周早期偏早	2013年湖北叶家山西周墓地M111	第四期	AaⅤ式	2字，“父[illegible]”	41.2	16.5		《叶家山》136、137页；《商周续编》0895	
36	冉父乙罍	西周早期偏早	湖南宁乡县黄材出土，具体时间不详。1989年3月湖南省益阳地区博物馆征集收藏	第四期	AaⅤ式	3字，“冉父乙”	44	13	14	《湖南博物馆文集》140、141页；《湖南出土殷商西周青铜器》141、142页，彩版5；《商周》13772	

续表

序号	器名	时代	出土地点	分期	型式	铭文	通高（厘米）	口径（厘米）	底径（厘米）	著录出处	图片
37	涡纹罍	西周早期偏早	1974年扶风齐家村	第四期	AaⅤ式		26	13		《陕青》3·28页；《综览》罍28	
38	[illegible]罍	西周早期偏早	1972年陕西省扶风县建和镇北桥村	第四期	AaⅤ式	1字，“[illegible]”	45	19.7		《文物》1974年第11期，85页；《集成》09757；《商周》13732	
39	涡纹罍	西周早期偏早	1986年安徽省东至县胜利乡胜利村	第四期	AaⅤ式		37.5	16		《文物》1990年第11期，90页	
40	涡纹罍（M1：1）	西周早期偏早	1996年广西贺州市马东村周代墓葬M1	第四期	AaⅤ式		32.2	16.4		《考古》2001年第11期，16页，图版1·6	

续表

序号	器名	时代	出土地点	分期	型式	铭文	通高（厘米）	口径（厘米）	底径（厘米）	著录出处	图片
41	考母罍（M410：5）	西周早期偏早	1964年洛阳北窑庞家沟西周墓M410	第四期	AaⅤ式	4字，“考母作[illegible]”	31	12.8	13.1	《文物》1972年第10期，23页；《北窑》210～213页；《集成》09801；《商周》13802；《综览》罍55	
42	涡纹罍（M1：248）	西周早期偏早	1997年河南鹿邑太清宫长子口墓M1	第四期	AaⅤ式		29	15	14.9	《鹿邑》116、117页，图81·3，彩版56·1	
43	米蔺父戊罍（91SJGM4：3）	西周早期偏早	1991年陕西省泾阳高家堡戈国墓地M4	第四期	AaⅤ式	2行4字，“米蔺父戊”	44	19	20.6	《高家堡戈国墓》78、81页，图版39；《新收》801；《商周》13787	
44	涡纹罍（M1：5）	西周早期偏早	2000年郑州市洼刘西周贵族墓	第四期	AaⅤ式		40.8	17.4		《中原文物》2001年第2期，6页，图6	

续表

序号	器名	时代	出土地点	分期	型式	铭文	通高（厘米）	口径（厘米）	底径（厘米）	著录出处	图片
45	涡纹罍（M1：251）	西周早期偏早	2008年山西省大河口墓地M1	第四期	AaⅤ式	1字族徽，铭文材料未发表	38.5	16.5	14.2	《考古》2011年第7期，13页；《呦呦鹿鸣》80页	
46	涡纹罍（M1：2）	西周早期偏早	2012年宝鸡石鼓山石嘴头M1	第四期	AaⅤ式		43	18	20.4	《文物》2013年第2期，8页，图13、16·5	
47	亚羌父乙罍（M3：19）	西周早期偏早	2012年宝鸡石鼓山石嘴头M3	第四期	AaⅤ式	4字，“亚羌父乙”	50	18.2	23.2	《文物》2013年第2期，45页，图55、58·1、69·2；《商周续编》0896	
48	天罍（M4：304）	西周早期偏早	2013～2014年宝鸡石鼓山石嘴头M4	第四期	AaⅤ式	1字，阳文，“天”	51.8	17.8	20	《文物》2016年第1期，42页，图42、79·2	

续表

序号	器名	时代	出土地点	分期	型式	铭文	通高（厘米）	口径（厘米）	底径（厘米）	著录出处	图片
49	涡纹罍（M4：205）	西周早期偏早	2013～2014年宝鸡石鼓山石嘴头M4	第四期	AaⅤ式		50.5	18.1	19.5	《文物》2016年第1期，40、42页，图42	
50	涡纹罍（M4：209）	西周早期偏早	2013～2014年宝鸡石鼓山石嘴头M4	第四期	AaⅤ式		31.4	13.2	14.2	《文物》2016年第1期，42页，图43、66、79·3	
51	涡纹罍（M4：312）	西周早期偏早	2013～2014年宝鸡石鼓山石嘴头M4	第四期	AaⅤ式		31.2	13.3	14.1	《文物》2016年第1期，42页，图44、79·4	
52	涡纹罍	西周早期偏早	1955年热河凌源县海岛营子村	第四期	AaⅤ式		40	7.7	18	《文物参考资料》1955年第8期，27页，图版11；《商周铜器群综合研究》51页，图版43·4	

续表

序号	器名	时代	出土地点	分期	型式	铭文	通高（厘米）	口径（厘米）	底径（厘米）	著录出处	图片
53	鱼父庚罍	西周早期偏早	1955年热河凌源县海岛营子村	第四期	AaⅤ式	内壁铸铭文，现存3字，“[父]庚宝，鱼”				《文物参考资料》27页；《商周铜器群综合研究》51页；《集成》09791；《商周》13781	 出土时器物摔碎，器形纹饰同52号罍，“父”字已不可辨，为据共存器铭追补
54	涡纹罍	西周早期偏早	1986年陕西省陇县梁甫村	第四期	AaⅤ式		38	13		《文博》1987年第3期，82页，封2·4	
55	涡纹罍	西周早期偏早	1982年陕西省武功县游风乡黄南窑村墓葬	第四期	AaⅤ式		最大一件31，其余数据未发表	最大一件10.9，其余数据未发表		《文博》1986年第1期，图版4·3	 共3件，形制一样，大小相次。
56	涡纹罍（M1：13）	西周早期偏早	1981年宝鸡纸坊头一号墓	第四期	AaⅤ式		38.8	16.6	17.7	《強国》35页，图28·1，彩版7·2，图版10·3	

续表

序号	器名	时代	出土地点	分期	型式	铭文	通高（厘米）	口径（厘米）	底径（厘米）	著录出处	图片
57	噩侯罍	西周早期偏早	2007年湖北随州安居羊子山M4	第四期	AaⅤ式	5字，“噩侯作旅彝”	30.9	13.9		《随州》32页；《文物》2011年第11期，87页；《商周》13803	
58	涡纹罍（M9：2）	西周早期偏早	2003年陕西扶风县庄李西周墓M9	第四期	AaⅤ式		40.7	16.4	18.8	《考古》2008年第12期,9页，图版2·6	
59	克罍（M1193：168）	西周早期偏早	1986年北京琉璃河燕国墓地M1193	第四期	AaⅤ式	器、盖对铭，各43字，“王曰：太保，唯乃明乃鬯，享于乃辟。余大对乃享，令克侯于匽。旃、羌、马、䖒、雩、驭、微，克寍匽，入土眔厥司。用作宝尊彝”	32.7	14		《考古》1990年第1期，24、25页；《辞典》1117页；《北京文物精粹》94；《新收》1368；《商周》13831	
60	涡纹罍	西周中期	1997年扶风齐家村	第五期	AaⅥ式		46.5	22		《周原》10·2208～2210页	

续表

序号	器名	时代	出土地点	分期	型式	铭文	通高（厘米）	口径（厘米）	底径（厘米）	著录出处	图片
61	涡纹罍	西周中期	1997年扶风齐家村	第五期	AaⅥ式		46.9	22.3		《周原》10·2211页	
62	三角夔纹罍（M238：R2076）	殷墟二期	1937年安阳殷墟小屯墓地M238	第一期	AbⅠ式		36.4			《小屯》392页；《综览》罍1	
63	且辛禹罍（附4号）	殷墟三期早段	1957年山东长清县南三十里兴复河	第二期	AbⅡ式	5字，“且辛禹秛，冀”	40	17		《文物》1964年第4期，47页，图10，图版4·4；《山东省博物馆藏珍·青铜器卷》3页；《集成》09806；《综览》16；《商周》13798	
64	亚址罍（M160：140）	殷墟三期晚段	1990年河南安阳殷墟郭家庄M160	第二期	AbⅢ式	2字，“亚址”	44.8	17.5	17.5	《安阳殷墟郭家庄商代墓葬》89、90页；《全集》3·81；《新收》223；《商周》13737	

续表

序号	器名	时代	出土地点	分期	型式	铭文	通高（厘米）	口径（厘米）	底径（厘米）	著录出处	图片
65	马危罍（M303 ：59）	殷墟四期	2004年安阳殷墟大司空M303	第三期	AbⅣ式	2字，“马危”	42.5	15.9	15.8	《考古学报》2008年第3期,373页；《殷墟新出土青铜器》344页；《商周》13757	
66	三角夔纹罍	西周早期偏早	1961年湖北江陵县万城	第四期	AbⅤ式		31.5	16.3	15.1	《文物》1963年第2期,54、55页；《考古》1963年第4期，224页；《全集》6・116；《综览》罍75。	 共2件，形制纹饰相同
67	�罍（LU1）	西周早期偏早	1926-1928年陕西军阀党玉琨在今宝鸡市金台区戴家湾盗掘	第四期	AbⅤ式	1字，“�”	49.2厘米	18厘米		《考古与文物》1991年第1期，图3・6；《白鹤》14；《通论》56页，图版98・190；《集成》09738；《商周》13703；《综览》18	
68	霸伯罍（M1017：66）	西周早期偏早	2009年山西省翼城县大河口墓地M1017	第四期	AbⅤ式	2行5字，“霸伯作宝尊”	34.5	15.5	14.9、15.3	《考古》2011年第7期，17页；《呦呦鹿鸣》39页；《商周》13806	

续表

序号	器名	时代	出土地点	分期	型式	铭文	通高（厘米）	口径（厘米）	底径（厘米）	著录出处	图片
69	用罍	西周早期偏早	1970年宝鸡市渭滨区茹家庄	第四期	AbⅤ式		44.9	20		《陕青》4·43页；《集成》09759；《商周》13730	
70	敳■父己罍（M1043：1）	西周早期偏早	1981～1983年琉璃河燕国墓地M1043	第四期	AbⅤ式	4字，“敳■父己”	43	19.4		《考古》1984年第5期，414页，图11·2；《新收》1362；《商周》13789	
71	对罍（凤1）	西周中期	1973年陕西省凤翔县劝读村	第五期	AbⅥ式	25字（重文2），“对作文考日癸宝尊罍，子子孙孙其万年永宝用，丐眉寿敬终，冉”	46	23		《考古与文物》1984年第1期，55页；《凤翔遗珍》97~98页。《全集》5·182；《辞典》1121页；《集成》09826；《综览》罍54；《商周》13829	
72	涡纹罍	西周中期	陕西西安丰镐遗址	第五期	AbⅥ式		残高46	23	26	《文物》2002年第12期,13页，图26	

续表

序号	器名	时代	出土地点	分期	型式	铭文	通高（厘米）	口径（厘米）	底径（厘米）	著录出处	图片
73	三角夔纹罍（总60.0.169）	西周中期	1960年陕西扶风县齐家窖藏	第五期	AbⅥ式		47.5	23		《陕青》2·160页；《齐家》7页。《全集》5·179～181；《周原》1·50页	
74	三角夔纹罍（总60.0.170）	西周中期	1960年扶风齐家窖藏	第五期	AbⅥ式		47	22.8		《陕青》2·161页；《齐家》7页。《周原》1·54页；《综览》罍59	
75	三角夔纹罍	西周中期	1975年扶风齐家村	第五期	AbⅥ式		45.6	22.8		《周原》10·2202页	
76	三角夔纹罍	西周中期	1975年扶风齐家村	第五期	AbⅥ式		45	23.2		《周原》10·2205页	

续表

序号	器名	时代	出土地点	分期	型式	铭文	通高（厘米）	口径（厘米）	底径（厘米）	著录出处	图片
77	三角夔纹罍	西周中期	2002年扶风县庄白村灰坑	第五期	AbⅥ式		47	25		《考古与文物》2014年第3期，封3·3；《青铜铸文明》39页	
78	昶伯臭父罍	西周中期	据传2002年山东枣庄市小邾国墓地出土，实应出自河南信阳	第五期	AbⅥ式	18字（重文2），“昶伯臭父作宝罍，其万年子子孙孙永宝用享”				《小邾国遗珍》96页；《商周》13826	
79	䕠罍（M1：1）	西周中期	1954年陕西省长安县斗门镇普渡村西周墓	第五期	AbⅥ式	14字，“䕠作且己尊彝，其子子孙孙永宝，戈”	24.8	15.5	15	《考古学报》1957年第1期，78、79、81页；《集成》09822；《商周》13822；《综览》罍53	
80	子媚小罍	殷墟三期晚段	传河南安阳出土，原藏怀履光，现藏加拿大多伦多皇家安大略博物馆	第二期	AcⅢ式	2字，“子媚”	14.5厘米			《集成》09784；《综览》罍形小壶3；《商周》13758	

续表

序号	器名	时代	出土地点	分期	型式	铭文	通高（厘米）	口径（厘米）	底径（厘米）	著录出处	图片
81	涡纹小罍（BRM1乙：35）	西周早期偏早	宝鸡弓鱼国墓地茹家庄M1乙	第四期	AcⅣ式		15.8	6.4	5.2	《弓鱼国》（上）285、301页；《青铜铸文明》111页；《全集》6·177；《综览》罍形小壶5	
82	牛首纽小圆罍（M37：4）	西周早期偏早	1964～1966年洛阳北窑西周墓M37	第四期	AcⅣ式		10.8	5.5	5.7	《北窑》89页，图版15·1	
83	涡纹方罍（M54：136）	殷墟二期	2000～2001年安阳殷墟花园庄东地M54	第一期	BaⅠ式		36.1	13.6×11.3	12.1×10.8	《花园庄》124、127页，图96，彩版21·1；《殷墟新出土青铜器》图69，164、165页	
84	涡纹罍（M51）（馆藏号：0430）	殷墟三期	1958年河南安阳大司空M51	第二期	BaⅡ式		45	13.4×11.4		《考古通讯》1958年第10期，55页，图版2·5；《安阳殷墟青铜器》140页，图版108；《综览》罍14	

续表

序号	器名	时代	出土地点	分期	型式	铭文	通高（厘米）	口径（厘米）	底径（厘米）	著录出处	图片
85	亚朋方罍（M1046：25）	殷墟四期	1999年河南安阳殷墟刘家庄北M1046	第三期	BaⅢ式	共3字字，盖铭“亚”，器铭“亚朋”	44.4	13×11.5	14×11.2	《考古学集刊》第15集，367页，图10·1～4，图版24·4；《殷墟新出土青铜器》398、399页；《新收》261；《商周》13738	
86	史方罍（M11：99）	殷墟四期	1994年山东省滕州前掌大M11	第三期	BaⅢ式	1字，“史”	49.6	14.8×13.2	16.5×12.5	《前掌大》275、278、279页；《商周》13728	
87	涡纹方罍（M1：014）	西周早期偏早	2011年湖北叶家山西周墓地M1	第四期	BaⅢ式			盖长13.5、盖宽11		《文物》2011年第11期，38、39页，图75·2	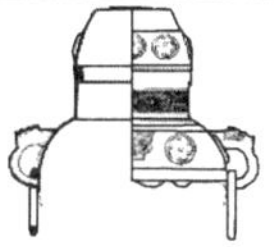 残
88	陵方罍（76FZH：17）	西周早期偏晚	1976年陕西省扶风县庄白一号窖藏	第五期	BaⅣ式	9字，“陵作父日乙宝罍，◊单”	38	14.8×13.8		《文物》1978年第3期，2页，图11、36；《周原》3·580～583页；《集成》09816；《商周》13817；《综览》罍56	

续表

序号	器名	时代	出土地点	分期	型式	铭文	通高（厘米）	口径（厘米）	底径（厘米）	著录出处	图片
89	冊俩父乙罍	西周早期偏晚	1961年扶风县张黄村	第五期	BaⅣ式	4字，“冊俩父乙”	37.6	13.5×15		《陕青》3·42页；《文物资料丛刊》第2辑，24页；《综览》罍26；《集成》09795；《商周》13788	
90	伯方罍（J7H23：60）	西周早期偏晚	1984～1989年山西曲沃天马—曲村西周居址H23	第五期	BaⅣ式	4字，“伯作宝彝”	32.4	15.2×10.6	14.2×12.4	《天马-曲村》（一）171、172页，图178、179，彩版3；《商周》13795	
91	史方罍	西周早期偏晚	1974年辽宁省喀左县平房子乡山湾子村窖藏	第五期	BaⅣ式	1字，“史”	35.7	11.3×14	12.5×15.2	《文物》1977年第12期,25页；《综论》1430页；《集成》09740；《商周》13729；《综览》罍52	
92	妇好方罍（小屯M5：856）	殷墟二期	1976年安阳殷墟妇好墓M5	第一期	BbⅠ式	器、盖对铭，各2字，“妇好”	通高52.2，器高41.5	15.9×13.3		《妇好墓》67页，图版32·1；《河青》126页；《集成》09782；《商周》13761	

续表

序号	器名	时代	出土地点	分期	型式	铭文	通高（厘米）	口径（厘米）	底径（厘米）	著录出处	图片
93	妇好方罍（小屯M5：866）	殷墟二期	1976年安阳殷墟妇好墓M5	第一期	BbⅠ式	共3字，器铭“好”，盖铭“妇好”	通高51.4，器高41.4	15.6×13.6		《妇好墓》67页，图版32·2；《综览》罍5；《集成》09781；《商周》13760	
94	兽面纹方罍	殷墟二期	传河南安阳出土，河南新郑市博物馆藏	第一期	BbⅠ式		44.7	13.4×10.6		《河青》261页；《全集》3·86	
95	三角夔纹方罍	殷墟二期	传河南安阳出土，美国芝加哥艺术馆藏	第一期	BbⅠ式		45	13.2		《全集》3·87；《劫掠》A781；《综览》罍6	
96	三角夔纹方罍（M26：11）	殷墟二期	1995年安阳殷墟郭家庄东南M26	第一期	BbⅠ式		38.6	15.1×12.5		《考古》1998年第10期，38~40页，图11，图版5·2；《殷墟新出土青铜器》85页	

续表

序号	器名	时代	出土地点	分期	型式	铭文	通高（厘米）	口径（厘米）	底径（厘米）	著录出处	图片
97	三角夔纹方罍（99APNM229：4）	殷墟二期	1999年安阳苗圃北地M229	第一期	BbⅠ式		33.2			《殷墟新出土青铜器》124、125页	
98	三角夔纹方罍（铜1-1）	殷墟二期	1976年陕西省城固县宝山镇苏村	第一期	BbⅠ式		51.2	15.3×12.4	12.8×11.8	《城洋》83、85页，图81、82、86，图版9～11；《全集》4·110、111；《汉中》2·128～131页	
99	亚伐方罍（ANO6）	殷墟二期	1977年陕西省城固县宝山镇肖家村	第一期	BbⅠ式	2字，“亚伐”	52.5	16.3×13	12.7×11.2	《城洋》86～88页，图83～85，图版12～17；《汉中》1·122～127页；《辞典》1114页；《商周》13739	
100	鸢方罍	殷墟三期	传河南安阳市郭家湾（今属安阳市北关区）北地	第二期	BbⅡ式	盖、器同铭，各1字，“鸢”	50.8			《劫掠》A782、R480；《遗珠》50；《集成》09747；《商周》13704	

续表

序号	器名	时代	出土地点	分期	型式	铭文	通高（厘米）	口径（厘米）	底径（厘米）	著录出处	图片
101	车𠚥方罍	殷墟三期	传安阳出土，故宫博物院藏	第二期	BbⅡ式	2字，“车𠚥”	53.3	16.8	16.4	《集成》09776；《商周》13749；《故宫博物院院刊》1989年第1期	 盖内铭真，器口字伪。原器残缺，经修补
102	执■方罍	殷墟四期	河南安阳	第三期	BbⅢ式	2字，“执■”	42.9			《商周》13764	
103	凤纹方罍	殷墟四期	1966年武汉蔡甸区永安竹林嘴	第三期	BbⅢ式		38.5	16.2×14.7		《武汉文博》2006年第3期，30、31页；《武汉馆藏文物精粹》181页；《综览》罍40	

续表

序号	器名	时代	出土地点	分期	型式	铭文	通高（厘米）	口径（厘米）	底径（厘米）	著录出处	图片
104	登屰方罍	殷墟四期	1978年辽宁喀左县平房子镇小波汰沟铜器窖藏	第三期	BbⅢ式	2字，“登屰”	51.3	15.8×13.7		《辽海记忆》132页；《辽海遗珍》117页；《全集》4·112；《集成》09771；《商周》13752	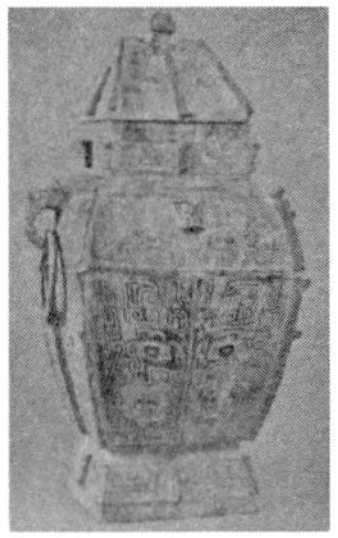
105	皿天全方罍	殷墟四期	1919年湖南省桃源县水田乡茅山峪	第三期	BbⅢ式	共14字，盖铭8字“皿天全作父己尊彝”，器铭6字“皿作父己尊彝”	88	26.1×21.6		《通考》449页，附图784；《酌彼金罍》41页；《新收》1377；《集成》09812；《商周》13807、13813	
106	母嫳方罍（M6：1）	西周早期偏早	1964～1966年洛阳北窑西周墓M6	第四期	BbⅣ式	器、盖同铭，各2字，“母嫳”	50.3	13×13．8	12.3×13	《北窑》86～89页，图48，A-D，彩版7，图版14；《全集》5·177；《辞典》1111页；《集成》09780；《综览》罍22；《商周》13768	

续表

序号	器名	时代	出土地点	分期	型式	铭文	通高（厘米）	口径（厘米）	底径（厘米）	著录出处	图片
107	长子口方罍（M1：124）	西周早期偏早	1997年河南鹿邑太清宫长子口墓M1	第四期	BbⅣ式	器、盖对铭，各3字，“长子口”	47.6	13.1×11.3	14.3×12.6	《鹿邑》117～119页；《新收》566；《商周》13779	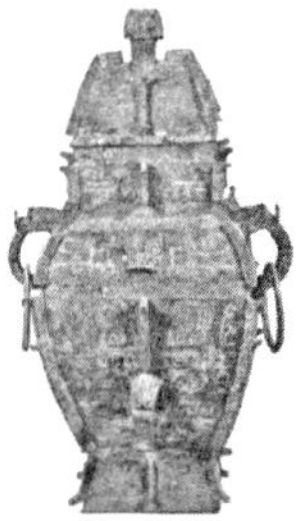
108	𡆥方罍	西周早期偏早	1927年宝鸡戴家湾出土，现藏美国圣路易斯市美术博物馆	第四期	BbⅣ式	盖、器同铭，各1字，“𡆥”	62.7			《通考》449页，附图785；《青铜铸文明》214页，编号26；《劫掠》A785、R283；《集成》09760；《综览》罍38；《商周》13733	
109	子方罍	西周早期偏早	1983年北京房山县琉璃河M1149	第四期	BbⅣ式	1字，“子”	58	15.1×12.5	18.8×16.7	《北京文物精粹》95、96	

续表

序号	器名	时代	出土地点	分期	型式	铭文	通高（厘米）	口径（厘米）	底径（厘米）	著录出处	图片
110	噩侯方罍	西周早期偏早	2007年随州安居羊子山M4	第四期	BbⅣ式	7字，“噩侯作厥宝尊彝”	60.1	13.1×14.6		《文物》2011年第11期，90页，图6；《随州》30、31页；《商周》13804	
111	六涡纹罍	西周早期偏早	1959年四川彭县竹瓦街窖藏	第四期	地方类型		37.5	15	15	《文物》1961年第11期,28、29页；《文物》1980年第12期，41页；《全集》13·81；《综览》罍46	
112	四涡纹罍	西周早期偏早	1959年四川彭县竹瓦街窖藏	第四期	地方类型		36	15.2	16	《文物》1961年第11期,28、29页；《文物》1980年第12期，41页；《全集》13·80；《综览》罍47	

续表

序号	器名	时代	出土地点	分期	型式	铭文	通高（厘米）	口径（厘米）	底径（厘米）	著录出处	图片
113	羊首耳涡纹大铜罍	西周早期偏早	1959年四川彭县竹瓦街窖藏	第四期	地方类型		68	24	26	《文物》1961年第11期,28页；《文物》1980年第12期，41页；《全集》13・79；《辞典》1118页；《综览》罍45	
114	十字形角蟠龙盖兽面纹罍	西周早期偏早	1959年四川彭县竹瓦街窖藏	第四期	地方类型		50	17.4	19	《文物》1961年第11期,28页；《文物》1980年第12期，41页；《全集》13・77、78；《辞典》1119页；《综览》罍43	
115	手掌形角蟠龙盖兽面纹罍	西周早期偏早	1959年四川彭县竹瓦街窖藏	第四期	地方类型		48	17	18	《文物》1961年第11期,28、29页；《文物》1980年第12期，41页；《全集》13・76；《综览》罍44	
116	羊首饰大铜罍（1号）	西周早期偏早	1980年四川彭县竹瓦街窖藏	第四期	地方类型		79	26.8		《考古》1981年第6期，496页；《全集》13・70～72；《天府》40页；《辞典》1117页	

续表

序号	器名	时代	出土地点	分期	型式	铭文	通高（厘米）	口径（厘米）	底径（厘米）	著录出处	图片
117	兽面饰象首铜罍（2号）	西周早期偏早	1980年四川彭县竹瓦街窖藏	第四期	地方类型		69.4	21.8		《考古》1981年第6期，496页，图版5·2；《全集》13·73、74；《天府》39页；《辞典》1120页	
118	兽面饰象首铜罍（3号）	西周早期偏早	1980年四川彭县竹瓦街窖藏	第四期	地方类型		70.2	22.8		《考古》1981年第6期，496页，图版5·3；《全集》13·75	
119	兽面小铜罍（4号）	西周早期偏早	1980年四川彭县竹瓦街窖藏	第四期	地方类型		44	17		《考古》1981年第6期，496、497页，图版5·4	
120	蜗身兽面纹罍	西周早期偏早	1973年辽宁喀左北洞村2号窖藏	第四期	地方类型		44.5	16.5		《考古》1974年第6期，366～368页；《全集》6·23	

续表

序号	器名	时代	出土地点	分期	型式	铭文	通高（厘米）	口径（厘米）	底径（厘米）	著录出处	图片
121	立鸟盖悬铃铜罍（M27：1、2）	西周早期偏早	2011年湖北叶家山西周墓地M27	第四期	地方类型		52.8	17.3	18.7	《文物》2011年第11期，35、37、38页，封3；《叶家山》216～219页	 2件形制、大小相同
122	兽首悬铃铜罍（M28：177）	西周早期偏早	2013年湖北叶家山西周墓地M28	第四期	地方类型		44	17		《叶家山》92～95页	
123	蟠龙盖兽首铜罍（M111：120）	西周早期偏早	2013年湖北叶家山西周墓地M111	第四期	地方类型		48	17		《叶家山》132～135页	

续表

序号	器名	时代	出土地点	分期	型式	铭文	通高（厘米）	口径（厘米）	底径（厘米）	著录出处	图片
124	夔纹罍	西周早期偏早	1966年岐山贺家村西周墓	第四期	地方类型		33	17		《文物》1972年第6期，25、26页；《陕青》1·130页；《周原》6·1106页；《综览》罍48	
125	涡纹罍	西周早期偏早	1974年辽宁省喀左县平房子乡山湾子村窖藏	第四期	地方类型		31.5	16.5	17.3	《文物》1977年第12期,25页，图51；《综论》1430页	
126	牛纹罍	西周早期偏早	1974年辽宁省喀左县平房子乡山湾子村窖藏	第四期	地方类型		29.5	17.5	17	《文物》1977年第12期,25页；《综论》1430页；《综览》罍49	
127	兽面纹罍（M8501：4）	春秋	1985年内蒙宁城小黑石沟石椁墓		地方类型		27.6	20.6	19	《小黑石沟》264页，图212；《文物》1995年第5期，6、7页	

续表

序号	器名	时代	出土地点	分期	型式	铭文	通高（厘米）	口径（厘米）	底径（厘米）	著录出处	图片
128	三角夔纹罍	春秋	滕州安上村		地方类型		25	16.2		《山东省博物馆藏珍·青铜器卷》23页	
129	三角夔纹罍（M1：A）	春秋	1992年四川茂县牟托一号石棺墓		地方类型		32	26.3		《文物》1994年第3期，8页；《全集》13·82	
130	三角夔纹罍	春秋早期	1949年后（具体年代不详）广西荔浦县栗木大队马蹄塘窖藏		地方类型		54	31.5	28.2	《考古》1984年第9期，801页	
131	三角夔纹罍	春秋早期	1949年后（具体年代不详）广西陆川县乌石公社塘城大队窖藏		地方类型		47.5	28.8	25	《考古》1984年第9期，801页	
132	三角夔纹罍	春秋	1949年后（具体年代不详）广西宾阳县武陵公社疗寨大队木荣村窖藏		地方类型		尺寸数据未发表	尺寸数据未发表	尺寸数据未发表	《考古》1984年第9期，802页	无照片资料发表，简报称造型纹饰同于前两罍

续表

序号	器名	时代	出土地点	分期	型式	铭文	通高（厘米）	口径（厘米）	底径（厘米）	著录出处	图片
133	双龙耳罍	春秋早期	安徽桐城市商桥		地方类型		41	22.4	21.8	《安徽江淮地区商周青铜器》175页	
134	三角夔纹猪首衔环罍	春秋	山东枣庄市山亭区东江村小邾国墓地盗掘		地方类型		30	17.2		《小邾国遗珍》123页	
135	三角夔纹罍	春秋	1949年初湖南省湘阴县		地方类型		65	18		《江汉考古》1984年第3期，61页；《湖南出土殷商西周青铜器》154页，彩版6	
136	三角夔纹罍	战国	1987年四川省汶川县龙溪乡阿尔村		地方类型		46	23	27	《四川文物》1989年第4期,44、45页	
137	三角夔纹罍（K3：6）	战国	1992年四川茂县牟托器物陪葬坑K3		地方类型		43.5	21.7		《文物》1994年第3期，30页；《全集》13 · 85	

续表

序号	器名	时代	出土地点	分期	型式	铭文	通高（厘米）	口径（厘米）	底径（厘米）	著录出处	图片
138	三角夔纹罍（M1）	战国	1983年成都三洞桥青羊小区战国墓M1		地方类型		23.5	14.5		《文物》1989年第5期,33页，图4·4	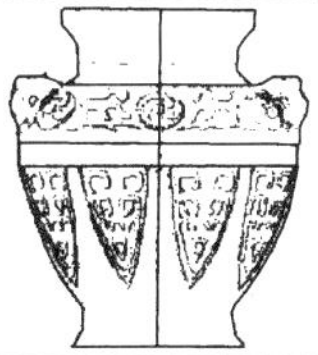
139	三角夔纹罍	战国	1980年四川新都战国木椁墓		地方类型		40	20		《文物》1981年第6期，8页	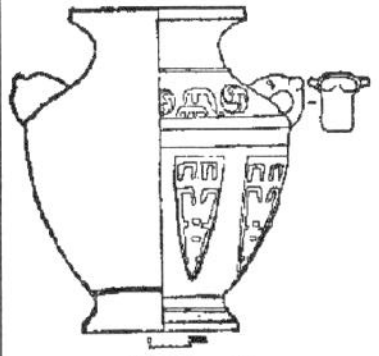 共计5件
140	涡纹罍	春秋	2002年山东枣庄市山亭区东江村小邾国墓地M2		地方类型		43	21	14	《小邾国遗珍》53页；《小邾国文化》20页	
141	环带兽面纹罍（M2：11）	春秋	1977年山东省沂水县刘家店子春秋墓M2		地方类型		54	22.7	22.8	《文物》1984年第9期，7页，图13	 共2件
合计	141组150件										

附表2　传世商周青铜罍资料统计表

序号	器名 （括号中为原著定名）	时代	流传经历、现藏地	分期	型式	铭文	通高 （厘米）	口径 （厘米）	底径 （厘米）	著录出处	图片
1	弦纹罍 （兽鼻瓶）	殷墟二期		第一期	Aa Ⅰ式		29.7	12.5	12.5	《西清彝器拾遗》15；《综览》罍34	
2	𠭯罍	殷墟二期		第一期	Aa Ⅰ式	1字，“𠭯”				《集成》09749；《商周》13724	
3	南𩯭罍	殷墟二期	保利艺术博物馆藏	第一期	Aa Ⅰ式	2字，“南𩯭”	47.6	15		《保利续》67；《新收》1587；《商周》13753	
4	涡纹罍 （周牺耳罍二）	殷墟二期		第一期	Aa Ⅰ式		一尺二寸一分	五寸三分		《宁寿鉴古》6・4	

续表

序号	器名（括号中为原著定名）	时代	流传经历、现藏地	分期	型式	铭文	通高（厘米）	口径（厘米）	底径（厘米）	著录出处	图片
5	涡纹罍（周素牺罍）	殷墟三期早段		第二期	AaⅡ式		八寸四分	三寸六分		《博古图》7·26	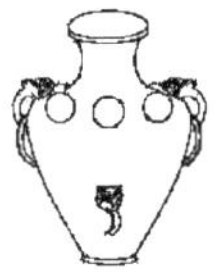
6	[illegible]父癸罍（商父癸罍）	殷墟三期早段		第二期	AaⅡ式	3字，“[illegible]父癸”	一尺五分	四寸二分		《西清古鉴》12·1	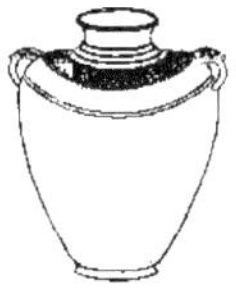
7	涡纹罍（周牺首罍四）	殷墟三期早段		第二期	AaⅡ式		一尺一寸九分	五寸三分		《西清古鉴》12·10	
8	涡纹罍（汉雷纹壶一）	殷墟三期早段		第二期	AaⅡ式		七寸四分	三寸六分		《宁寿鉴古》9·1	
9	涡纹罍（周牺首罍四）	殷墟三期早段		第二期	AaⅡ式		一尺二寸七分	三寸九分		《博古图》7·23	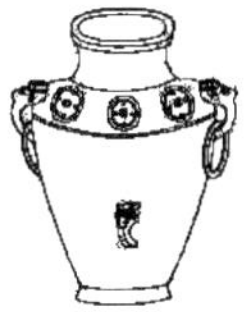

续表

序号	器名（括号中为原著定名）	时代	流传经历、现藏地	分期	型式	铭文	通高（厘米）	口径（厘米）	底径（厘米）	著录出处	图片
10	涡纹罍	殷墟三期早段		第二期	AaⅡ式	口内1字伪铭“鸢”	35			《辨伪》（下）304页	 伪铭伪花纹
11	涡纹罍	殷墟三期早段	故宫博物院	第二期	AaⅡ式		42.7			《辨伪》（下）451页	
12	父癸罍	殷墟三期早段		第二期	AaⅡ式	2字，“父癸”	39.8	16.9	14.3	《西清彝器拾遗》14；《集成》09778；《商周》13767；《综览》罍51	
13	亚旁罍	殷墟三期早段	原藏英国塞利格曼，美国卢芹斋	第二期	AaⅡ式	2字，“亚旁”	42.5			《美集》A780、R130；《集成》09768；《商周》13765	

续表

序号	器名（括号中为原著定名）	时代	流传经历、现藏地	分期	型式	铭文	通高（厘米）	口径（厘米）	底径（厘米）	著录出处	图片
14	子媚罍	殷墟三期早段	1985年12月出现于伦敦富士比拍卖行	第二期	AaⅡ式	2字，“子媚”	40.5			《流散》331页；《新收》1933；《商周》13759	
15	◇罍	殷墟三期早段	北京保利艺术博物馆	第二期	AaⅡ式	1字，“◇”	42.8	18.2		《新收》1586	
16	涡纹罍	殷墟三期早段		第二期	AaⅡ式		43.6			《美集》A779	
17	妇閟罍	殷墟四期	器藏日本大阪江口治郎，盖藏广东省博物馆	第三期	AaⅣ式	盖、器同铭，各10字，“妇閟作文姑日癸尊彝，虆”				《周金文存》5·30；《集成》09820（盖）；《商周》13819	

续表

序号	器名（括号中为原著定名）	时代	流传经历、现藏地	分期	型式	铭文	通高（厘米）	口径（厘米）	底径（厘米）	著录出处	图片
18	乃孙罍	殷墟四期	北京故宫博物院	第三期	AaⅣ式	17字，“乃孙厥作且甲罍，其□遽弗述，永宝，其作彝”	41.8	18		《故图》32；《集成》09823；《商周》13823	
19	云雷纹罍	殷墟四期	日本白鹤美术馆藏	第三期	AaⅣ式		38.5	8.7		《通考》450页，附图793；《通论》56页，图版98·191；《全集》3·85；《综览》罍21；《白鹤》17	
20	虡罍（周析子孙罍）	殷墟四期		第三期	甲AaⅣ式		一尺七分	四寸八分		《西清古鉴》12·4；《集成》09737；《商周》13731	
21	涡纹罍（周牺首罍五）	殷墟四期		第三期	甲AaⅣ式		一尺一寸	四寸八分		《西清古鉴》12·11	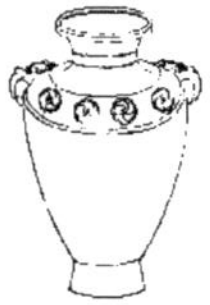

续表

序号	器名（括号中为原著定名）	时代	流传经历、现藏地	分期	型式	铭文	通高（厘米）	口径（厘米）	底径（厘米）	著录出处	图片
22	涡纹罍（周牺首罍六）	殷墟四期		第三期	甲AaⅣ式		七寸六分	三寸八分		《西清古鉴》12·12	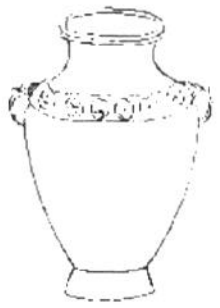
23	伪铭“亚父丁□”罍	西周早期偏早	故宫博物院	第四期	AaⅤ式	4字伪铭“亚父丁□”	38.1			《辨伪》（上）50页	 器真铭伪
24	伪铭“戈”罍	西周早期偏早	故宫博物院	第四期	AaⅤ式	1字伪铭，“戈”	47			《故宫辨伪》（上）171页	
25	田告罍	西周早期偏早	旅顺博物馆	第四期	AaⅤ式	2字，“田告”	43.6	18.82		《旅顺博》27、47页；《集成》09777；《商周》13766	

续表

序号	器名（括号中为原著定名）	时代	流传经历、现藏地	分期	型式	铭文	通高（厘米）	口径（厘米）	底径（厘米）	著录出处	图片
26	册享[illegible]罍	西周早期偏早	台北“中央”研究院历史与语言研究所	第四期	AaⅤ式	3字，“册享[illegible]”	25.6	23	13.55	《新收》1647；《商周》13778	
27	涡纹罍	西周早期偏早	台北故宫博物院	第四期	AaⅤ式		44.3			《综览》罍50	
28	涡纹罍	西周早期偏早	日本坂本五郎	第四期	AaⅤ式		38.9			《清赏》83	
29	涡纹罍（周牺首罍三）	西周早期偏早		第四期	AaⅤ式		一尺四寸	六寸七分		《西清古鉴》12·9	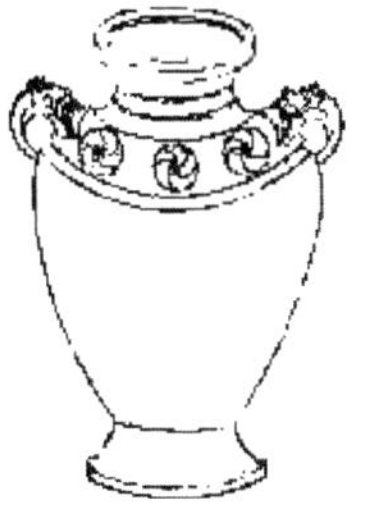

续表

序号	器名（括号中为原著定名）	时代	流传经历、现藏地	分期	型式	铭文	通高（厘米）	口径（厘米）	底径（厘米）	著录出处	图片
30	涡纹罍（周盘云罍）	西周早期偏早		第四期	AaⅤ式		一尺一寸九分	五寸二分		《西清续鉴》（乙编）6·22	
31	涡纹罍（周牺首罍七）	西周早期偏早		第四期	AaⅤ式		一尺一寸	五寸七分		《西清古鉴》12·13	
32	太史罍（周太史尊）	西周早期偏早		第四期	AaⅤ式	5字，“太史作尊彝”	一尺一寸七分	五寸六分	五寸七分	《怀米》乙·19；《集成》09809；《商周》13805	
33	何寤父癸罍（商成父癸壶）	西周早期偏早	原藏刘体智	第四期	AaⅤ式	4字，“何寤父癸”				《国史金石》355页；《集成》09800；《商周》13790	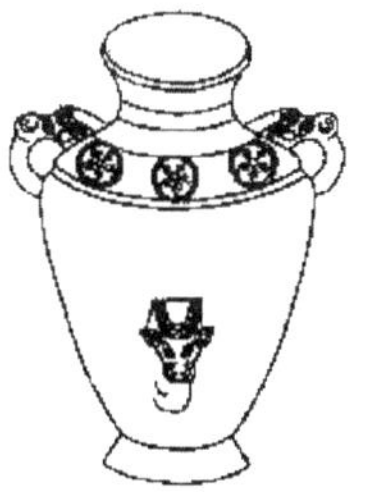

续表

序号	器名（括号中为原著定名）	时代	流传经历、现藏地	分期	型式	铭文	通高（厘米）	口径（厘米）	底径（厘米）	著录出处	图片
34	伯罍	西周早期偏早	日本东京长尾美术馆	第四期	AaⅤ式	6字，“伯作厥宝尊彝”				《集成》09813；《商周》13809	
35	禾罍（周立戈罍）	西周早期偏早		第四期	AaⅤ式	1字，“禾”	一尺四寸三分	五寸七分		《西清古鉴》12·5	
36	涡纹罍（周牺耳罍一）	西周早期偏早		第四期	AaⅤ式		通盖高九寸	三寸七分		《宁寿鉴古》6·3	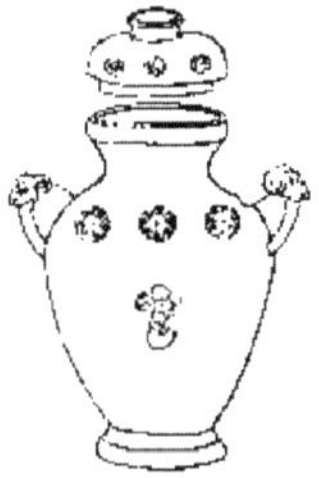
37	ㄚ父丁罍	西周早期偏早	日本京都泉屋博物馆	第四期	AaⅤ式	3字，“ㄚ父丁”	54.5	19		《通考》450页，附图792；《海外》37；《综览》罍27；《集成》09787；《商周》13773	

续表

序号	器名（括号中为原著定名）	时代	流传经历、现藏地	分期	型式	铭文	通高（厘米）	口径（厘米）	底径（厘米）	著录出处	图片
38	涡纹罍	西周早期偏早	上海博物馆	第四期	AaⅤ式		33.9	13.7	14.7	《夏商周》279	
39	三角夔纹罍	殷墟二期		第一期	AbⅠ式					《综览》罍2	
40	亚醜罍（周亚罍）	殷墟二期	原藏清宫，后归陈承裘，现藏美国米里阿波里斯美术馆（皮斯柏氏藏品）	第一期	AbⅠ式	盖、器同铭，各2字，“亚醜”	36.1	11.2		《西清古鉴》12·6；《瀓秋》29；《美集》R136、A778；《综览》罍4；《集成》09767；《商周》13747	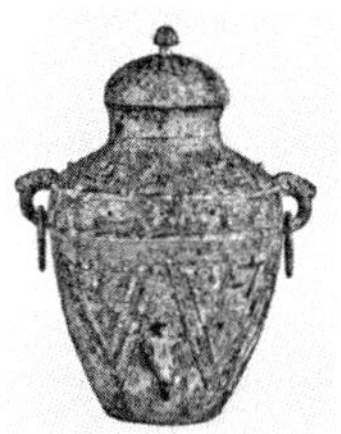
41	三角夔纹罍	殷墟二期	美国圣路易艺术馆	第一期	AbⅠ式		44	35		《海外遗珍》65	

续表

序号	器名（括号中为原著定名）	时代	流传经历、现藏地	分期	型式	铭文	通高（厘米）	口径（厘米）	底径（厘米）	著录出处	图片
42	三角夔纹罍（饕餮纹罍）	殷墟三期晚段	伦敦戴迪野行	第二期	AbⅢ式		34.3			《遗珠》49，326页	
43	亚醜罍	殷墟三期晚段	济南市博物馆	第二期	AbⅢ式	盖、器同铭，各2字，“亚醜”	42	13.4		《海岱考古》第一辑，322页，图版14·3，图1·4；《集成》09766；《商周》13746	
44	鼻罍	殷墟三期晚段	日本奈良宁乐美术馆	第二期	AbⅢ式		33.4			《集成》9743；《综览》罍15；《商周》13714	
45	宁罍	殷墟三期晚段	上海博物馆	第二期	AbⅢ式	盖、器同铭，1字，“宁”	46.5	17.3		《夏商周》168；《全集》3·84；《集成》09748；《商周》13723	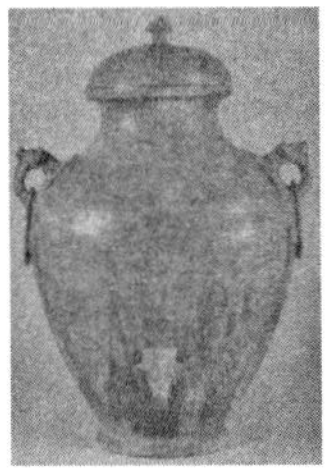

续表

序号	器名（括号中为原著定名）	时代	流传经历、现藏地	分期	型式	铭文	通高（厘米）	口径（厘米）	底径（厘米）	著录出处	图片
46	兽面三角夔纹罍	殷墟四期	上海博物馆	第三期	AbⅣ式		43.5	18.6		《夏商周》167；《全集》4·114；《综览》17	
47	癸丁罍	殷墟四期	原藏潘祖荫、端方，现藏日本京都泉屋博物馆	第三期	AbⅣ式	2字，“癸丁”	45.9	20.6		《陶斋续》2·7；《海外》36；《通考》449～450页，附图791；《周金文存》5·32、33；《集成》09779；《综览》罍31；《商周》13756	
48	亚醜罍	殷墟四期	原藏刘体智	第三期	AbⅣ式	2字，“亚醜”	40.8			《善斋》106；《集成》09764；《综览》罍32；《商周》13745	
49	兽面纹罍	殷墟四期	日本根津美术馆藏	第三期	AbⅣ式		41			《综览》罍33	

续表

序号	器名（括号中为原著定名）	时代	流传经历、现藏地	分期	型式	铭文	通高（厘米）	口径（厘米）	底径（厘米）	著录出处	图片
50	三角夔纹罍	西周早期偏早	台北故宫博物院	第四期	AbⅤ式		41.8			《古器散论》82页	
51	三角夔纹罍（周牺首罍一）	西周早期偏早		第四期	AbⅤ式		一尺四寸	六寸四分		《博古图》7·22	
52	三角夔纹罍（周牺首罍二）	西周早期偏早		第四期	AbⅤ式		一尺二寸	五寸五分		《博古图》7·22	
53	三角夔纹罍（周牺首罍三）	西周早期偏早		第四期	AbⅤ式		八寸九分	三寸八分		《博古图》7·23	

续表

序号	器名（括号中为原著定名）	时代	流传经历、现藏地	分期	型式	铭文	通高（厘米）	口径（厘米）	底径（厘米）	著录出处	图片
54	戈罍	西周中期	原藏日本奈良宁乐美术馆，现藏瑞士玫茵堂	第五期	AbⅥ式	1字，“戈”	46.5			《集成》09754；《商周》13727；《综览》罍60	
55	洎御史罍	西周中期	原藏冯恕，现藏北京故宫博物院	第五期	AbⅥ式	19字（重文2），“洎御史作尊罍，其万年无疆，子子孙孙永宝用享”	33.3	26.6		《陶斋》3·7；《故铜》173；《故图》88；《通考》450页，附图794；《通论》图版99·192；《综览》罍61；《集成》09824；《商周》13827	
56	洎御史罍	西周中期	原藏潘祖荫	第五期	AbⅥ式	19字（重文2），“洎御史作尊罍，其万年无疆，子子孙孙永宝用享”				《集成》09825；《商周》13828	 无照片资料，从铭文及器形描述等方面看，与上器应为一对

续表

序号	器名（括号中为原著定名）	时代	流传经历、现藏地	分期	型式	铭文	通高（厘米）	口径（厘米）	底径（厘米）	著录出处	图片
57	夔纹罍（周牺首罍）	西周中期		第五期	AbⅥ式		通盖高一尺六寸	六寸二分		《西清续鉴》（乙编）卷6·18	
58	夔纹罍（周蟠夔罍一）	西周中期		第五期	AbⅥ式		通盖高一尺二寸五分	五寸四分		《西清续鉴》（乙编）卷6·1	
59	弦纹小罍	殷墟二期		第一期	AcⅠ式		12			《美集》A775	
60	妇姦小罍	殷墟二期		第一期	AcⅠ式	2字，“妇姦”	14.5			《美集》R483、A776；《综览》罍形小壶1；《集成》09783；《商周》13735	

续表

序号	器名（括号中为原著定名）	时代	流传经历、现藏地	分期	型式	铭文	通高（厘米）	口径（厘米）	底径（厘米）	著录出处	图片
61	兽面三角夔纹小罍	殷墟三期早段		第二期	AcⅡ式		13.9			《美集》A777；《综览》罍形小壶2	
62	云雷纹小罍（周牺首壶）	西周早期偏早		第四期	AcⅣ式		三寸七分	一寸八分		《西清续鉴》（甲编）8·50	
63	涡纹小罍（汉蝉纹尊）	西周早期偏早		第四期	AcⅣ式		通盖高三寸八分	一寸二分		《西清续鉴》（乙编）卷6·12	
64	涡纹方罍	殷墟二期		第一期	BaⅠ式		45.4			《综览》罍13	

续表

序号	器名（括号中为原著定名）	时代	流传经历、现藏地	分期	型式	铭文	通高（厘米）	口径（厘米）	底径（厘米）	著录出处	图片
65	武方罍	殷墟二期	原藏西柏林，现藏柏林东亚艺术博物馆	第一期	Ba Ⅰ式	1字，“武”	32.6			《遗珠》51；《新收》1836；《商周》13709	
66	亚疑方罍	殷墟二期	台北“中央”研究院历史语言研究所	第一期	Ba Ⅰ式	2字，“亚疑”	25.9	口横10		《新收》1654；《商周》13740	
67	亚疑方罍	殷墟二期	原藏荣厚	第一期	Ba Ⅰ式	两耳同铭，各2字，“亚疑”				《商周》13741	
68	鼎方罍	殷墟二期		第一期	Ba Ⅰ式	左右耳各铸铭文1字，“鼎”	37	18.2×13.5		《商周》13708	

续表

序号	器名（括号中为原著定名）	时代	流传经历、现藏地	分期	型式	铭文	通高（厘米）	口径（厘米）	底径（厘米）	著录出处	图片
69	伪铭伪花纹“亚疑”方罍	殷墟二期		第一期	BaⅠ式	双耳内各伪铭2字，“亚疑”	25.4			《辨伪》（下）336页	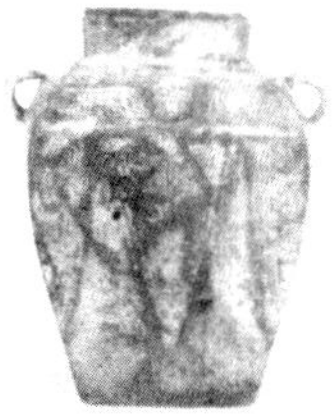
70	冉方罍	殷墟四期	上海博物馆	第三期	BaⅢ式	盖、器同铭，各6字，“冉作父丁妻，盟”	46.4	14×12		《夏商周》278；《全集》5·178；《辞典》1116页；《集成》09811；《商周》13808；《综览》罍41	
71	史方罍	殷墟四期	1973年出现在伦敦富士比拍卖行	第三期	BaⅢ式	3字，“史作彝”	45.3			《流散》333页；《商周》13780	

续表

序号	器名（括号中为原著定名）	时代	流传经历、现藏地	分期	型式	铭文	通高（厘米）	口径（厘米）	底径（厘米）	著录出处	图片
72	冉方罍	殷墟四期	香港中华古美术公司收藏	第三期	BaⅢ式	4字，“冉作宗彝”	35.5			《商周续编》0897	
73	涡纹方罍	殷墟四期	日本坂本五郎氏藏	第三期	BaⅢ式		35.8			《不言堂》84；《综览》罍58	
74	涡纹方罍	西周早期偏晚		第五期	BaⅣ式		31.8			《综览》罍63	
75	涡纹方罍（涡云纹方罍）	西周早期偏晚		第五期	BaⅣ式		51.5			《通考》449页，附图790；《海外》39；《综览》罍57	

续表

序号	器名（括号中为原著定名）	时代	流传经历、现藏地	分期	型式	铭文	通高（厘米）	口径（厘米）	底径（厘米）	著录出处	图片
76	[illegible]父己方罍	西周早期偏晚	北京故宫博物院	第五期	BaⅣ式	3字，“[illegible]父己”	36			《集成》09788；《商周》13775	
77	亚妇娖方罍	西周早期偏晚	2006年出现在英国伦敦苏富比拍卖行	第五期	BaⅣ式	10字，“亚，妇娖作母癸尊彝，[illegible]，冀”	37.5			《商周》13820	
78	三角夔纹方罍（圆涡纹方瓶）	殷墟二期		第一期	BbⅠ式	1字，字迹漫漶不清，不可辨识	45			《通考》451页，附图797；《综览》罍12	
79	敄又方罍	殷墟二期	日本东京根津美术馆	第一期	BbⅠ式	2字，“敄又”	51.5			《通考》451页，附图796；《集成》09772；《综览》罍8；《商周》13750	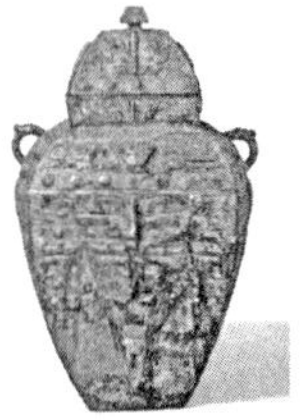

续表

序号	器名（括号中为原著定名）	时代	流传经历、现藏地	分期	型式	铭文	通高（厘米）	口径（厘米）	底径（厘米）	著录出处	图片
80	三角夔纹方罍	殷墟二期		第一期	BbⅠ式					《中国文物报》2001年6月3日第0915期	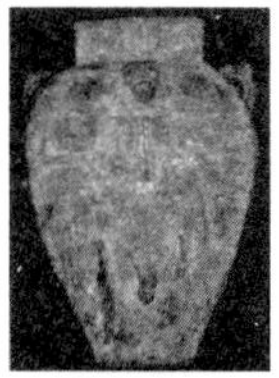
81	鸾方罍	殷墟三期	德国慕尼黑国立民间艺术博物馆	第二期	BbⅡ式	盖、器同铭，各1字，“鸾”	50.1	11.5×13.5		《新收》1862；《商周》13705	
82	卌得方罍	殷墟三期	日本神户白鹤美术馆	第二期	BbⅡ式	盖、器同铭，各2字，“卌得”	47.4	14.5×12.5		《白鹤》13；《集成》09775；《综览》罍10；《商周》13751	
83	亚吴鴞妇方罍（周妇壶、元鸟壶）	殷墟三期	原藏清宫，后归端方，现藏日本兵库县黑川古文化研究所	第二期	BbⅡ式	共4字，“鴞妇，亚吴”	一尺六分	口纵二寸七分，口横三寸五分		《西清古鉴》19·14；《陶斋续》2·5；《综览》罍11；《集成》09794；《通考》449页，附图788；《商周》13784	

续表

序号	器名（括号中为原著定名）	时代	流传经历、现藏地	分期	型式	铭文	通高（厘米）	口径（厘米）	底径（厘米）	著录出处	图片
84	三角夔纹方罍	殷墟三期		第二期	BbⅡ式		56			《通考》449页，附图787；《美集》A783；《综览》罍9	
85	□父癸方罍（周父癸尊）	殷墟四期		第三期	BbⅢ式	3字，“□父癸”	一尺四寸	纵四寸，横四寸七分		《西清续鉴》（乙编）5·5	
86	劦作父丁方罍（商王主父丁尊）	殷墟四期	曾经纽约赛克勒氏收藏	第三期	BbⅢ式	11字，“王由攸田劦，劦作父丁尊，𠬝”	34.2			《怀米》甲·7；《流散》334页；《集成》09821；《综览》罍37；《商周》13821	
87	执□方罍	殷墟四期	1986年6月出现在伦敦富士比拍卖行，原藏莫斯夫妇	第三期	BbⅢ式	盖、器同铭，各2字，“执□”	49.5			《流散》332页；《集成》09774；《商周》13763	

续表

序号	器名（括号中为原著定名）	时代	流传经历、现藏地	分期	型式	铭文	通高（厘米）	口径（厘米）	底径（厘米）	著录出处	图片
88	亚醜方罍（商亚形尊）	殷墟四期		第三期	BbⅢ式	2字，“亚醜”	一尺五寸	纵四寸九分，横五寸三分	纵五寸三分，横六寸一分	《怀米》甲·8；《山金》641·1；《集成》09763；《商周》13744	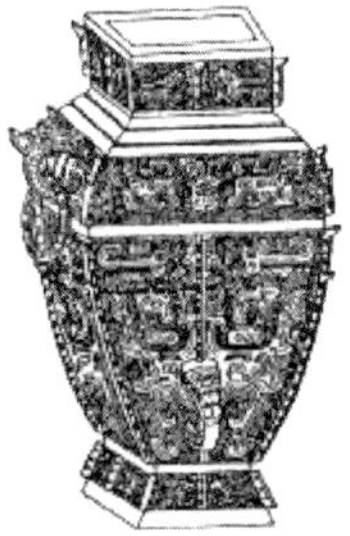
89	兽面纹方罍（饕餮纹方罍）	殷墟四期	日本泉屋博物馆	第三期	BbⅢ式		通盖高62.5	口长径17.6×15.3		《通考》449页，图版786；《海外》38；《通论》56页，图版101·195；《辞典》1112页	
90	兽面纹方罍	殷墟四期	日本根津美术馆	第三期	BbⅢ式		66.5			《综览》罍24	

续表

序号	器名（括号中为原著定名）	时代	流传经历、现藏地	分期	型式	铭文	通高（厘米）	口径（厘米）	底径（厘米）	著录出处	图片
91	兽面纹方罍	殷墟四期	日本藤田美术馆藏	第三期	BbⅢ式		63.7			《综览》23；《海外遗珍》67	
92	兽面纹方罍	殷墟四期	福州博物馆藏	第三期	BbⅢ式					《东南快报》2013年5月16日	
93	孤竹亚𡉚方罍（商亚形召夫尊）	殷墟四期	上海博物馆	第三期	BbⅢ式	4字，“孤竹，亚𡉚”	53	17.2×20.1		《夏商周》169；《全集》4·113；《怀米》甲·9；《辞典》1114页；《综览》罍25；《集成》09793；《商周》13783	
94	兽面纹方罍（周觚棱壶）	殷墟四期		第三期	BbⅢ式		一尺六寸八分	口长五寸四分，口宽四寸三分		《博古图》12·16	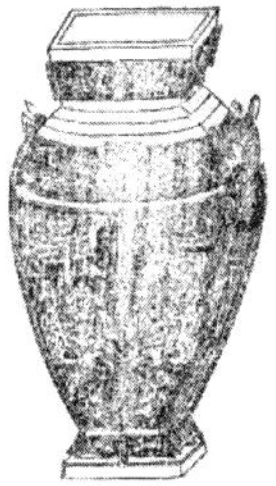

续表

序号	器名（括号中为原著定名）	时代	流传经历、现藏地	分期	型式	铭文	通高（厘米）	口径（厘米）	底径（厘米）	著录出处	图片
95	凤鸟三角夔纹方罍	殷墟四期		第三期	BbⅢ式		39.2			《美集》A784；《综览》罍39	
96	凤鸟三角夔纹方罍	殷墟四期	美国纳尔逊艺术陈列馆	第三期	BbⅢ式		53.3			《综览》罍7；《海外遗珍》68	
97	伪铭“向”罍	殷墟四期	西安博物院	第三期	BbⅢ式	伪铭6字，“向作厥尊彝，㠱”	40	口横17.86		《西铜》94页；《商周》20520	 器真铭伪。
98	亚醜者姛方罍	殷墟四期	北京故宫博物院	第三期	BbⅢ式	盖、器同铭，各9字，“亚醜，者姛以太子尊彝”	62	16.9×15.5		《故图》31；《辞典》1113；《综览》罍35；《集成》09818；《商周》13815	

续表

序号	器名（括号中为原著定名）	时代	流传经历、现藏地	分期	型式	铭文	通高（厘米）	口径（厘米）	底径（厘米）	著录出处	图片
99	亚醜方罍	殷墟四期	日本东京出光美术馆藏	第三期	BbⅢ式	盖、器同铭，各2字，“亚醜”	45.5	28.8		《出光》1065；《山金》642；《集成》09765；《综览》罍36；《商周》13743	
100	涡纹罍（三耳大壶）	西周早期偏早		第四期	地方类型		二尺五寸	八寸八分		《考古图》4·74	
101	涡纹罍（周象首罍）	西周早期偏早		第四期	地方类型		二尺四寸五分	七寸六分		《博古图》7·27	
102	牛纹罍（汉台博临01）	西周早期偏早	汉台博物馆馆藏	第四期	地方类型		残通高52.4	23.2	25.7	《城洋》215、216页	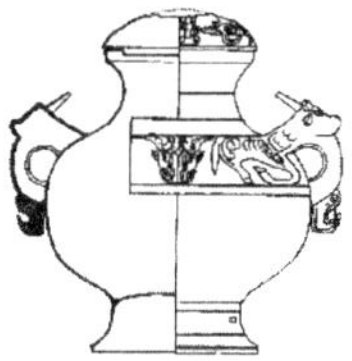

续表

序号	器名（括号中为原著定名）	时代	流传经历、现藏地	分期	型式	铭文	通高（厘米）	口径（厘米）	底径（厘米）	著录出处	图片
103	三角夔纹罍	春秋	日本天理参考馆藏		地方类型		52.5			《综览》罍76	
104	象罍	春秋	山东大学博物馆藏		地方类型	1字，“象”	26.3	22	22	《文物》2016年第6期	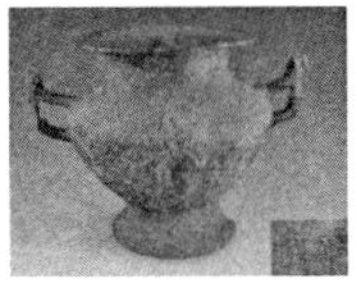
105	三角夔纹罍	春秋	日本坂本五郎氏藏		地方类型		26			《不言堂》85	
合计	105件										

附表3　器形不完整或仅见铭文拓片的商周青铜罍资料统计表

序号	名称	时代	出土地点或流传经历	铭文	著录出处	图像资料
1	罍（残碎）	商代晚期	1981年河南淮阳县城南冯塘村		《文物》1989年第3期，94页	残碎，无照片
2	丙罍（M2：45器、46盖）	商代晚期	1985年山西灵石旌介村商代墓葬M2	共2字，盖、器对铭，“丙”	《文物》1986年第11期，12页；《灵石旌介商墓》109、110页；《新收》1007；《商周》13722	 45、46合为一件，盖高13.5、盖口径15.7厘米，器体残碎，无照片
3	御方罍盖	西周早期	上海博物馆藏	17字，“癸未，王才圃雚京，王赏御贝，用作父癸宝尊”	《夏商周》280	 仅存盖，盖高6.4、口径7.6×7.7厘米。将这件器的形制纹饰与相关器物进行对比分析，判定应该是方罍的盖子
4	朋五夆父庚方罍	商代晚期	1978年辽宁喀左县平房子镇小波汰沟墓葬出土	5字，“朋五夆父庚”	《集成》09808；《商周》13799	 仅见铭文

续表

序号	名称	时代	出土地点或流传经历	铭文	著录出处	图像资料
5	且丁父癸罍	商代晚期	陕西凤翔县出土	7字，“且丁，示己，父癸，盛”	《商周》13811	 仅存铭文拓片
6	亚疑罍	商代晚期	河南洛阳出土	2字，“亚疑”	《集成》09761；《商周》13742	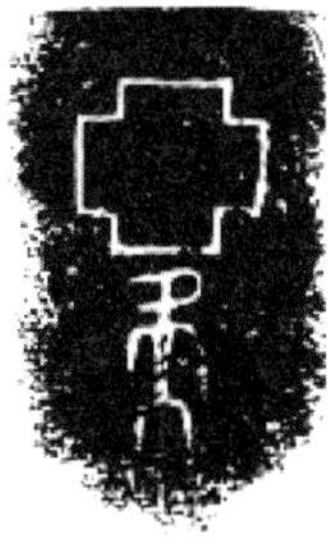 仅存铭文拓片
7	田父甲罍	商代晚期	1918年山东长清县崮山驿出土	盖、器同铭，各3字，“田父甲”	《集成》09785；《商周》13770	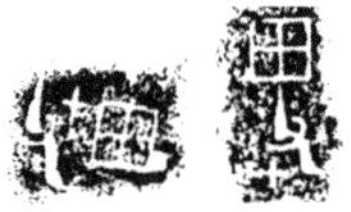 左：盖铭。右：器铭。仅存铭文拓片
8	戈罍	商代晚期		1字，“戈”	《集成》09752；《商周》13710	 仅存铭文拓片

续表

序号	名称	时代	出土地点或流传经历	铭文	著录出处	图像资料
9	戈罍	商代晚期		1字，“戈”	《集成》09753；《商周》13711	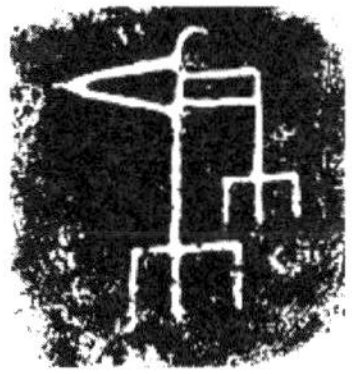 仅存铭文拓片
10	戈罍	商代晚期	故宫博物院收藏	两耳内同铭，各1字，“戈”	《集成》09755；《商周》13712	 左：盖铭。右：器铭。 仅见铭文
11	冉罍	商代晚期	上海博物馆收藏	1字，“冉”	《集成》09756；《商周》13713	 仅见铭文
12	[illegible]罍	商代晚期	故宫博物院	1字，“[illegible]”	《集成》09744；《商周》13715	 仅见铭文
13	得罍	商代晚期	河南洛阳	盖、器同铭，各1字，“得”	《集成》09742；《商周》13716	 左：盖铭。右：器铭。 仅存铭文拓片

续表

序号	名称	时代	出土地点或流传经历	铭文	著录出处	图像资料
14	并罍	商代晚期	故宫博物院	1字，“并”	《集成》09736；《商周》13717	 仅见铭文
15	围罍	商代晚期	故宫博物院	1字，“围”	《集成》09746；《商周》13718	 仅见铭文
16	宓罍	商代晚期	故宫博物院	1字，“宓”	《集成》09750；《商周》13719	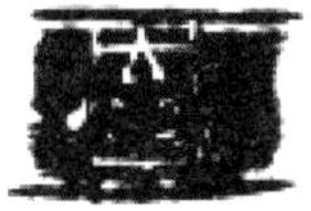 仅见铭文
17	享罍	商代晚期	故宫博物院	1字，“享”	《集成》09751；《商周》13720	 仅见铭文
18	駇罍	商代晚期	故宫博物院	1字，“駇”	《集成》09745；《商周》13725	 仅见铭文

续表

序号	名称	时代	出土地点或流传经历	铭文	著录出处	图像资料
19	丫罍	商代晚期		1字，“丫”	《集成》09741；《商周》13726	 仅存铭文拓片
20	亚醜罍	商代晚期	原藏庐江刘体智善斋	2字，“亚醜”	《商周》13748	 仅存铭文拓片
21	𠆢父乙罍	商代晚期		3字，“𠆢父乙”	《集成》09786；《商周》13771	 仅存铭文拓片

续表

序号	名称	时代	出土地点或流传经历	铭文	著录出处	图像资料
22	冉父己罍	西周早期	首都师范大学历史学院	3字，“冉父己”	《集成》09789；《商周》13776	 仅见铭文
23	双疋𠬪罍	西周早期	上海博物馆	3字，“双疋𠬪”	《集成》09790；《商周》13777	 仅见铭文
24	子天父丁罍	商代晚期	上海博物馆	4字，“子天父丁”	《集成》09798；《商周》13782	 仅见铭文
25	木见齿册罍	商代晚期	北京故宫博物院收藏	4字，“木见齿册”	《集成》09792；《商周》13785	 仅见铭文

续表

序号	名称	时代	出土地点或流传经历	铭文	著录出处	图像资料
26	丨丨丨子父丁罍	商代晚期	河南武陟县博物馆	盖、器各铸铭文2字，“丨丨丨子、父丁”	《集成》09799；《商周》13786	 左：盖铭。右：器铭。仅见铭文
27	作员从彝罍	西周早期	上海博物馆	盖、器同铭，各4字，“作员从彝”	《集成》09803；《商周》13791	 左：盖铭。右：器铭。仅见铭文
28	作员从彝罍	西周早期	北京故宫博物院	盖、器同铭，各4字，“作员从彝”	《集成》09804；《商周》13792	 左：盖铭。右：器铭。仅见铭文
29	竟罍	西周早期		4字，“竟作厥彝”	《集成》09802；《商周》13794	 仅存铭文拓片

续表

序号	名称	时代	出土地点或流传经历	铭文	著录出处	图像资料
30	马天豕父乙罍	商代晚期	日本奈良宁乐美术馆藏	5字，“马天豕父乙”	《集成》09796；《商周》13797	 仅见铭文
31	敦亚高父丁罍	商代晚期		5字，“敦亚高父丁”	《集成》09807；《商周》13800	 仅存铭文拓片
32	作祖戊罍	西周早期	上海博物馆	5字，“作祖戊尊彝”	《集成》09805；《商周》13801	 仅见铭文
33	再罍	西周早期		7字，“再作日父丁尊彝”	《集成》09814；《商周》13812	 仅存铭文拓片

续表

序号	名称	时代	出土地点或流传经历	铭文	著录出处	图像资料
34	中罍	西周早期		盖、器同铭，各8字，“中作父乙宝尊罍，[illegible]”	《集成》09815；《商周》13814	 左：盖铭。右：器铭。仅存铭文拓片
35	亚醜者姒罍	商代晚期		9字，“亚醜，者姒以太子尊彝”	《集成》09819；《商周》13816	 仅存铭文拓片
36	趞罍	西周早期		9字，其中合文1，“趞作文父戊尊彝，𩁹册”	《周金文存》5·31；《集成》09817；《商周》13818	 仅存铭文拓片

续表

序号	名称	时代	出土地点或流传经历	铭文	著录出处	图像资料
37	季姒朁罍	西周中期	中国国家博物馆	27字（重文2，合文1），“季姒朁作宝罍，其用万年，享孝于厥多公，事万年，子子孙孙宝用，[illegible]	《集成》09827；《商周》13830	 仅见铭文
合计	37件					

附表4　出土两周青铜𨱔资料统计表

序号	器名	时代	出土地点	分期	型式	铭文	通高（厘米）	口径（厘米）	底径（厘米）	重量（千克）	著录出处	图片
1	仲义父𨱔	西周晚期	1890年陕西扶风县法门镇任家村窖藏出土，现藏上海博物馆	第一期	AaⅠ式	盖、器同铭，各16字（重文2），“仲义父作旅𨱔，其万年子子孙孙永宝用”	44	15.4		14.43	《周金文存》5・28；《综览》罍294；《全集》5・183左；《集成》09964；《商周》13999	
2	仲义父𨱔	西周晚期	1890年陕西扶风县法门镇任家村窖藏出土，现藏上海博物馆	第一期	AaⅠ式	盖、器同铭，各16字（重文2），“仲义父作旅𨱔，其万年子子孙孙永宝用”	44.2	15.5		12.44	《周金文存》5・29；《夏商周》353・2；《全集》5・183右；《集成》09965；《商周》14000	
3	蟠螭纹𨱔	春秋早期	河南郾城县家周村	第二期	AaⅡ式		22	13			《考古》1966年第4期，220页，图版10・2	

续表

序号	器名	时代	出土地点	分期	型式	铭文	通高（厘米）	口径（厘米）	底径（厘米）	重量（千克）	著录出处	图片
4	蟠螭纹罍	春秋早期	1965年山东邹县田黄公社七家峪村	第二期	AaⅡ式		28.5	15	29		《考古》1965年第11期，546页，图版2·1	
5	蟠螭纹罍	春秋早期	1953年河南郏县太仆乡南寨门外	第二期	AaⅡ式		22	13			《文物参考资料》1954年第3期，60页	 共出土2件，形制纹饰相同
6	三角夔纹罍	春秋早期	2002年山东枣庄小邾国墓地	第二期	AaⅡ式		25.8	17			《小邾国遗珍》122页	
7	郄仲盘罍	春秋晚期	2006年陕西凤翔县城关镇小沙凹村窖藏	第二期	AaⅡ式	肩部铸铭文22字，“丁亥，郄仲盘作其宗器尊甗，眉寿万年无疆，子子孙孙□”	30.5	17.3			《考古与文物》2016年第4期，143～144页；《凤翔遗珍》117；《商周》14087	

续表

序号	器名	时代	出土地点	分期	型式	铭文	通高（厘米）	口径（厘米）	底径（厘米）	重量（千克）	著录出处	图片
8	蟠螭纹罍（GM02：04）	春秋早期	1983年湖北枣阳郭家庙M2	第二期	AaⅡ式		29	16	12		《曾国》138、139页；《穆穆曾侯》79页	
9	蟠螭纹罍（GM02：05）	春秋早期	1983年湖北枣阳郭家庙M2	第二期	AaⅡ式		29	16	12		《穆穆曾侯》83页	
10	弦纹罍（M2012：91）	春秋早期	河南三门峡虢国墓地	第二期	AaⅡ式		8.4	6		0.34	《三门峡》251页，图182·6，彩版28，图版94·4	
11	素面罍（LBM4：6、7）	春秋中期	1983年洛阳西工区墓葬	第三期	AaⅢ式		14.9	13.2	19.8		《考古》1985年第6期，图版2·4	 共出土2件，形制纹饰相同

续表

序号	器名	时代	出土地点	分期	型式	铭文	通高（厘米）	口径（厘米）	底径（厘米）	重量（千克）	著录出处	图片
12	素面罍（C1M3494：11）	春秋中期	1991～1992年洛阳西工区西小屯墓葬	第三期	AaⅢ式		26	20	16.8		《考古》2016年第4期，18页，图3·1	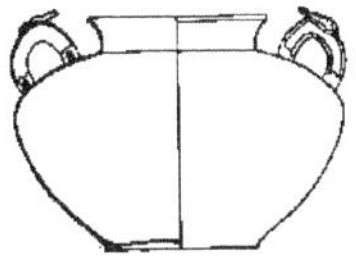 共出土2件，形制纹饰相同
13	素面罍（M8830：10）	春秋中期	2005年洛阳体育场路东周墓M8830	第三期	AaⅢ式		16.4	14.8	13.2		《文物》2011年第8期，19页，图5·1	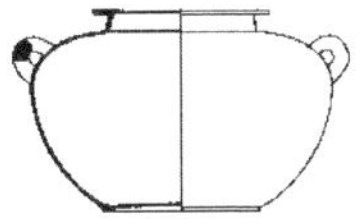
14	素面罍（M8830：18）	春秋中期	2005年洛阳体育场路东周墓M8830	第三期	AaⅢ式		14.2	14	11.2		《文物》2011年第8期，19页，图5·4	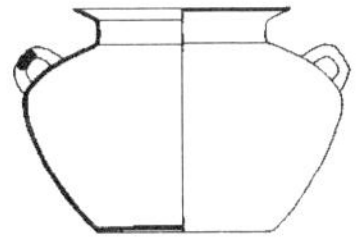
15	素面罍	春秋中期	1982年山东栖霞县吕家埠M1	第三期	AaⅢ式		21.5	17	30.7		《考古》1988年第9期，780页，图3·2	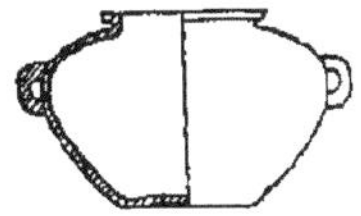
16	蟠虺纹罍	春秋晚期	1963年山东省莒县天井汪	第四期	AaⅣ式		40	21.5			《文物》1972年第5期，11页，图版8·1；《全集》9·74；《山东省博物馆藏珍·青铜器卷》41页	 共出土2件，形制纹饰相同

续表

序号	器名	时代	出土地点	分期	型式	铭文	通高（厘米）	口径（厘米）	底径（厘米）	重量（千克）	著录出处	图片
17	蟠虺纹罍	春秋晚期	2006年陕西凤翔县城关镇小沙凹村	第四期	AaⅣ式		32.5	23.5			《考古与文物》2016年第4期，143页；《凤翔遗珍》118	
18	蟠虺纹罍（M8832：7、9）	春秋晚期	2005年洛阳西工区M8832	第四期	AaⅣ式		26.6	21.1	16.4		《考古》2011年第9期，37页，图版9·3	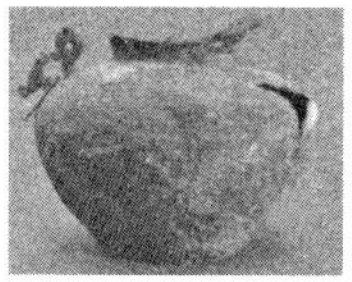 共出土2件，形制纹饰相同
19	蟠虺纹罍（M2：5）	春秋晚期	1986～1991年北京延庆军都山玉皇庙墓地M2	第四期	AaⅣ式		28.2	24	17.6	5	《军都山》（二）903页，图563，（四）彩版52	
20	蟠虺纹罍（M18：3）	春秋晚期	1986～1991年北京延庆军都山玉皇庙墓地M18	第四期	AaⅣ式		26.6	22.4	16.6	4.32	《军都山》（二）903页，图564，（四）彩版53	
21	蟠虺纹罍（M250：2）	春秋晚期	1986～1991年北京延庆军都山玉皇庙墓地M250	第四期	AaⅣ式		26.5	20.5	17.8	4.4	《军都山》（二）903、904页，图565	

续表

序号	器名	时代	出土地点	分期	型式	铭文	通高（厘米）	口径（厘米）	底径（厘米）	重量（千克）	著录出处	图片
22	邳伯夏子罍	春秋晚期	1954年山东枣庄市峄城区	第四期	AaⅣ式	口沿铸铭文29字（重文2），“唯正月初吉丁亥，邳伯夏子自作尊罍，用祈眉寿无彊，子子孙孙，永宝用之”	28.5	21.3		10.1	《考古学报》1963年第2期，60页，图1，图版1；《集成》10006；《山金》648;《山东省博物馆藏珍·青铜器卷》49页；《商周》14089	
23	邳伯夏子罍	春秋晚期	1954年山东枣庄市峄城区	第四期	AaⅣ式	口沿铸铭文29字（重文2），“唯正月初吉丁亥，邳伯夏子自作尊罍，用祈眉寿无彊，子子孙孙，永宝用之”	28.5	21.3			《考古学报》1963年第2期，61页，图2，图版2；《集成》10007；《山金》647；《商周》14090	
24	蟠虺纹罍（M1：12）	春秋晚期	1980年河北怀来甘子堡春秋墓	第四期	AaⅣ式		32	16	19.2		《文物春秋》1993年第2期，26页，图3·1；《全集》15·193	

续表

序号	器名	时代	出土地点	分期	型式	铭文	通高（厘米）	口径（厘米）	底径（厘米）	重量（千克）	著录出处	图片
25	蟠虺纹罍（M2：9）	春秋晚期	1980年河北怀来甘子堡春秋墓	第四期	AaⅣ式		27.2	22.4	16.8		《文物春秋》1993年第2期，26页，图3·2；《全集》15·194	 共出土2件，形制纹饰相同
26	蟠虺纹罍	春秋晚期	河北怀来甘子堡	第四期	AaⅣ式		21	16			《全集》9·128	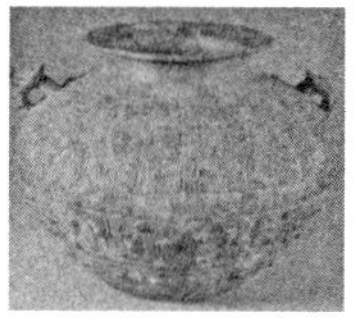
27	双耳络绳纹罍	战国早期	山西省浑源李峪村	第五期	AaⅤ式		25.2	16.3	15	4.95	《考古》1983年第8期，图版4·5；《夏商周》518	
28	蟠虺纹罍（004）	战国早期	1962年广东省清远县三坑公社	第五期	AaⅤ式		33.6	22.8	17.6		《考古》1963年第2期，58页，图版2·4；《全集》10·50	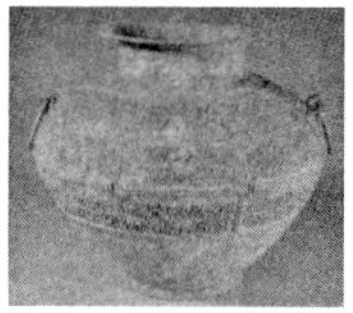
29	四耳络绳纹罍	战国早期	1970年河北唐县北城子2号墓	第五期	AaⅤ式		30.9	21.3			《文物春秋》1991年第1期，17页；《全集》9·129；《中山古国》10	

续表

序号	器名	时代	出土地点	分期	型式	铭文	通高（厘米）	口径（厘米）	底径（厘米）	重量（千克）	著录出处	图片
30	络绳纹罍（M270：13、14）	战国早期	1972年山西省长治分水岭270号墓	第五期	AaⅤ式		30.5				《考古学报》1974年第2期，75页，图14·4，图版8·1；《全集》8·138、139	 共出土2件，形制纹饰相同
31	蟠螭纹罍	战国早期	1988年太原金胜村晋国赵卿墓	第五期	AaⅤ式		36.3	17.2			《晋国赵卿墓》27；《全集》8·49	
32	蟠虺纹罍	战国早期	2014年湖北南漳川庙山东周墓地M18	第五期	AaⅤ式		25.6	16.5	13.6		《江汉考古》2015年第4期，48页，图40，图版16·6	 共出土2件，形制纹饰相同
33	夔龙纹罍（M7：73）	战国早期	1983年山西省潞城县潞河战国墓M7	第五期	AaⅤ式		30	18.7			《文物》1986年第6期，7页，图版1·6，图10·2；《全集》8·137	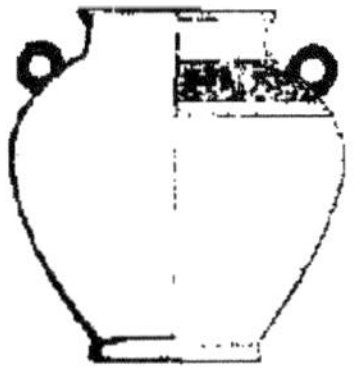 共出土2件，形制纹饰相同

续表

序号	器名	时代	出土地点	分期	型式	铭文	通高（厘米）	口径（厘米）	底径（厘米）	重量（千克）	著录出处	图片
34	蟠虺络绳纹罍	战国早期	1958年山西万荣庙前村	第五期	AaⅤ式		58	16	15		《文物参考资料》1958年第12期，34页，图5；《传承与谋变》78页	 共出土2件，形制纹饰相同
35	云雷鸟纹罍（M585：28）	战国晚期	2011年安徽六安白鹭洲战国墓M585	第六期	AaⅥ式		25.3	13.7	13		《考古》2012年第11期，29页，图10，图版12·5	
36	工师文罍	战国晚期	传甘肃礼县	第六期	AaⅥ式	口沿刻铭文17字，“卅四年，工师文、工安，正十七斤十四两四升”	27.5	13			《神韵与辉煌》，112页；《商周》13824	
37	络绳纹罍	春秋晚期	山西省浑源李峪村	第四期	AbⅠ式		28.3	19.2	14.7	6.04	《考古》1983年第8期，图版4·5；《夏商周》517·2	

续表

序号	器名	时代	出土地点	分期	型式	铭文	通高（厘米）	口径（厘米）	底径（厘米）	重量（千克）	著录出处	图片
38	络绳纹罍	春秋晚期	山西省浑源李峪村	第四期	AbⅠ式		29	18.9	15.2	6.21	《夏商周》517·1	
39	素面罍（M115：45）	战国早期	1954～1955年洛阳中州路西工段M115：45	第五期	AbⅡ式		14.4				《洛阳中州路·西工段》93页，图版56·1	 共计2件，另一件M115：46形制与M115：45一样，未发表详细资料
40	素面罍（C1M3490：8）	战国早期	1991～1992年洛阳西工区西小屯墓葬	第五期	AbⅡ式		21.6	17.2	15.6		《考古》2016年第4期，23页，图22·2	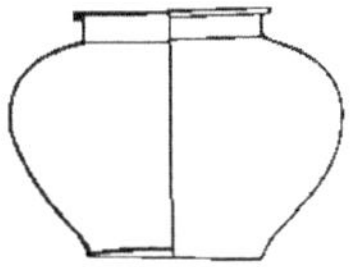 共2件，形制大小相同
41	素面罍（M1：3）	战国早期	1999年山东省滕州市北辛村战国墓	第五期	AbⅡ式		25	19	19		《考古》2004年第3期，92页，图1·2，图版8·3	 共2件，形制大小相同

续表

序号	器名	时代	出土地点	分期	型式	铭文	通高（厘米）	口径（厘米）	底径（厘米）	重量（千克）	著录出处	图片
42	膳夫吉父𬭚	西周晚期	1940年陕西扶风县法门镇任家村窖藏	第一期	BaⅠ式	盖、器同铭，各15字（重文2），“膳夫吉父作旅𬭚，其子子孙孙永宝用”	37.8	15.5			《古文字研究》第10辑，263页，图9·2、3；《集成》09962；《商周》13994	
43	膳夫吉父𬭚	西周晚期	1940年陕西扶风县法门镇任家村窖藏	第一期	BaⅠ式	盖、器同铭，各15字（重文2），“膳夫吉父作旅𬭚，其子子孙孙永宝用”	37.2	15.7			《商周》13995	
44	曾伯文𬭚	春秋早期	1970～1972年湖北随县均川区熊家老湾	第二期	BaⅡ式	口沿鑄銘文12字，“唯曾伯文自作厥饮𬭚，用征行”	36	15.5			《文物》1973年第5期，22页；《集成》09961；《辞典719》；《曾国》149～153页；《全集》6·110；《商周》13993	

续表

序号	器名	时代	出土地点	分期	型式	铭文	通高（厘米）	口径（厘米）	底径（厘米）	重量（千克）	著录出处	图片
45	伯亚臣𬭚	春秋早期	1975年河南潢川县上油岗公社老李店村磨盘山	第二期	BaⅡ式	肩部铸铭文34字，“唯正月初吉丁亥，黄孙须颈子伯亚臣，自作𬭚，用征、用祈眉寿，万年无疆，子孙永宝是常”	25.5	20		9.3	《文物》1980年第1期；《集成》09974；《商周》14007	
46	黄夫人𬭚	春秋早期	1983年河南光山县宝相寺黄君孟夫妇墓	第二期	BaⅡ式	肩部有铭文15字，“黄子作黄甫人孟姬行器，则永祜福，雷”	27	16.7	31.4		《考古》1984年第4期；《全集》7·87；《集成》09966；《辞典》721；《商周》13997	 共2件，形制、大小相同
47	黄孟姬小𬭚	春秋早期	1983年河南光山县宝相寺黄君孟夫妇墓	第二期	BaⅡ式	盖顶一周铭文,16字，“黄子作黄孟姬行器，则永宝宝霝终，□□”	10	6.8	7.2		《考古》1984年第4期，322页，图19·9	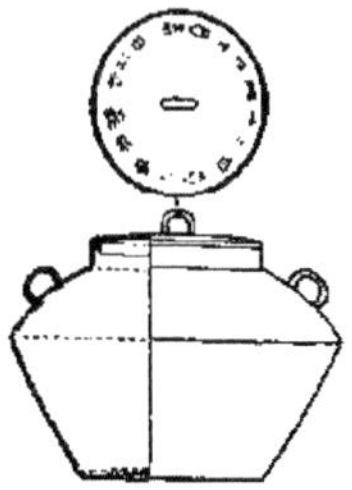

续表

序号	器名	时代	出土地点	分期	型式	铭文	通高（厘米）	口径（厘米）	底径（厘米）	重量（千克）	著录出处	图片
48	蟠螭纹罍	春秋早期	1994年山东安丘市柘山镇东古庙村	第二期	BaⅡ式		4件高分别为：28.3、28.7、27.3、26.3	4件口径分别为：18、17.5、16、16.2	4件底径分别为：13.5、13.5、11.5、12.5		《文物》2012年第7期，图6	 共计4件，除尺寸略有差异外，形制、纹饰相同
49	夔龙蕉叶纹罍（M1：11）	春秋早期	2001年山东省沂源县姑子坪周代墓葬M1	第二期	BaⅡ式		21.2	14.6			《考古》2003年第1期，37页，图版6·2	
50	素面罍（M4：36）	春秋早期	1954～1955年洛阳中州路西工段M4：36	第二期	BaⅡ式		26.8				《洛阳中州路·西工段》93页，图版52·2	 共2件，M4：37形制与M4：36一样，详细资料未发表

续表

序号	器名	时代	出土地点	分期	型式	铭文	通高（厘米）	口径（厘米）	底径（厘米）	重量（千克）	著录出处	图片
51	黄君孟罍（G1·A7）	春秋早期	1983年河南光山县宝相寺黄君孟夫妇墓	第二期	Bb型	肩部边缘铭文15字，“黄君孟自作行器，子子孙孙则永祜福”	23	15.6	30.2		《考古》1984年第4期；《全集》7·86；《集成》09963；《辞典》720；《商周》13996	 同墓出土2件，形制、纹饰相同，另一件编号为G1·A8资料未发表
52	蟠螭纹罍（M4：1）	春秋早期	2001～2002年河南省桐柏县左庄村M4	第二期	Bb型		21.6	16	11.4		《文物》2005年第8期，31页，图16、17、30·5	 共2件，形制、纹饰相同
53	昶伯墉罍	春秋早期	1964年河南桐柏县左庄村	第二期	Bb型	肩部铸铭文3字，“昶伯墉”	22	15			《考古》1965年第7期，371页。《商周》13991	
54	蟠虺纹罍	春秋晚期	1923年河南新郑郑公大墓	第四期	C型		40.5	29.5	25.1		《新郑郑公大墓青铜器》36、120页；《新郑彝器》88；《郑冢古器图考》5·20	

续表

序号	器名	时代	出土地点	分期	型式	铭文	通高（厘米）	口径（厘米）	底径（厘米）	重量（千克）	著录出处	图片
55	蟠虺纹罍	春秋晚期	1923年河南新郑郑公大墓	第四期	C型		40.5	29.5	25.1		《全集》7·27；《新郑出土古器图志初编》17，黄字第一号	
56	络绳纹罍（Z甲—17：1）	春秋晚期	1936年河南省辉县琉璃阁甲墓	第四期	C型		30.5	21			《辉县琉璃阁甲乙二墓》21、99页	
57	络绳纹罍（Z甲—17：2）	春秋晚期	1936年河南省辉县琉璃阁甲墓	第四期	C型		30.5	20.3			《辉县琉璃阁甲乙二墓》21、100页；《全集》8·182	
58	曲折纹罍	西周晚期	1969年山东烟台上夼村	第一期	D型		34.5				《考古》1983年第4期；《全集》9·85	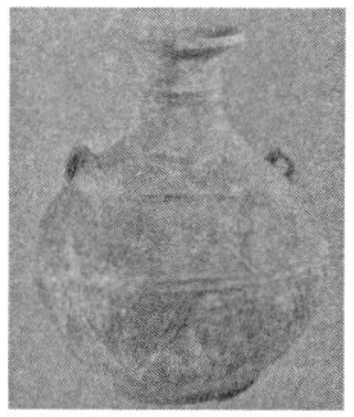 共2件，形制纹饰相同

续表

序号	器名	时代	出土地点	分期	型式	铭文	通高（厘米）	口径（厘米）	底径（厘米）	重量（千克）	著录出处	图片
59	曲折纹罍	西周晚期	1972年湖北随州熊家老湾	第一期	D型		35.5	13.4		10.8	《曾国》173页；《随州》34页	
60	曲折纹罍	西周晚期	1974年山东莱阳中荆公社前河前村	第一期	D型		32.6	12.5	15.5		《文物》1983年第12期，8页，图版3·2	
61	瓦楞纹罍	春秋晚期	1925年山东沂水县	第四期	地方类型		53.4	25.1	20.5		《山东文物选集》98；《全集》9·73；《山东省博物馆藏珍·青铜器卷》38页	
62	变形龙纹罍	春秋晚期	1974年山东省莒县寨里河乡老营村	第四期	地方类型		33	14.5	20.5		《东南文化》2001年第4期，52页，图4；《全集》9·72	

续表

序号	器名	时代	出土地点	分期	型式	铭文	通高（厘米）	口径（厘米）	底径（厘米）	重量（千克）	著录出处	图片
63	镂空盖蟠螭纹罍（M1：400）	春秋晚期	2008年安徽省蚌埠市双墩一号春秋墓葬	第四期	地方类型		45	42			《考古》2009年第7期，42页，图版14·4；《文物》2010年第3期，12页，封2·1	
64	镂空盖蟠螭纹罍（M1：398）	春秋晚期	2008年安徽省蚌埠市双墩一号春秋墓葬	第四期	地方类型		45.9	20	19.5		《考古学报》2013年第2期，249、250页，图17·2，图版7·2	
65	蟠虺纹罍	春秋中期	1977年山东省沂水县刘家店子春秋墓M1	第三期							《文物》1984年第9期，5页	出土4件，器形不明
66	素面罍（M2729：28）	战国早期	1954～1955年洛阳中州路西工段M2729	第三期			18.5				《洛阳中州路·西工段》93页	共2件，图片未发表。M2729：230与M2729：28形制一样，未发表详细资料
合计	66组91件											

附表5　传世两周青铜𬭚资料统计表

序号	器名	时代	流传经历、现藏地	分期	型式	铭文	通高（厘米）	口径（厘米）	腹围（厘米）	重量（千克）	著录出处	图片
1	伯夏父𬭚	西周晚期	原藏钱塘马履泰，现藏上海博物馆	第一期	AaⅠ式	肩部铸铭文18字（重文2），“伯夏父作毕姬尊𬭚，其万年子子孙孙永宝用”	21.8	7.4		2.29	《山金》167页；《夏商周》414；《商周》14001	
2	伯夏父𬭚	西周晚期	原藏顾子嘉，邹安	第一期	AaⅠ式	肩部铸铭文18字（重文2），“伯夏父作毕姬尊𬭚，其万年子子孙孙永宝用”					《梦坡室获古丛编》103页；《周金文存》5·27；《商周》14002	
3	郑义伯𬭚	西周晚期	原藏颐和园，1951年入藏北京故宫博物院	第一期	AaⅠ式	盖口外壁及器颈各铸铭文35字，“郑义伯作季姜𬭚，余以行以川，我郑即𥎦，我用以皮沓孒，我以𬯁兽，用锡眉寿，孙子𢦏永宝”	45.5	14.7		9.66	《文物》2004年第7期；《集成》09973；《故图》116；《商周》14008	

续表

序号	器名	时代	流传经历、现藏地	分期	型式	铭文	通高（厘米）	口径（厘米）	腹围（厘米）	重量（千克）	著录出处	图片
4	蟠螭纹𬭚（周蟠虬瓿）	春秋早期		第二期	AaⅡ式		九寸三分	五寸五分	三尺六分	一百八十七两	《西清古鉴》34·16	
5	蟠螭纹𬭚（汉夔纹瓿）	春秋早期		第二期	AaⅡ式		八寸一分	五寸二分	二尺八寸九分	一百五十八两	《西清续鉴》（乙编）16·31	
6	蟠螭纹𬭚	春秋早期	伍斯特美术馆馆藏	第二期	AaⅡ式						转引自《曾国》138页	
7	蟠螭纹𬭚	春秋中期	山东龙口市征集，烟台市博物馆藏	第三期	AaⅢ式		26.3	16.3			《全集》9·28	

续表

序号	器名	时代	流传经历、现藏地	分期	型式	铭文	通高（厘米）	口径（厘米）	腹围（厘米）	重量（千克）	著录出处	图片
8	交龙纹罍	春秋中期	美国旧金山亚洲艺术馆藏	第三期	AaⅢ式		26.7				《全集》7·26	
9	蟠虺纹罍（周夔纹瓿）	春秋晚期		第四期	AaⅣ式		九寸九分	七寸六分	腹围四尺二分	二百五十九两	《西清古鉴》34·19	
10	蟠虺纹罍（周蟠虺瓿）	春秋晚期		第四期	AaⅣ式		一尺	七寸	三尺八寸八分	二百二十八两	《西清续鉴》（甲编）16·15	
11	蟠虺纹罍（周蟠夔瓿一）	春秋晚期		第四期	AaⅣ式		八寸三分	六寸七分	三尺三寸	一百七十四两	《西清续鉴》（乙编）16·13	
12	蟠虺纹罍（汉螭纹瓿）	春秋晚期		第四期	AaⅣ式		八寸五分	七寸	三尺三寸六分	一百五十四两	《西清续鉴》（乙编）16·32	

续表

序号	器名	时代	流传经历、现藏地	分期	型式	铭文	通高（厘米）	口径（厘米）	腹围（厘米）	重量（千克）	著录出处	图片
13	蟠虺纹罍	春秋晚期		第四期	AaⅣ式		一尺一寸八分	七寸二分		四百八十一两五钱	《海外》693、807页	
14	蟠虺纹罍	春秋晚期	现藏北京故宫博物院	第四期	AaⅣ式		32.5			7.08	《故图》129	
15	蟠虺络绳纹罍	战国早期	现藏日本出光美术馆	第五期	AaⅤ式		29.2				《出光》1073	
16	错嵌红铜龙纹罍	战国早期	现藏北京故宫博物院	第五期	AaⅤ式		34.3			10.72	《故图》154	
17	信宫罍	战国晚期		第六期	AaⅥ式	腹部刻铭3处，共13字；底部刻铭2处，共6字。腹铭“四斗；古西共左，今左般；信宫左般。”底铭“西廿左，十九斤”	24.6	12			《珍秦斋藏金·秦铜器篇》128～131页；《秦青铜文明——珍秦琳琅》236～238页；《商周》13825	

续表

序号	器名	时代	流传经历、现藏地	分期	型式	铭文	通高（厘米）	口径（厘米）	腹围（厘米）	重量（千克）	著录出处	图片
18	交龙纹罍	春秋晚期		第四期	AbⅠ式		19.9	12.5	12.7	2.76	《夏商周》465	
19	伯游父罍	春秋中期	现藏上海博物馆	第三期	BaⅢ式	颈肩连接处铸铭文35字（重文2），“唯五月初吉丁亥，黄季氏伯马颈君游父作其尊罍，其眉寿万年无疆，子子孙孙永宝用之”	36.3	25			《上海博物馆集刊》第10期，119页，图7；《商周》14009	
20	番伯官曾罍	春秋早期	现藏上海博物馆	第二期	Bb型	口沿铸铭文20字，“唯番伯官曾自作宝罍，其万年子子孙孙永宝用享”	23.5	18.3	18.1	6.78	《周金文存》5·25·1；《夏商周》464；《商周》14006	
21	络绳纹罍（周络纹瓿）	春秋晚期		第四期	C型		一尺七分	六寸九分	三尺五寸	三百三十一两	《西清续鉴》（乙编）16·22	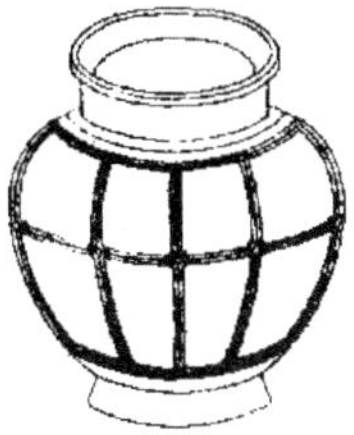

续表

序号	器名	时代	流传经历、现藏地	分期	型式	铭文	通高（厘米）	口径（厘米）	腹围（厘米）	重量（千克）	著录出处	图片
22	环带纹𬭚	西周晚期		第一期	D型	口内壁铸铭文6字，“京叔𦰡嬴媵𬭚”	33.5				《商周续编》0900	
23	直棱纹三足𬭚	春秋晚期		第五期	地方类型		32.6				《综览》罍69	
24	衵戌𬭚	西周晚期		第一期		口沿铸铭文19字（重文2），“享□父衵戌作宝𬭚，其万年子子孙孙，永宝用享”					《集成》09969；《商周》14003	无图片
25	衵戌𬭚	西周晚期		第一期		口沿铸铭文19字（重文2），“享□父衵戌作宝𬭚，其万年子子孙孙，永宝用享”					《集成》09970；《商周》14004	无图片

续表

序号	器名	时代	流传经历、现藏地	分期	型式	铭文	通高（厘米）	口径（厘米）	腹围（厘米）	重量（千克）	著录出处	图片
26	甫間鑑	春秋早期	原藏清宫	第二期		颈内壁铸铭文19字，“唯甫間喜于金，自作宝鑑，其万年子孙永宝用享”					《集成》09972；《商周》14005	无图片
合计	26件											

附表6　青铜罍墓葬礼器组合情况统计表

分期	时代	序号	出土单位	墓葬情况	鼎	甗	簋	鬲	豆	簠	尊	卣	壶	罍	觚	爵	斝	觯	瓿	方彝	觥	盘	盉	匜	斗	箕形器	其他器类	总数（件）	出处
第一期	殷墟二期	1	安阳大司空M539	墓葬口小底大，墓口长3.3、宽1.45、墓底长3.66、头端宽1.63、足端宽1.52米。墓底距地面深3.65米	1	1	1					1		1	2	2	1	1				1			1	1		14	《考古》1992年第6期
		2	安阳小屯M238	长方形墓，南北长1.96、东西宽1.25、上口深0.98、底深2.35米，本身深度为1.37米								1	1	1	3	3	1			2								12	《小屯》377、379页
		3	安阳小屯M18	墓口长4.6、宽2.2～2.3、深5.6米	3	2	1				2		1	1	5	5	2					1				1		24	《考古学报》1981年第4期
		4	安阳殷墟刘家庄北宜家苑住宅小区M33	墓口长4、宽1.84米	1	1	1							1	2	2				1		1					觯盖1	11	《徐家桥》179页
		5	安阳刘家庄北地M793	竖穴土坑墓，墓室面积约8.4平方米	2		1							1	2	2				1					1	1		11	《殷墟新出土青铜器》203页

续表

分期	时代	序号	出土单位	墓葬情况	鼎	甗	簋	鬲	豆	簠	尊	卣	壶	罍	觚	爵	斝	觯	瓿	方彝	觥	盘	盉	匜	斗	箕形器	其他器类	总数（件）	出处
第一期	殷墟二期	6	安阳殷墟郭家庄东南文源绿岛住宅小区M5	竖穴土坑墓，墓口长2.9、宽1.9、深4.45米	4	1								1	1	1										1		9	《徐家桥》43、47页；《考古》2008年第8期
		7	2005年甘泉下寺湾阎家沟墓葬	墓葬被破坏，情况不明	4	1	5				1	2		1	2													16	《考古与文物》2007年第3期
		8	安阳殷墟花园庄东地M54	长方形竖穴土坑墓，墓口南北长5.04、南部宽3.3、北部宽3.23米，墓底长6.03、南部宽4.4、北部宽4.15米，南部较北部宽出25厘米，墓底自西南向东北略微倾斜，西南部距地表7.16、东北部距地表7.38米	8	1	2				1			1	9	9	1			1	1				1		盂2、勺2、牛尊1	40	《花园庄》71、93页
		9	安阳殷墟郭家庄东南M26	墓口距地表2.4、墓口长3.55、宽2.2～2.25，墓底略小，距地表深4.9米	2	1	1							1	2	2				1						1	鍑形器1	12	《考古》1998年第10期

续表

分期	时代	序号	出土单位	墓葬情况	鼎	甗	簋	鬲	豆	簠	尊	卣	壶	罍	觚	爵	斝	觯	瓿	方彝	觥	盘	盉	匜	斗	箕形器	其他器类	总数（件）	出处
第一期	殷墟二期	10	安阳小屯M5妇好墓	长方竖井形墓圹，墓口距地表0.5米，墓口南北长5.6、东西宽4米，由墓口向下5.7米，墓南端略为收缩，宽3.85米，墓底略小于墓口，墓底距墓口深7.5米	31	10	5				10	2	4	2	53	40	12	2	3	5	8	2	6		8	1	盂1缶1罐1方形高圈足器1	208	《妇好墓》7、33页
第二期	殷墟三期	11	河南罗山蟒张墓地M1	墓口南北长6.5、东西宽3.8、深3.65米（不包括腰坑），墓底南北长4.7、东西宽3.4米	3	1						1		1	5	5	1								1			18	《考古》1981年第2期
		12	安阳郭家庄M160	墓口距地表2.3、长4.5、东边宽2.88、西边宽3.04米。墓底距地表8、长4.56、东边宽2.84，西边往内收缩，宽2.74米	6	1	1				3	1		1	10		3	1				1	1		1		角10、方形器1、铙3	44	《安阳殷墟郭家庄商代墓葬》70、77～105页
		13	宝鸡岐山贺家村M1	墓口长4.1、宽2.9、深3.94米	1		1					2		1			1		1						1			8	《考古》1976年第1期
		14	宝鸡扶风上宋乡红卫村M	墓葬被破坏，情况不明，但是器物组合完整	1	1	2				1	2		1											1			9	《考古与文物》2007年第3期

续表

分期	时代	序号	出土单位	墓葬情况	鼎	甗	簋	鬲	豆	簠	尊	卣	壶	罍	觚	爵	斝	觯	瓿	方彝	觥	盘	盉	匜	斗	箕形器	其他器类	总数（件）	出处
第二期	殷墟三期	15	山东寿光纪国墓M	长方形竖穴土坑墓，因挖井被扰动。坑东西长约1.8、南北宽约1.2、深约0.6米	5	1	1				2	2		1	3	5	1								2			23	《文物》1985年第3期
		16	山东青州苏埠屯M8	墓室呈长方形、口大底小。墓口南北长7.5、东西宽6.5、墓底距墓口深4.46米	5		1				1	1		1	2	4	1	1							1			18	《海岱考古》第一辑，260、261页
		17	安阳戚家庄东M269	墓口南北长3.03、东西宽1.53、墓底长3.4、宽1.9、墓底距墓口5.55米	4	1	1				2	1		1	3	2	1	1		1					1		器盖1	20	《考古学报》1991年第3期
		18	安阳大司空M51	墓室长3.4、宽1.25、深6.4米	2		1				1	2		1	2	2												11	《考古通讯》1958年第10期；《安阳殷墟青铜器》24页
第三期	殷墟四期	19	安阳榕树湾M1	竖穴土坑墓，墓口东西长3.4、南北宽1.66～1.74米，墓残深1.89米。现存墓口至地表3米，墓总深5.29米（至腰坑底）	2	1	1				1	1		1	2	2	1	1									铜扣木壶1	14	《考古》2009年第5期

续表

分期	时代	序号	出土单位	墓葬情况	鼎	甗	簋	鬲	豆	簠	尊	卣	壶	罍	觚	爵	斝	觯	瓿	方彝	觥	盘	盉	匜	斗	箕形器	其他器类	总数（件）	出处
第三期	殷墟四期	20	安阳大司空M303	墓口长4.25、南宽2.05、北宽2.25米；墓底长4.25、南宽2.25、北宽2.08米，墓深8.14米	7	1	2				2	2	1	1	6	10	2	1				1	1		2			39	《考古学报》2008年第3期
		21	安阳郭庄村北M6	长方形竖井形墓，墓底大于墓口，墓口下2.5米处，四壁均向外弧，墓口距地表3.1米，墓口长3.2、宽1.35、墓底长3.35、宽1.5～1.65、墓口至墓底深7米	4	1	1				1	1		1	3	3	1	1										17	《考古》1991年第10期
		22	山西灵石旌介M1	竖穴土坑墓，墓口南北长3.84、东西宽2.22、墓底长4.05、宽2.5，残深4米，墓室上部北取土破坏2米余	2		1				1	2		1	4	10	1	1										23	《灵石旌介商墓》13、21页
		23	山西灵石旌介M2	墓口东西长3.4、南北宽2.2、墓底距地表6米	1		1					1		1	4	10												18	《灵石旌介商墓》93、100页
		24	安阳殷墟刘家庄北M1046	墓口距地表1.6、墓口长4.25、宽2.16米，墓底略小于墓口，底距地表约10.2米，墓底长4.05、东宽2.05、西宽2米	6	1	2				3	3		1	3	5	1	2		1		1	1		1		角2	33	《考古学集刊》15，360、364～375页

续表

分期	时代	序号	出土单位	墓葬情况	鼎	甗	簋	鬲	豆	簠	尊	卣	壶	罍	觚	爵	斝	觯	瓿	方彝	觥	盘	盉	匜	斗	箕形器	其他器类	总数（件）	出处
第三期	殷墟四期	25	山东滕州前掌大M38	墓口南北长3.85、东西宽2.03～2.12米，墓口到墓底深2.15米	3		1	2			1	2		1	4	4	1	1							1			21	《滕州前掌大墓地》（上），81、84页
		26	山东滕州前掌大M11	中型墓，墓口长3.77、北端宽2.08、南端宽1.96、墓底北端宽1.73、南端宽1.63、口至底深3.34米	8	1	1				1	2	1	1	4	5	1	2				1	1		1		角2、铜扣木壶1	33	《滕州前掌大墓地》（上），75、77页
		27	山东滕州前掌大M128	墓口长3.55、宽1.8、口至底深3.15米；墓底长3.7、宽1.78米。被盗，组合不完整	1		1							1	2			1										6	《滕州前掌大墓地》（上），120页
第四期	西周早期	28	河南鹿邑太清宫长子口M1	中字形大墓，残长49.5、最宽处7、墓底距地表深8米，由南北墓道、墓室3部分组成	22	2	3	2			5	6	2	2	8	8	3	5			3	1	1		4		角2	79	《鹿邑》5、56～121页
		29	洛阳北窑M410	墓口南北长4.16、北宽2.66、南宽2.58米。深6米处开始内收，墓底长3.62、北宽2.54、南宽2.08、总深7.6米。墓葬曾被扰动，但是铜器组合完整	1		1	1					1	1				1										6	《北窑》191、194页

续表

分期	时代	序号	出土单位	墓葬情况	鼎	甗	簋	鬲	豆	簠	尊	卣	壶	罍	觚	爵	斝	觯	瓿	方彝	觥	盘	盉	匜	斗	箕形器	其他器类	总数（件）	出处
第四期	西周早期	30	洛阳北窑M6	墓底长4.61、宽3.23、深8.2厘米。墓葬被盗	1								壶盖1														匕2	4	《北窑》33页
		31	陕西泾阳高家堡91SGM4	长方形竖穴土坑墓，墓口上距地表0.3、南北长3.9米，北端略宽，为2.28米，南宽2.2米，墓深4.54米，墓底与墓口大小相同	3	1	1				1	2		1	2	2	1	2	1			1	1		2			原报告称有礼器19件，实际上有21件	《高家堡戈国墓》67～98页
		32	郑州洼刘西周墓	墓室残破，面积不详	3	1	1				1	3		1	1		1						1					13	《中原文物》2001年第2期
		33	宝鸡扶风庄李西周墓M9	墓口长3.44、宽2.2～2.4米。墓口距地表0.2～0.29米。墓底长3.57、宽2.25~2.34、深4.55米	3	1	2	1			1	1		1		2	1						1					14	《考古》2008年第12期
		34	山西翼城县大河口西周墓地M1	墓口长4.25、宽3.22米，墓底长4.6、宽3.78米，墓深9.75米	24	1	9	7			2	4		1	1	6		8				1	1		1		单耳罐1	67	《考古》2011年第7期

续表

分期	时代	序号	出土单位	墓葬情况	鼎	甗	簋	鬲	豆	簠	尊	卣	壶	罍	觚	爵	斝	觯	瓿	方彝	觥	盘	盉	匜	斗	箕形器	其他器类	总数（件）	出处
第四期	西周早期	35	山西翼城县大河口西周墓地M1017	墓葬口小底大，墓口长5、宽3.4、深10米	13	1	6	1	4		3	3	1	1	3	7	1	2				1	1		1		铜人顶盘1、鑘2、盆2、盂1、甬钟3	58	《考古》2011年第7期
		36	北京房山县琉璃河M1193	墓室被盗，器物组合不完整。现存墓口南北长7.68、南端宽5.45、北端宽5.25米。四壁整齐，愈往下四壁渐趋收缩，至距地表8.4米时，南北长度为5.6、东西宽为3.44米。墓底距地表10.25米。西北墓道口长4.05、宽1米，与墓室相接处深3.65米。东北墓道长4.33、宽1.05~1.08米，两壁逐渐收缩，墓道底宽一般为0.65米，与墓室相接处距地表3.8米。东南墓道，上口长5.15、宽0.92米。与墓室相接处的深度为3.6米，底宽为0.35米。西南墓道，上口长5.55、宽5.15、底宽0.7米										1				1					1					3	《考古》1990年第1期

续表

分期	时代	序号	出土单位	墓葬情况	鼎	甗	簋	鬲	豆	簠	尊	卣	壶	罍	觚	爵	斝	觯	瓿	方彝	觥	盘	盉	匜	斗	箕形器	其他器类	总数（件）	出处
第四期	西周早期	37	陕西武功游凤乡黄南窑村墓葬	墓葬被破坏，底距地表2米，长宽无法辨测	1		1							3														5	《文博》1986年第1期
		38	宝鸡岐山贺家村西周墓	竖穴土圹墓，东西向长4.1、宽2米，上距现在地表5.5米	4		1					1		1											1		角1、调色器1	10	《文物》1972年第6期
		39	湖北江陵万城西周墓	墓葬形制遭破坏，遗迹东西宽约1.5米，南北不知	2	2	2				1	1		2	2	3		1									勺1、皂首1	18	《文物》1963年第2期
		40	宝鸡渭滨区石鼓山石嘴头M1	墓葬被破坏，形制不明	1		1				1	1		1														5	《文物》2013年第2期
		41	宝鸡渭滨区石鼓山石嘴头M3	长方形竖穴土圹墓，墓长4.3、宽3.6、残深2.4米	6	1	6				1	6	1	1		1		1		1		1	1		2		禁2	31	《文物》2013年第2期
		42	宝鸡渭滨区石鼓山石嘴头M4	不规则长方形竖穴土坑墓，中等规模，口小底大，墓向北。墓葬开口处长3.8、宽3.5米，墓室底部长4.28、宽3.8米，自深约6.6米	15	4	16			2	1		2	4								1					盂2、甑1、牺尊2	50	《文物》2016年第1期
		43	湖北随州羊子山M4	墓葬情况未发表	3	1	3				2	2		2（方罍、圆罍各1）		3	1	1				1	1					20	《文物》2011年第11期

续表

分期	时代	序号	出土单位	墓葬情况	鼎	甗	簋	鬲	豆	簠	尊	卣	壶	罍	觚	爵	斝	觯	瓿	方彝	觥	盘	盉	匜	斗	箕形器	其他器类	总数（件）	出处
第四期	西周早期	44	湖北随州叶家山M1	长方形竖穴土坑墓，东西长3.6、南北宽2.5、距地表0.22～0.62、墓深2.8米	9	1	2	1			1	1		1	2	3	1	1										23	《叶家山》148页
		45	湖北随州叶家山M27	长方形竖穴土坑墓，东西长6.7～6.8、南北宽4.9～4.95、距地表0.3～0.4、墓深9.5～9.8米	5	1	4	2			1	1	1	2	1	2		4			1	1	1					27	《文物》2011年第11期；《叶家山》184页
		46	湖北随州叶家山M28	竖穴土坑墓，墓道东西长2.9、南北宽1.3～2.6米，墓室东西长7.4、南北宽5.7～6米	7	1	4	1			2	2	1	1	1	2		1				1	1					25	《叶家山》52页
		47	湖北随州叶家山M111	带墓道长方形竖穴墓，墓道上口长4.9～5.28、宽3.18～3.56、墓道深0.2～1.68米。墓道底部未及墓室底部，墓口东西长13.08～13.48、南北宽10.1～10.28米，墓底东西长8.08～8.22、南北宽5.58～5.96米，墓深9.1～9.26米	5	1	2					1	1	2	1		1					1					编钟4	该墓出土铜容器很多，目前发表的只有这19件	《叶家山》112页

续表

分期	时代	序号	出土单位	墓葬情况	鼎	甗	簋	鬲	豆	簠	尊	卣	壶	罍	觚	爵	斝	觯	瓿	方彝	觥	盘	盉	匜	斗	箕形器	其他器类	总数（件）	出处
第四期	西周早期	48	宝鸡纸坊头強国墓地M 1	墓葬被破坏，墓底距地表5米，墓葬被扰动，器物组合不完整	4	1	5	2						1				1										14	《強国》（上）17页
		49	宝鸡茹家庄強国墓地M1	甲子形竖穴土坑墓，墓室南部有一条斜坡形长墓道，墓道长23、宽3.6米。墓室长8.48、宽5.2、墓底至地表深12.2米。甲椁室长3.2、宽1.8、高1.9米。乙椁室长3.2、宽2.4、高2.26米	13	1	9	2	4		5	1	2	1		2		1				2			1		銮1、编钟3、大铜铃1、三足铜鸟2	42	《強国》271～274、281页
第五期	西周中期	50	西安长安普渡村长由墓M	长方形竖穴木椁墓，南北长4.2、东西宽2.25、深3.56米。墓室被破坏	4	1	2	2				1	1	1	2	2						1	1		1			19	《考古学报》1957年第1期
地方类型	春秋时期	51	内蒙宁城小黑石沟石椁墓	长方形墓，墓残长约3.1、宽2.3、深2.1米	1		2	1	2		1		1	1									1	7			盨盖1、铜铺1、六联豆罐1、瓜棱罐1、鼓形器1、鼓腹罐1、瓦楞纹小罐2、双联罐1、四联罐1、勺2、匙2、仿皮囊形器1	32	《文物》1995年第5期；《小黑石沟》264～275页

续表

分期	时代	序号	出土单位	墓葬情况	鼎	甗	簋	鬲	豆	簠	尊	卣	壶	罍	觚	爵	斝	觯	瓿	方彝	觥	盘	盉	匜	斗	箕形器	其他器类	总数（件）	出处
地方类型	春秋时期	52	四川茂县牟托一号石棺墓	长方形竖穴墓，墓口长3.9、宽1.36米，墓口距墓底深1.41～1.76米	1									1													敦形器1、甬钟1、纽钟3	7	《文物》1994年第3期。这座墓发掘简报认为是战国时期，但是综合器物来看，我们认为应当为春秋晚期为宜
		53	山东枣庄小邾国墓地M2	墓葬平面呈甲字形，东西向，头向东，墓室东西长5.85、南北宽5.7米，墓深5.7米。有斜坡墓道，方向朝东，坡的角度为20°	4			4		4			2	1								1		1				17	《中国历史文物》2003年第5期；《小邾国遗珍》5、6页
		54	山东沂水刘家店子M2	长方形竖井墓，墓口遭破坏，现存墓口南北长6.5、东西宽5.1、墓底长6.1、宽4.5，距现存墓口深3.5米	9									2													还有壶、提梁罐、盘、匜、编钟等，数目不详		《文物》1984年第9期

续表

分期	时代	序号	出土单位	墓葬情况	鼎	甗	簋	鬲	豆	簠	尊	卣	壶	罍	觚	爵	斝	觯	瓿	方彝	觥	盘	盉	匜	斗	箕形器	其他器类	总数（件）	出处
地方类型	战国时期	55	四川成都三洞桥战国墓M1	墓葬被破坏，组合不完整																							有鼎、罍等，数量不详		《文物》1989年第5期
		56	四川新都战国木椁墓	带有斜坡墓道的长方形土坑木椁墓，底部东宽5.5、西宽4.9、长8.82米，平面呈梯形，坡度为24°，墓坑长10.45、宽9.2，坑壁基本垂直，坑底距现地表3.63米	5	2			2				10	5								2		2			敦2、缶2、鉴2、甑2、三足盘形器5、豆形器5、釜5、鍪5、匕5、勺2，编钟5及一些兵器	60	《文物》1981年第6期
		57	1992年四川茂县牟托3号器物坑	挖毁，形制不明，组合不完整	1									1														2	《文物》1994年第3期，3号坑据简报称与墓葬的陪葬坑有关，故列入墓葬一类

附表7　商周青铜罍窖藏（包括性质不明的出土单位）情况统计表

序号	分期	时代	出土地点	出土单位情况	鼎	甗	簋	鬲	豆	簠	尊	卣	壶	罍	觚	爵	斝	觯	瓿	方彝	觥	盘	盉	匜	斗	箕形器	其他器类	总数（件）	出处
1	第一期	殷墟二期	陕北清涧铜器群	性质不明			1				1			1	1				1			1						6	《陕北》1·4页
2	第二期	殷墟三期	河南武陟县宁郭村	一处遗址，距地表1.5米	1									1			1											3	《文物》1989年第12期
3	第三期	殷墟四期	1973年辽宁喀左北洞村铜器窖藏	长方形窖坑，坑口深0.2、底深0.8、坑长1.35、宽1.1米										5					1										《考古》1973年第4期
4	第三期	殷墟四期	湖南益阳铜罍窖藏	简报推测为一窖藏，情况不明										1														1	《湖南博物馆文集》140页
5	第四期	西周早期	热河凌源海岛营子村铜器群	可能是窖藏	1	2	3					2	1	2								1					盂1、鸭形尊1	14，另有2件器残碎严重，不可拼凑	《商周铜器群综合研究》49页
6	第四期	西周早期	陇县梁甫铜器群	性质不明	2	1	1					1		1		1													《文博》1987年第3期
7	第四期	西周早期	1973年辽宁喀左北洞村2号铜器窖藏	长方形坑，坑口距地表0.2、长约2.5、宽1.2米，坑底长2、宽1米，坑底距地表0.8～1.1米	3		1							1													带嘴钵形器1	6	《考古》1974年第6期
8	第四期	西周早期	1974年辽宁喀左山湾子铜器窖藏	方圆形窖坑，长径约1.2、坑底距地表0.9米	1	3	10	1			1	1		3													盂1、盘状器1	22	《文物》1977年第12期

续表

序号	分期	时代	出土地点	出土单位情况	鼎	甗	簋	鬲	豆	簠	尊	卣	壶	罍	觚	爵	斝	觯	瓿	方彝	觥	盘	盉	匜	斗	箕形器	其他器类	总数（件）	出处
9	第四期	西周早期	1959年四川彭县竹瓦街铜器窖藏	铜器盛在一个大陶缸内，从埋藏陶缸的痕迹推测缸底是小平圆底，底径为27厘米，由底向上敞开，在44厘米处，腹径为76厘米。据推测缸的高度可能在1米左右							1			5				2										8，另有13件兵器	《文物》1961年第11期
10	第四期	西周早期	1980年四川彭县竹瓦街铜器窖藏	铜器盛于一个大陶缸中，陶缸高约120、口径75、腹径约85，底径30厘米										4														4，另有兵器若干	《考古》1981年第6期
11	第四期	西周早期	1972年扶风北桥铜器窖藏		1		3							1								2					甬钟2	9	《文物》1974年第11期
12	第五期	西周中期	1960年扶风齐家铜器窖藏		2	2	8	1		1			4	2								1		1			盂1、钟16	39	《齐家》7页
13	地方类型	战国时期	1987年四川汶川龙溪乡阿尔村铜器群	埋藏于阿尔村耕地当中										1													剑1	2	《四川文物》1989年第4期

附表8　两周青铜鑐墓葬礼器组合情况统计表

分期	时代	序号	出土单位	墓葬情况	鼎	甗	簋	簠	豆	鬲	壶	鉌	鑐	盘	盉	匜	其他	总数	备注
第一期	西周晚期	1	烟台上夼村墓葬	墓室长4.1、宽2.8、深3.6米，方向88°	2								2			1		5	《考古》1983年第4期
		2	莱阳前河前村墓葬	铜器出土于地下深1、宽0.8、长2米的范围内。东西向。墓葬情况不详	2	1					1		1	1		1		7	《文物》1983年第12期
第二期	春秋早期	3	山东邹县七家峪春秋墓葬	东西向，具体情况不明	6			8		5	1		2	1		1		24	《考古》1965年第11期
		4	山东沂源县姑子坪M1	墓近方形，口略大于底。墓口长5.3、宽5.26、深2.7米。方向101°	5		2	2			1		1	1			方彝1铜匕2	15	《考古》2003年第1期
		5	湖北枣阳郭家庙M2	情况不明	1								2					3	《曾国》136页
		6	黄君孟夫妇墓	竖穴土坑墓。东壁偏南有一墓道，墓上原有高约7～8米的封土。墓坑口大底小，墓口东西长7.1～9.1、南北宽12.2、深4.2米，方向109°	4				4	2	2		5（其中小鑐1）	2	2	2		23	《考古》1984年第4期
		7	河南潢川上油岗磨盘山春秋墓	竖穴土坑墓，情况不明									1		1		盆1，另有鼎、盘、壶等，数量不明	总数不明	《文物》1980年第1期
		8	河南三门峡虢国墓地M2012	长方形竖穴土坑墓，方向5°，墓口南北长5.3、东西宽3.74米；墓底长5.3、宽3.92、墓深10.93米	11	1	10	2	铺2	8	2		1	7	6	1	觚1爵4方彝5觯6、梁姬罐1，方盒1	69	《三门峡》235～236页

续表

分期	时代	序号	出土单位	墓葬情况	鼎	甗	簋	簠	豆	鬲	壶	鉌	鑐	盘	盉	匜	其他	总数	备注
第三期	春秋中期	9	山东栖霞县松山吕家埠M1	长方形竖穴土坑墓。墓口略大于墓底。现存墓口东西长4.8、南北宽3.2米；墓底东西长4.5、南北宽2.9、深2.3米。方向340°	1							1	1			1		4	《考古》1988年第9期
		10	洛阳体育场M8830	竖穴土坑墓，墓室平面呈长方形，170°，墓口略大于墓底，坑壁较直，底平。墓口长3.7、宽2.1米，墓底长3.3、宽1.8、墓底距地表7.2米	5		1	2			2	1	2			1	车軎2	16	《文物》2011年第8期
		11	洛阳西工区LBM4	竖穴土坑墓，墓室长3.6、宽2.4、深9米	3		2	2				1	2	1		1		12	《洛阳中州路·西工段》152页
		12	洛阳西工区小屯村M3494	长方形竖穴土坑墓，方向354°，墓口、底大小相同，四壁平直。墓底长5、宽3、距地表深10.5米	5		1	2			2		2	1		1	勺1	15	《考古》2016年第4期
		13	沂水刘家店子M1	长方形竖穴土坑墓，现存墓口南北长12.8、东西宽8米；墓底长8.5、宽5.8米，距现存墓口深3.6米	16	1	7			9	7	2	4	1	1	1	瓿2、盆2、盂1、罐1	55	《文物》1984年第9期
第四期	春秋晚期	14	洛阳西工区M8832	竖穴土坑墓，墓室平面呈长方形，273°，墓口大于墓底，坑壁较直，平底，墓口东西长4.2、南北宽3米，距现地表深0.4米；墓底东西长3.34、南北宽2.05～2.19米。距坑口深10米	8		1	4			3	1	2	1		3	勺1	24	《考古》2011年第9期

续表

分期	时代	序号	出土单位	墓葬情况	鼎	甗	簋	簠	豆	鬲	壶	鉌	鑘	盘	盉	匜	其他	总数	备注
第四期	春秋晚期	15	北京延庆军都山M2	竖穴土坑墓。东向。东偏南9°。扩口东西长3.1、东端宽1.26、西端宽1.2，现存墓口至墓底2.9米，从现存墓口至原墓口地面1.1米深，因近代取土被破坏，此墓深度原应为4米	1							1	1	1		1	三足杯2、斗1、敦1、匕1	10	《军都山》（一）283、284页
		16	北京延庆军都山M18	竖穴土坑墓。东向。东偏北6°。扩口大于扩底，扩口东西长3.6、东端宽1.6、西端宽3.23米，扩底长3.2、东端宽1.2、西端宽1.95米。墓口至墓底2.66米								1	1				鍑1、敦1	4	《军都山》（一）287、290页
		17	北京延庆军都山M250	竖穴土坑墓。东向。东偏北7°。扩口东西长3.55、东端宽1.15、西端宽3.3米，扩底东西长2.63、东端宽1.1、西端宽1.35米。墓口至墓底2.16米								1	1				鍑1	3	《军都山》（一）327、328页
		18	安徽双墩M1	圆形墓坑，口部直径20.2米，底部直径14、墓口至墓底深7.5米	5	1		4	2				2	1	1	2	双连盒1、勺1	20	《考古学报》2013年第2期
		19	辉县琉璃阁甲墓M	长方形竖穴墓，东西长11、南北宽10.3米，深约11米	18	1	6	5	8	5	5	1	2				钵1、盏1、洗1、鉴1、方炉1、炭箕1、敦2	59	《辉县琉璃阁甲乙二墓》13、14页
第五期	战国早期	20	太原金胜村M251赵卿墓	墓向109°，墓口距地表0.2米，东西长11、南北宽9.2米；墓底长8.8、宽6.8米，底距地表深14米	25			数目不详	14	6	8	数目不详	数目不详				鸟尊1、鉴6		《文物》1989年第9期
		21	山西万荣庙前村战国墓	长方形竖穴土坑墓，方向北偏东30°，口大于底，底宽3.5、长约5米；口宽3.9、长约5.5米	7		2			3			2			1	鉴2、尊1	18	《文物参考资料》1958年第12期

续表

分期	时代	序号	出土单位	墓葬情况	鼎	甗	簋	簠	豆	鬲	壶	鈚	鐳	盘	盉	匜	其他	总数	备注
第五期	战国早期	22	长治分水岭M270	北偏东20°，口底同大，南北长5.7、东西宽4.44、底深9.9米	10			2			2	1	2	1	1	1	敦2	22	《考古学报》1974年第2期
		23	湖北南漳穿庙山东周墓地	方向180°，坑口略大于坑底。坑口长3.7、宽2.5～2.68米；坑底长3.62、宽2.34～2.5米。坑深2.56米	2								2	1		1	敦2	8	《江汉考古》2015年第4期
		24	山西潞城河M7	竖穴土坑墓，北偏东15°，墓口南北长6、东西宽5.5米；墓底南北长6.4、东西宽5.7米，墓口距地表1米，墓室深11.3米	13	1		2	8		2	1	2	3	1	1	罐2、鉴4、勺2、炭箕1	43	《文物》1986年第6期
		25	河北唐县北城子M2	竖穴土坑墓，方向北偏西，墓葬南北长3.2、东西宽2.8，深3.5米	2	1	1		1		1		1			1	双耳小釜1	9	《文物春秋》1991年第1期
		26	滕州北辛战国墓	墓葬被破坏，情况不明	2				2				2					6	《考古》2004年第3期
		27	洛阳西工区M3490	长方形竖穴土坑墓，方向357°。墓底长3.9、宽2.7，距地表深7.2米	5		1	2				1	2	1		1	勺1	14	《考古》2016年第4期
第六期	战国晚期	28	安徽六安白鹭洲M585	甲字形墓，墓道位于墓室东部，方向为94°。斜坡形墓道。墓室开口残长8.6、宽6.2米；底部长7.36、宽5米。墓道开口残长3.8、宽3.4米。墓道底端距墓室底部深约2.58米	4								1			1	盒2、洗1、勺1	10	《考古》2012年第11期

附表9　商周青铜罍分期演变图表

<table>
<tr><td colspan="3" rowspan="2">型式 / 分期</td><td colspan="3">A型圆罍</td><td colspan="2">B型方罍</td></tr>
<tr><td>Aa型</td><td>Ab型</td><td>Ac型</td><td>Ba型</td><td>Bb型</td></tr>
<tr><td>第一期</td><td colspan="2">殷墟二期</td><td>
1</td><td>
7</td><td>
13</td><td>
17</td><td>
22</td></tr>
<tr><td rowspan="2">第二期</td><td rowspan="2">殷墟三期</td><td>早段</td><td>
2</td><td>
8</td><td>
14</td><td rowspan="2">
18</td><td rowspan="2">
23</td></tr>
<tr><td>晚段</td><td>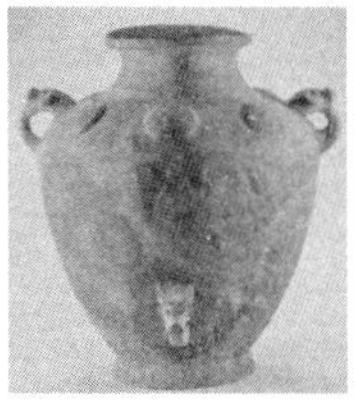
3</td><td>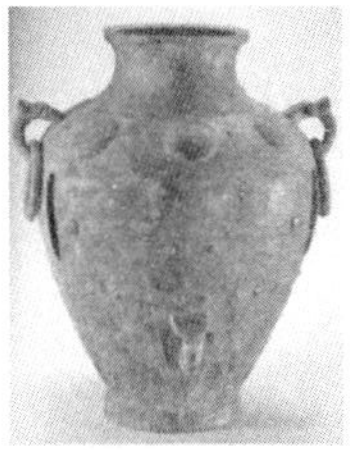
9</td><td>
15</td></tr>
</table>

续表

型式／分期		A型圆罍			B型方罍	
		Aa型	Ab型	Ac型	Ba型	Bb型
第三期	殷墟四期	 4	 10		 19	 24
第四期	西周早期偏早	 5	 11	 16	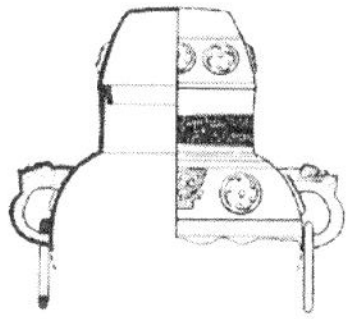 20	 25

续表

分期 \ 型式		A型圆罍 Aa型	A型圆罍 Ab型	A型圆罍 Ac型	B型方罍 Ba型	B型方罍 Bb型
第五期	西周早期偏晚				 21	
第五期	西周中期	 6	 12			

1. AaⅠ式安阳小屯M18：37弦纹罍　2. AaⅡ式岐山贺家村出土涡纹罍　3. AaⅢ式殷墟戚家庄东M269：35爰罍　4. AaⅣ式汉中城固县陈邸村出土山父已罍　5. AaⅤ式宝鸡石鼓山M3：19亚羌父乙罍　6. AaⅥ式齐家村窖藏出土涡纹罍甲　7. AbⅠ小屯墓地M238出土三角夔纹罍　8. AbⅡ式山东长清兴复河出土且辛禹罍　9. AbⅢ式安阳殷墟郭家庄M160出土亚址罍　10. AbⅣ式安阳大司空M303出土马危罍　11. AbⅤ式琉璃河燕国墓地M1043出土敳■父已罍　12. AbⅥ凤翔劝读村出土对罍　13. AcⅠ式妇姦小罍　14. AcⅡ式兽面三角夔纹小罍　15. AcⅢ式子媚小罍　16. AcⅣ式宝鸡茹家庄M1乙出土涡纹小罍　17. BaⅠ式殷墟花园庄东地M54出土涡纹方罍　18. BaⅡ式安阳大司空M51出土涡纹方罍　19. BaⅢ式殷墟刘家庄北M1046出土亚朿方罍　20. BaⅢ式湖北叶家山M1出土残方罍　21.BaⅣ式扶风庄白窖藏出土陵方罍　22. BbⅠ式安阳殷墟妇好方罍　23. BbⅡ式白鹤美术馆藏冊得方罍　24. BbⅢ式上海博物馆藏孤竹亚㝬方罍　25. BbⅣ式鹿邑太清宫出土长子口方罍

附表10　两周青铜罍分期演变图表

型式 / 分期	A型		B型		C型	D型
	Aa型	Ab型	Ba型	Bb型		
第一期（西周晚期）	 1		 9			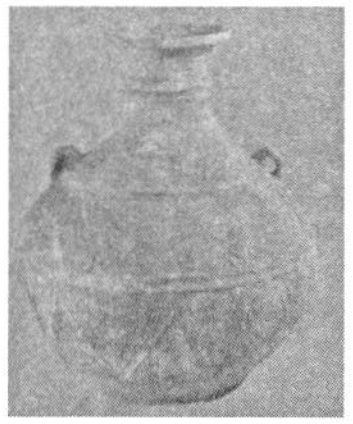 14
第二期（春秋早期）	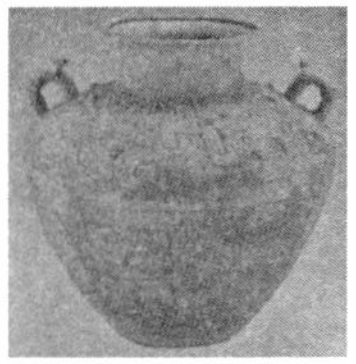 2		 10	 12		
第三期（春秋中期）	 3		 11			

续表

分期＼型式	A型		B型		C型	D型
	Aa型	Ab型	Ba型	Bb型		
第四期（春秋晚期）	 4	 7			 13	
第五期（战国早期）	 5	 8				
第六期（战国晚期）	 6					

1. AaⅠ式仲义父罍（《全集》5·183右）　2. AaⅡ式湖北枣阳郭家庙蟠螭纹罍（《曾国》139页）　3. AaⅢ式烟台博物馆藏蟠螭纹罍（《全集》9·28）　4. AaⅣ式山东莒县天井汪出土蟠虺纹罍（《全集》9·74）　5. AaⅤ式山西太原金胜村出土蟠虺纹罍（《全集》8·49）　6. AaⅥ式工师文罍（《神韵与辉煌》112页）　7. AbⅠ式山西浑源李峪村出土络绳纹罍（《夏商周》517·1）　8. AbⅡ式 滕州北辛战国墓出土罍（《考古》2004年第3期，图版8·3）　9. BaⅠ式膳夫吉父罍（《商周》13995）　10. BaⅡ式黄夫人罍（《全集》7·87）　11. BaⅢ式上海博物馆藏伯游父罍（《商周》14009）　12. Bb型黄君孟罍（《全集》7·86）　13. C型河南新郑郑公大墓出土蟠虺纹罍（《全集》7·27）　14. D型烟台上夼村出土曲折纹罍（《全集》9·85）

附表11　本书引用书目简称全称对应表

序号	简称	对应书目全称
1	《怀米》	（清）曹载奎：《怀米山房吉金图》，道光十九年自刻本
2	《陶斋》	（清）端方：《陶斋吉金录》，清光绪三十四年石印本
3	《陶斋续》	（清）端方：《陶斋吉金续录》，清宣统元年石印本
4	《善斋》	容庚：《善斋彝器图录》，1936年燕京大学哈佛燕京学社影印本
5	《澂秋》	孙壮：《澂秋馆吉金图》，1931年北平商务印书馆分馆石印本
6	《海外》	容庚：《海外吉金图录》，1935年考古学社专集第三种影印本
7	《国史金石》	王献唐：《国史金石志稿》，青岛出版社，2004年
8	《全集》	中国青铜器编辑委员会：《中国青铜器全集》，文物出版社，1993～2005年
9	《集成》	中国社会科学院考古研究所：《殷周金文集成》，中华书局，1984年
10	《商周》	吴镇烽：《商周青铜器铭文暨图像集成》，上海古籍出版社，2012年
11	《商周续编》	吴镇烽：《商周青铜器铭文暨图像集成续编》，上海古籍出版社，2016年
12	《山金》	山东省博物馆：《山东金文集成》，齐鲁书社，2007年
13	《保利续》	保利艺术博物馆：《保利藏金续》，岭南美术出版社，2001年
14	《流散》	刘雨、汪涛：《流散欧美殷周有铭青铜器集录》，上海辞书出版社，2007年
15	《辞典》	陈佩芬：《中国青铜器辞典》，上海辞书出版社，2013年
16	《故图》	故宫博物院：《故宫青铜器图典》，紫禁城出版社，2010年
17	《故铜》	故宫博物院：《故宫青铜器馆》，故宫出版社，2012年
18	《美集》	陈梦家：《美帝国主义劫掠的我国殷周铜器集录》，科学出版社，1962年
19	《通论》	容庚、张维持：《殷周青铜器通论》，文物出版社，1984年
20	《遗珠》	李学勤、艾兰：《欧洲所藏中国青铜器遗珠》，文物出版社，1995年
21	《旅顺博》	旅顺博物馆：《旅顺博物馆》，文物出版社，2004年
22	《夏商周》	陈佩芬：《夏商周青铜器研究》，上海古籍出版社，2000年
23	《周原》	曹玮：《周原出土商周青铜器》，巴蜀书社，2005年
24	《陕北》	曹玮：《陕北出土青铜器》，巴蜀书社，2009年
25	《汉中》	曹玮：《汉中出土商代青铜器》，巴蜀书社，2006年
26	《陕青》	陕西省考古研究所等：《陕西出土商周青铜器》，文物出版社，1979年
27	《河青》	《河南出土商周青铜器》编辑组：《河南出土商周青铜器》，文物出版社，1981年
28	《曾国》	湖北省文物考古研究所：《曾国青铜器》，文物出版社，2007年
29	《叶家山》	湖北省博物馆等：《随州叶家山西周早期曾国墓地》，文物出版社，2013年
30	《呦呦鹿鸣》	山西省考古研究所：《呦呦鹿鸣——燕国公主眼里的霸国》，科学出版社，2014年

续表

序号	简称	对应书目全称
31	《酌彼金罍》	湖南博物馆等：《酌彼金罍——皿方罍与湖南出土青铜器精粹》，上海世纪出版集团，上海书画出版社，2015年
32	《北京文物精粹》	《北京文物精粹大系》编委会、北京市文物局：《北京文物精粹大系》（青铜器卷），北京出版社，2002年
33	《天府》	四川省文化厅、四川省文化管理局：《天府藏珍——四川馆藏文物精华》，四川科学技术出版社，2009年
34	《西铜》	西安市文物保护考古所：《西安文物精华 · 青铜器》，世界图书出版公司，2005年
35	《凤翔遗珍》	凤翔县博物馆：《凤翔遗珍——凤翔县博物馆藏品精粹》，三秦出版社，2012年
36	《中山古国》	河北博物院：《战国雄风 · 中山古国》，文物出版社，2014年
37	《神韵与辉煌》	冀东山、梁彦民：《神韵与辉煌》，三秦出版社，2006年
38	《徐家桥》	安阳市文物考古研究所：《安阳殷墟徐家桥郭家庄商代墓葬——2004～2008年殷墟考古报告》，科学出版社，2011年
39	《城洋》	赵丛苍：《城洋青铜器》，科学出版社，2006年
40	《齐家》	陕西省博物馆、陕西省文物管理委员会：《扶风齐家村青铜器群》，文物出版社，1963年
41	《前掌大》	中国社会科学院考古研究所：《滕州前掌大墓地》，文物出版社，2005年
42	《三门峡》	河南省文物考古研究所、三门峡市文物工作队：《三门峡虢国墓》，文物出版社，1999年
43	《北窑》	洛阳市文物工作队：《洛阳北窑西周墓》，文物出版社，1999年
44	《鹿邑》	河南省文物考古研究所、周口市文化局：《鹿邑太清宫长子口墓》，中州古籍出版社，2000年
45	《強国》	卢连成、胡智生：《宝鸡強国墓地》，文物出版社，1988年
46	《随州》	随州市博物馆：《随州出土文物精粹》，文物出版社，2009年
47	《穆穆曾侯》	吴宏堂、方勤主编，襄阳博物馆、湖北省文物考古研究所、湖北省博物馆、长江文明馆编：《穆穆曾侯——枣阳郭家庙曾国墓地》，文物出版社，2015年
48	《戴家湾》	陈昭容：《宝鸡戴家湾与石鼓山出土商周青铜器》，台北"中央"研究院历史语言研究所、陕西省考古研究院，2015年
49	《小屯》	石璋如：《小屯》第一本《遗址的发现与发掘 · 丙编 · 殷墟墓葬之一 · 北组墓葬 · 上》，台北"中央"研究院历史语言研究所出版，1970年
50	《妇好墓》	中国社会科学院考古研究所：《殷墟妇好墓》，文物出版社，1980年
51	《齐家村》	陕西省博物馆、陕西省文物管理委员会：《扶风齐家村青铜器群》，文物出版社，1963年
52	《花园庄》	中国社会科学院考古研究所：《安阳殷墟花园庄东地商代墓葬》，科学出版社，2007年
53	《天马—曲村》	北京大学考古系商周组、山西省文物考古研究所，邹衡主编：《天马—曲村》（1980～1989），科学出版社，2000年

续表

序号	简称	对应书目全称
54	《小黑石沟》	内蒙古自治区文物考古研究所、宁城县辽中京博物馆：《小黑石沟——夏家店上层文化遗址发掘报告》，科学出版社，2009年
55	《辨伪》	王文昶：《青铜器辨伪三百例》，紫禁城出版社，2009年
56	《军都山》	北京市文物研究所：《军都山墓地——玉皇庙》，文物出版社，2007年
57	《新收》	钟柏生、陈昭容、黄铭崇、袁国华：《新收殷周青铜器铭文暨器影汇编》，台北艺文印书馆，2006年
58	《古器散论》	张临生：《古器散论》，四海电子彩色制版股份有限公司，2016年
59	《海外遗珍》	台北故宫博物院编辑委员会：《海外遗珍·铜器续》，台北故宫博物院、台北士林区外双溪，1988年
60	《清赏》	〔日〕不言堂坂本五郎：《中国青铜器清赏》，日本经济新闻社，2002年
61	《白鹤》	〔日〕白鹤美术馆：《白鹤吉金选集》，京都市中京区新町通竹屋町南株式会社，1951年
62	《出光》	〔日〕出光美术馆：《出光美术馆：开馆十五周年纪念展图录》，文化印刷株式会社，1981年
63	《综览》	〔日〕林巳奈夫：《〈殷周时代青铜器之研究〉——殷周青铜器综览一》,吉川弘文馆，1984年

参考书目

一、历史文献

［1］（春秋）左丘明．左传［M］．上海：上海古籍出版社．1997.

［2］（春秋）左丘明撰，鲍思陶点校．国语［M］．济南：齐鲁书社．2005.

［3］（西汉）司马迁．史记［M］．北京：中华书局．1982.

［4］（东汉）许慎撰，（宋）徐铉校定．说文［M］．北京：中华书局．2004.

［5］（东汉）高诱注．战国策［M］．北京：商务印书馆．1958.

［6］（南朝·宋）范晔．后汉书［M］．北京：中华书局．1997.

［7］（清）阮元校刻．十三经注疏［M］．北京：中华书局．1980.

［8］（清）林昌彝．三礼通释［M］．海口：海南出版社．2000.

［9］（清）姜绍书．韵石斋笔谈［M］．北京：中华书局．1985.

［10］（清）魏翼龙．春秋滕薛杞越莒郳许七国统表［M］．清道光十三年萧山存问堂刻本.

［11］屈守元．韩诗外传笺疏［M］．成都：巴蜀书社．1996.

二、铜器著录

［1］（宋）吕大临．考古图［M］．清乾隆四十六年四库全书文渊阁书录钱曾影钞宋刻本影印.

［2］（宋）吕大临、赵九成．考古图［M］．清乾隆四十六年四库全书文渊阁书錄钱曾影钞宋刻本影印.

［3］（宋）王黼．博古图［M］．清乾隆十八年天都黄晟亦政堂修补明万历二十八年吴历化宝古堂刻本影印.

［4］（宋）董逌．广川书跋［M］．南林张氏适园丛书本．1915.

［5］（宋）张抡．绍兴内府古器评［M］．明崇祯年间毛晋汲古阁刻本.

［6］（明）胡文焕．古器具名［M］．明万历自刻本.

［7］（清）梁诗正．西清古鉴［M］．乾隆十四年敕编，光绪十四年辽宋书馆铜版影印本.

［8］（清）王杰．西清续鉴（甲编）［M］．乾隆五十八年敕编，宣统三年涵芬楼石印宁寿宫写本影印本.

［9］（清）梁诗正、王杰．宁寿鉴古［M］．涵芬楼依宁寿宫写本石印本．1913.

［10］（清）曹载奎．怀米山房吉金图［M］．清道光十九年自刻本.

［11］（清）吴云．二百兰亭斋收藏金石记［M］．清咸丰六年吴让之写刻本.

［12］（清）端方．陶斋吉金录［M］．清光绪三十四年石印本.

［13］（清）端方．陶斋吉金续录［M］．清宣统元年石印本.

［14］（宋）薛尚功．历代钟鼎彝器款识法帖［M］．北京：中华书局影印本．1986.

［15］（清）倪涛．六艺之一录［M］．清乾隆四十六年四库全书文渊阁本.

［16］（清）孙诒让．古籀拾遗［M］．清光绪十六年自刻本.

［17］（清）吴荣光．筠清馆金文［M］．宜都杨氏重刻本.

［18］（清）吴式芬．攈古录金文［M］．光绪二十一年吴氏家刻本.

［19］（清）刘心源．古文审［M］．清光绪十七年自写刻本.

［20］（清）吴大澂．愙斋集古录［M］．涵芬楼影印本．1930.

［21］（清）孙诒让．古籀余论［M］．燕京大学哈佛燕京学社石印容庚校补本，1929.

［22］（清）刘心源．奇觚室吉金文述［M］．光绪二十八年石印本.

［23］（清）盛昱．郁华阁金文［M］．上海：有正书局．1905.

［24］（清）方濬益．缀遗斋彝器考释［M］．涵芬楼石印本．1935.

［25］（清）陈介祺．簠斋吉金录［M］．风雨楼影印本．1918.

［26］（清）张廷济．清仪阁金石题识［M］．清光绪二十年观自得斋校刊本.

［27］（清）陈庆镛．齐侯罍铭文通释［M］．清道光二十六年一镫书舍木刻本.

［28］吴士鉴．九锺精舍金石跋尾［M］．清宣统二年自刻本.

［29］容庚．商周彝器通考［M］．台湾大通书局印行.

［30］周庆云、邹寿祺．梦坡室获古丛编［M］．1927年石印本.

［31］孙壮编次，陈承裘藏器．澂秋馆吉金图［M］．北平商务印书馆分馆石印本．1931.

［32］容庚．海外吉金图录［M］．考古学社专集第三种影印本．1935.

［33］容庚．善斋彝器图录［M］．燕京大学哈佛燕京学社影印本．1936.

［34］商承祚．十二家吉金图录［M］．哈佛燕京学社影印本．1935.

［35］靳云鹗．新郑出土古器图志初稿［M］．1923年影印本.

［36］关百益．郑冢古器图考［M］．北京：中华书局影印本．1928.

［37］孙海波．新郑彝器［M］．考古学社专刊第十九种影印本．1937.

［38］邹安．周金文存［M］．上海：仓圣明智大学刊本．1916.

［39］刘节．楚器图释［M］．北京图书馆考古专集（第二种）．1935.

［40］罗振玉．三代吉金文存［M］．北京：中华书局［M］．1983.

［41］罗振玉．贞松堂集古遗文［M］．北京：北京图书馆出版社．2003.

［42］罗振玉．贞松堂集古遗文补遗［M］．宝熙书耑石印本．1931.

［43］罗振玉．贞松堂集古遗文续编［M］．蟫隐楼石印本．1934.

［44］罗振玉．辽居乙稿［M］．1931年石印本.

［45］柯昌济．韡华阁集古录跋尾［M］．1935年铅印本.

［46］王国维、罗福颐．三代秦汉两宋隋唐元附金文著录表、清代金文著录表［M］．北京：北京图书馆出版社．2003.

［47］鲍鼎．愙斋集古录校勘记［M］．1932年石印本.

［48］容庚、张维持．殷周青铜器通论［M］．北京：文物出版社．1984.

［49］朱凤瀚．古代中国青铜器［M］．天津：南开大学出版社．1995.

［50］马承源．中国青铜器［M］．上海：上海古籍出版社．2003.

［51］陕西省考古研究所等．陕西出土商周青铜器（1-4册）［M］．北京：文物出版社．1979.

［52］河南出土商周青铜器编辑组．河南出土商周青铜器［M］．北京：文物出版社．1981.

［53］陈梦家．美帝国主义劫掠的我国殷周铜器集录［M］．北京：科学出版社．1962.

［54］李学勤、艾兰．欧洲所藏中国青铜器遗珠［M］．北京：文物出版社．1995.

［55］中国青铜器编辑委员会．中国青铜器全集［M］．北京：文物出版社．1993～2005.

［56］陈佩芬．夏商周青铜器研究［M］．上海：上海古籍出版社．2000.

［57］曹玮．周原出土商周青铜器［M］．成都：巴蜀书社．2005.

［58］曹玮．汉中出土商代青铜器［M］．成都：巴蜀书社．2006.

［59］曹玮．陕北出土青铜器［M］．成都：巴蜀书社．2009.

［60］安阳市文物管理局．安阳文物精华［M］．北京：文物出版社．2004.

［61］河南博物院、台北历史博物馆．新郑郑公大墓青铜器［M］．郑州：大象出版社．2001.

［62］四川省博物馆．巴蜀青铜器［M］．成都：成都出版社．1993.

［63］北京图书馆金石组．北京图书馆藏青铜器铭文拓本选编［M］．北京：文物出版社．1985.

［64］北京文物精粹大系编委会、北京市文物局．北京文物精粹大系（青铜器卷）［M］．北京：北京出版社．2002.

[65] 谭维四. 湖北出土文物精华 [M]. 武汉：湖北教育出版社. 2000.

[66] 湖北省博物馆. 湖北出土文物精粹 [M]. 北京：文物出版社. 2006.

[67] 江西省博物馆、上海博物馆. 江西新干出土青铜艺术 [M]. 香港：香港两木出版社. 1994.

[68] 旅顺博物馆. 旅顺博物馆 [M]. 北京：文物出版社. 2004.

[69] 冀东山、梁彦民. 神韵与辉煌（青铜器卷）[M]. 西安：三秦出版社. 2006.

[70] 安徽大学等. 皖南商周青铜器 [M]. 北京：文物出版社. 2006.

[71] 吴镇烽. 中国古青铜器 [M]. 武汉：湖北美术出版社. 2001.

[72] 李建伟等. 中国青铜器图录 [M]. 北京：中国商业出版社. 2000年.

[73] 国家文物局. 中国文物精华大辞典. 青铜卷 [M]. 上海：上海辞书出版社、商务印书馆联合出版. 1995.

[74] 邵学海. 长江流域古代美术（青铜器卷）[M]. 武汉：湖北教育出版社. 2002.

[75] 曹玮. 传承与谋变——三晋历史文化展 [M]. 西安：三秦出版社. 2014.

[76] 湖北省博物馆. 随州叶家山西周早期曾国墓地 [M]. 北京：文物出版社. 2013.

[77] 西安市文物保护考古所. 西安文物精华·青铜器 [M]. 西安：世界图书出版公司. 2005.

[78] 陕西省考古研究院等. 周野鹿鸣——宝鸡石鼓山西周贵族墓出土青铜器 [M]. 上海：上海书画出版社. 2014.

[79] 山西省考古研究所. 呦呦鹿鸣——燕国公主眼里的霸国 [M]. 北京：科学出版社. 2014.

[80] 湖南博物馆等. 酌彼金罍——皿方罍与湖南出土青铜器精粹 [M]. 上海：上海世纪出版集团，上海书画出版社. 2015.

[81] 山东省博物馆. 山东省博物馆藏珍·青铜器卷 [M]. 济南：山东文化音像出版社. 2004.

[82] 陈佩芬. 中国青铜器辞典 [M]. 上海：上海辞书出版社. 2013.

[83] 凤翔县博物馆. 凤翔遗珍·凤翔县博物馆藏品精粹 [M]. 西安：三秦出版社. 2012.

[84] 刘庆平. 武汉馆藏文物精粹 [M]. 武汉：武汉出版社. 2006.

[85] 中国社会科学院考古研究所、安阳市文物考古研究所. 殷墟新出土青铜器 [M]. 昆明：云南出版集团公司、云南人民出版社. 2008.

[86] 深圳博物馆、山西省考古研究所、山西博物院. 封邦建霸——山西翼城大河口墓地出土西周霸国文物珍品 [M]. 北京：文物出版社. 2016.

［87］宝鸡青铜器博物院．青铜铸文明［M］．西安：世界图书出版西安公司．2010.

［88］枣庄市政协台港澳侨民族宗教委员会、枣庄市博物馆．小邾国遗珍［M］．北京：中国文史出版社．2006.

［89］安阳市文物工作队、安阳市博物馆．安阳殷墟青铜器［M］．郑州：中州古籍出版社．1993.

［90］故宫博物院．故宫青铜器图典［M］．北京：紫禁城出版社．2010.

［91］故宫博物院．故宫青铜器馆［M］．北京：故宫出版社．2012.

［92］方勤、吴宏堂，长江文明馆等．穆穆曾侯——枣阳郭家庙曾国墓地［M］．北京：文物出版社．2015.

［93］辽宁省文物考古研究所．辽海记忆——辽宁考古六十年重要发现（1954～2014）［M］．沈阳：辽宁人民出版社．2014.

［94］辽宁省博物馆、辽宁省文物考古研究所．辽海遗珍——辽宁考古六十年展（1954～2014）［M］．北京：文物出版社．2014.

［95］安徽大学、安徽省社会科学院、安徽省文物考古研究所．安徽江淮地区商周青铜器［M］．北京：文物出版社．2014.

［96］湖北省文物考古研究所．曾国青铜器［M］．北京：文物出版社．2007.

［97］河北博物院．战国雄风 · 中山古国［M］．北京：文物出版社．2014.

［98］吴镇烽．陕西金文汇编［M］．西安：三秦出版社．1989.

［99］中国社会科学院考古研究所．殷周金文集成［M］．北京：中华书局．1984.

［100］山东省博物馆．山东金文集成［M］．齐鲁书社．2007.

［101］刘雨、卢岩．近出殷周金文集录［M］．北京：中华书局．2002.

［102］中国社会科学院考古研究所．殷周金文集成释文［M］．香港：香港中文大学中国文化研究所．2001.

［103］于省吾．商周金文录遗［M］．北京：中华书局．2009.

［104］罗振玉．三代吉金文存［M］．北京：中华书局．1983.

［105］张临生．古器散论［M］．台北：台北故宫博物院．2016.

［106］锺柏生、陈昭容、黄铭崇、袁国华．新收殷周青铜器铭文暨器影汇编［M］．台北：台北艺文印书馆．2006.

［107］台北故宫博物院编辑委员会．海外遗珍 · 铜器续［M］．台北：台北故宫博物院、台北士林区外双溪．1988.

［108］萧春源．珍秦斋藏金 · 秦铜器篇［M］．澳门基金会出版．2006.

［109］萧春源．秦青铜文明——珍秦琳琅［M］．澳门特别行政区民政总署文化康体部出版．2009.

［110］〔日〕林巳奈夫．殷周时代青铜器之研究——殷周青铜器综览一［M］．东京：吉川弘文馆．1984.

［111］〔日〕内藤乾吉．日本蒐储支那古铜精华［M］．山中商会．1962.

［112］〔日〕白鹤美术馆．白鹤吉金选集［M］．京都市中京区新町通竹屋町南株式会社．1951.

［113］〔日〕出光美术馆．出光美术馆：开馆十五周年纪念展图录［M］．文化印刷株式会社．1981.

三、专　　著

［1］山东省文物管理处、山东省博物馆．山东文物选集（普查部分）［M］．北京：文物出版社．1959.

［2］李先登．夏商周青铜文明探研［M］．北京：科学出版社．2001.

［3］郭宝钧．商周铜器群综合研究［M］．北京：文物出版社．1981.

［4］中国社会科学院考古研究所．中国考古学·夏商卷、两周卷［M］．北京：中国社会科学出版社．2003.

［5］孙华．四川盆地的青铜时代［M］．北京：科学出版社．2001.

［6］李学勤．东周与秦代文明［M］．北京：文物出版社．1984.

［7］湖南省博物馆．湖南博物馆文集［M］．岳麓书社．1991.

［8］王迅．东夷文化与淮夷文化研究［M］．北京：北京大学出版社．1994.

［9］朱凤瀚．中国青铜器综论［M］．上海：上海古籍出版社．2009.

［10］刘彬徽．楚系青铜器研究［M］．武汉：湖北教育出版社．1995.

［11］李海荣．北方地区出土夏商周时期青铜器研究［M］．北京：文物出版社．2003.

［12］苏兆庆．古莒遗珍［M］．人民美术出版社．2003.

［13］施劲松．长江流域青铜器研究［M］．北京：文物出版社．2003.

［14］彭裕商．西周青铜器年代综合研究［M］．成都：巴蜀书社．2003.

［15］陈梦家．西周铜器断代［M］．北京：中华书局．2004.

［16］曹玮．周原遗址与西周铜器研究［M］．北京：科学出版社．2004.

［17］肖梦龙、刘伟．吴国青铜器综合研究［M］．北京：科学出版社．2006.

［18］周宝宏．近出西周金文集释［M］．天津：天津古籍出版社．2006.

［19］李济．李济文集［M］．上海人民出版社．2006.

［20］于省吾．甲骨文字释林［M］．北京：中华书局．2009.

［21］王文昶．青铜器辨伪三百例［M］．紫禁城出版社．2009.

［22］山西省文物局、中国古文字研究会、中华书局. 古文字研究［M］. 北京：中华书局. 1983.

［23］岳洪彬. 殷墟青铜礼器研究［M］. 北京：中国社会科学出版社. 2006.

［24］马军霞. 中国古代青铜器整理与研究·青铜卣卷［M］. 北京：科学出版社. 2015.

［25］裴书研. 中国古代青铜器整理与研究·青铜壶卷［M］. 北京：科学出版社. 2015.

四、考古报告

［1］洛阳市文物工作队. 洛阳北窑西周墓［M］. 北京：文物出版社. 1999.

［2］北京大学考古系商周组、山西省文物考古研究所，邹衡主编. 天马—曲村［M］. 北京：科学出版社. 2000.

［3］河南省文物考古研究所、周口市文化局. 鹿邑太清宫长子口墓. ［M］郑州：中州古籍出版社. 2000.

［4］河南省文物考古研究所. 郑州商城［M］. 北京：文物出版社. 2001.

［5］石璋如. 小屯第一本——遗址的发现与发掘·丙编·殷墟墓葬之一·北组墓葬·上［M］. 台北："中央"研究院历史语言研究所. 1970.

［6］西北大学文博学院、陕西省文物局. 城洋青铜器［M］. 北京：科学出版社. 2006.

［7］内蒙古自治区文物考古研究所、宁城县辽中京博物馆. 小黑石沟——夏家店上层文化遗址发掘报告［M］. 北京：科学出版社. 2009.

［8］中国社会科学院考古研究所. 滕州前掌大墓地［M］. 北京：文物出版社. 2005.

［9］山西省考古研究所. 灵石旌介商墓［M］. 北京：科学出版社. 2006.

［10］河南博物院、台北历史博物馆. 辉县琉璃阁甲乙二墓［M］. 郑州：大象出版社. 2003.

［11］湖北省文物考古研究所. 江陵望山沙塚楚墓［M］. 北京：文物出版社. 1996.

［12］湖北省文物考古研究所. 盘龙城——一九六三年～一九九九年考古发掘报告［J］. 北京：文物出版社. 2001.

［13］中国社会科学院考古研究所. 安阳殷墟郭家庄商代墓葬［J］. 北京：中国大百科全书出版社. 1998.

［14］戴应新. 高家堡戈国墓［M］. 西安：三秦出版社. 1994.

［15］河南省文物研究所．淅川下寺春秋楚墓［M］．北京：文物出版社．1991.

［16］郭宝钧．浚县辛村［M］．北京：科学出版社．1964.

［17］卢连成、胡智生．宝鸡強国墓地［M］．北京：文物出版社．1988.

［18］中国科学院考古研究所．洛阳中州路·西工段［M］．北京：科学出版社．1959.

［19］太原市文物考古研究所．晋国赵卿墓．北京：文物出版社．2003.

［20］中国社会科学院考古研究所．安阳殷墟花园庄东地商代墓葬［M］．北京：科学出版社．2007.

［21］中国社会科学院考古研究所．殷墟妇好墓［M］．北京：文物出版社．1980.

［22］河南省文物考古研究所、三门峡市文物工作队．三门峡虢国墓［M］．北京：文物出版社．1999.

［23］北京市文物研究所．军都山墓地——玉皇庙［M］．北京：文物出版社．2007.

［24］陈千万主编，襄樊市考古队、湖北省文物考古研究所、湖北孝襄高速公路考古队编．枣阳郭家庙曾国墓地［M］．北京：科学出版社．2005.

［25］中国社会科学院考古研究所、河北省文物管理处．满城汉墓发掘报告［M］．北京：文物出版社．1980.

五、发掘简报

［1］热河省博物馆筹备组．热河凌源县海岛营子村发现的古代青铜器［J］．文物参考资料．1955，8.

［2］河南文物工作队第一队．郑州市白家庄商代墓葬发掘报告［J］．文物参考资料．1955，10.

［3］陕西省文物管理委员会．长安普渡村西周墓的发掘［J］．考古学报．1957，1.

［4］河南省文化局文物工作队．1958年春河南安阳市大司空村殷代墓葬发掘简报［J］．考古通讯．1958，10.

［5］河南省文物考古研究所、桐柏县文物管理委员会．河南桐柏月河墓地第二次发掘［J］．文物．2005，8.

［6］湖南省博物馆．长沙楚墓［J］．考古学报．1959，1.

［7］王家佑．记四川彭县竹瓦街出土的铜器［J］．文物．1961，11.

［8］莫稚. 广东清远发现周代青铜器［J］. 考古. 1963，2.
［9］程长新等. 北京拣选一组二十八件商代带铭铜器［J］. 文物. 1982，9.
［10］广东省文物管理委员会. 广东清远的东周墓葬［J］. 考古. 1964，3.
［11］山东省博物馆. 山东长清出土的青铜器［J］. 文物. 1964，4.
［12］张昌平. 论随州羊子山新出噩国青铜器［J］. 文物. 2011，11.
［13］王儒林. 河南桐柏发现的周代铜器［J］. 考古. 1965，7.
［14］王轩. 山东邹县七家峪村出土的西周铜器［J］. 考古. 1965，11.
［15］辽宁省博物馆、朝阳地区博物馆. 辽宁喀左县北洞村发现殷代青铜器［J］. 考古. 1973，4.
［16］鄂兵. 湖北随县发现曾国铜器［J］. 文物. 1973，5.
［17］山西省文物工作委员会晋东南工作组、山西省长治市博物馆. 长治分水岭269、270号东周墓［J］. 考古学报. 1974，2.
［18］北洞文物发掘小组. 辽宁喀左县北洞村出土的殷周青铜器［J］. 考古. 1974，6.
［19］广东省博物馆. 广东肇庆市北岭松山古墓发掘简报［J］. 文物. 1974，11.
［20］罗西章. 陕西扶风县北桥出土一批青铜器［J］. 文物. 1974，11.
［21］北京市文物管理处. 北京市平谷县发现商代墓葬［J］. 文物. 1977，11.
［22］喀左县文化馆、朝阳地区博物馆、辽宁省博物馆. 辽宁喀左县山湾子出土殷周青铜器［J］. 文物. 1977，12.
［23］陕西周原考古队. 陕西扶风庄白一号西周青铜器窖藏发掘简报［J］. 文物. 1978. 3.
［24］中国社会科学院考古研究所安阳工作队. 安阳武官村北的一座殷墓［J］. 考古. 1979，3.
［25］河北省文物管理处台西考古队. 河北藁城台西商代遗址发掘简报［J］. 文物. 1979，6.
［26］郑杰祥、张亚夫. 河南潢川县发现一批青铜器［J］. 文物. 1979，9.
［27］信阳地区文管会、潢川县文化馆. 河南潢川县发现黄国和蔡国铜器.［J］文物. 1980，1.
［28］信阳地区文管会. 河南信阳发现两批春秋铜器［J］. 文物. 1980，1.
［29］冯汉骥. 四川彭县出土的铜器［J］. 文物. 1980，12.
［30］信阳地区文管会等. 河南信阳县浉河港出土西周早期青铜器群［J］. 考古. 1989，1.
［31］信阳地区文管会、罗山县文化馆. 河南罗山县蟒张墓地第一次发掘简报［J］. 考古. 1981，2.

［32］中国社会科学院考古研究所安阳工作队. 安阳小屯村北的两座殷代墓［J］. 考古学报. 1981，4.

［33］镇江市博物馆. 江苏丹徒出土东周铜器［J］. 考古. 1981，5.

［34］荆州地区博物馆. 江陵岳山大队出土一批春秋铜器［J］. 文物. 1982，10.

［35］河南省文物研究所、郑州市博物馆. 郑州新发现商代窖藏青铜器［J］. 文物. 1983，3.

［36］山西省考古研究所. 山西浑源县李峪村东周墓［J］. 考古. 1983，8.

［37］浙江省文物管理委员会. 绍兴306号战国墓发掘简报［J］. 文物. 1984，1.

［38］河南信阳地区文管会、光山县文管会. 春秋早期黄君孟夫妇墓发掘简报［J］. 考古. 1984，4.

［39］山东省文物考古研究所、沂水县文物管理站. 山东沂水刘家店子春秋墓发掘简报［J］. 文物. 1984，9.

［40］平顶山市文管会. 河南平顶山市出土西周应国铜器［J］. 文物. 1984，12.

［41］寿光县博物馆. 山东寿光县新发现一批纪国铜器［J］. 文物. 1985，3.

［42］中国社会科学院考古研究所洛阳唐城队. 1983年洛阳西工区墓葬发掘简报［J］. 考古. 1985，6.

［43］山西省考古研究所、山西省晋东南地区文化局. 山西省潞城县潞河战国墓［J］. 文物. 1986，6.

［44］胡百川. 陇县梁甫出土西周早期青铜器［J］. 文博. 1987，3.

［45］孟新安. 郾城县出土一批商代青铜器［J］. 考古. 1987，8.

［46］平顶山市文管会. 平顶山市新出土西周青铜器［J］. 中原文物. 1988，1.

［47］河南省文物研究所. 平顶山市北滍村西周墓地一号墓发掘简报［J］. 华夏考古. 1988，1.

［48］栖霞县文物管理所. 山东栖霞县吕家埠西周墓［J］. 考古. 1988，9.

［49］赵炳焕、白秉乾. 河南省新郑县新发现的商代铜器和玉器［J］. 中原文物. 1992. 1.

［50］成都市文物管理处. 成都三洞桥青羊小区战国墓［J］. 文物. 1989，5.

［51］四川省文物管理委员会. 广汉三星堆遗址二号祭祀坑发掘简报［J］. 文物. 1989，5.

［52］王毓彤. 江陵发现西周铜器［J］. 文物. 1963，2.

［53］安阳市文物工作队. 殷墟戚家庄东269号墓［J］. 考古学报. 1991，3.

［54］安阳市文物工作队. 河南安阳郭庄村北发现一座殷墓［J］. 考古. 1991，10.

［55］江西省文物考古研究所、江西省新干县博物馆. 江西新干大洋洲商墓发掘简报［J］. 文物. 1991，10.

［56］中国社会科学院考古研究所安阳工作队. 安阳殷墟刘家庄北1046号墓［J］.

考古学集刊. 15.

[57] 苏州博物馆. 江苏苏州市发现窖藏青铜器 [J]. 考古. 1991, 12.

[58] 卫斯. 平陆县前庄商代遗址出土文物 [J]. 文物季刊. 1992, 1.

[59] 河南省文物研究所. 平顶山应国墓地九十五号墓发掘简报 [J]. 华夏考古. 1992, 3.

[60] 中国社会科学院考古研究所安阳工作队. 1980年河南安阳大司空村M539发掘简报 [J]. 考古. 1992, 6.

[61] 张松林等. 郑州市洼刘村西周早期贵族墓葬发掘简报 [J]. 郑州文物考古与研究（一）[M]. 北京：科学出版社. 2003.

[62] 陈梦家. 寿县蔡侯墓铜器 [J]. 考古学报. 1956, 2.

[63] 郭勇. 山西长子县北郊发现商代青铜器 [J]. 文物资料丛刊. 第三辑.

[64] 广西壮族自治区博物馆. 广西恭城县出土的青铜器 [J]. 考古. 1973, 1.

[65] 河南省博物馆、灵宝县文化馆. 河南灵宝出土一批商代青铜器 [J]. 考古. 1979, 1.

[66] 彭锦华. 沙市近郊出土的商代大型铜尊 [J]. 江汉考古. 1987, 4.

[67] 贺勇、刘建中. 河北怀来甘子堡发现的春秋墓群 [J]. 文物春秋. 1993, 2.

[68] 茂县羌族博物馆. 四川茂县牟托一号石棺墓及陪葬坑清理简报 [J]. 文物. 1994, 3.

[69] 赤峰市博物馆 项春松、宁城县文物管理所 李义. 宁城小黑石沟石椁墓调查清理报告 [J]. 文物. 1995, 5.

[70] 河南省文物研究所. 平顶山应国墓地八十四号墓发掘简报 [J]. 文物. 1998, 9.

[71] 中国社会科学院考古研究所安阳工作队. 河南安阳市郭家庄东南26号墓 [J]. 考古. 1998, 10.

[72] 郑州市文物考古研究所. 郑州洼刘西周贵族墓出土青铜器 [J]. 中原文物. 2001, 2.

[73] 贺州市博物馆. 广西贺州市马东村周代墓葬 [J]. 考古. 2001, 11.

[74] 孔令远、陈永清. 江苏邳州市九女墩三号墩的发掘 [J]. 考古. 2002, 5.

[75] 王长启. 西安丰镐遗址发现的车马坑及青铜器 [J]. 文物. 2002, 12.

[76] 山东大学考古系、淄博市文物局、沂源县文管所. 山东沂源县姑子坪周代墓葬 [J]. 考古. 2003, 1.

[77] 李光雨、张云. 山东枣庄春秋时期小邾国墓地的发掘 [J]. 中国历史文物. 2003, 5.

[78] 孙柱才等. 山东滕州市北辛村发现一座战国墓 [J]. 考古. 2004, 3.

[79] 河南省文物研究所. 河南平顶山应国墓地八号墓发掘简报 [J]. 华夏考

古. 2007，1.

［80］扶风县博物馆. 陕西扶风县新发现一批商周青铜器［J］. 考古与文物. 2007，3.

［81］临淄市临淄区文物局. 山东淄博市临淄区国家村战国墓［J］. 考古. 2007，8.

［82］中国社会科学院考古研究所安阳工作队. 殷墟大司空M303发掘报告［J］. 考古学报. 2008，3.

［83］谢尧亭. 山西翼城大河口西周墓地［J］. 文物天地. 2008，10.

［84］白晓银. 陕西周原遗址新出土的青铜器［J］. 考古与文物. 2014，3.

［85］安阳市文物考古研究所. 河南安阳市殷墟郭家庄东南五号商代墓葬［J］. 考古. 2008，8.

［86］周原考古队. 陕西扶风县周原遗址庄李西周墓发掘简报［J］. 考古. 2008，12.

［87］安阳市文物考古研究所. 河南安阳市榕树湾一号商墓［J］. 考古. 2009，5.

［88］安徽省文物考古研究所、蚌埠市博物馆. 安徽蚌埠市双墩一号春秋墓葬［J］. 考古. 2009，7.

［89］安徽省文物考古研究所、蚌埠市博物馆. 春秋钟离君柏墓发掘报告［J］. 考古学报. 2013，2.

［90］河南郏县发现的古代铜器［J］. 文物参考资料. 1954，3.

［91］四川省博物馆、彭县文化馆. 四川彭县西周窖藏铜器［J］. 考古. 1981，6.

［92］阿坝州文管所. 汶川发现西周时期蜀文化青铜罍［J］. 四川文物. 1989，4.

［93］安志敏. 郑州市人民公园附近的殷代遗存［J］. 文物参考资料. 1954，6.

［94］原韶山灌区文物工作队. 在华主席关怀下韶山灌区文物考古工作的重大成果［J］. 文物. 1977，2.

［95］曹明檀、尚志儒. 陕西凤翔出土的西周青铜器［J］. 考古与文物. 1984，1.

［96］新来、周到. 河南省博物馆所藏几件青铜器［J］. 考古. 1966，4.

［97］张北进. 安徽省东至县发现一件青铜罍［J］. 文物. 1990，11.

［98］石鼓山考古队. 陕西省宝鸡市石鼓山西周墓［J］. 考古与文物. 2013，1.

［99］石鼓山考古队. 陕西宝鸡石鼓山西周墓葬发掘简报［J］. 文物. 2013，2.

［100］陕西省考古研究院、宝鸡市考古研究所、宝鸡市渭滨区博物馆. 陕西宝鸡石鼓山商周墓地M4发掘简报［J］. 文物2016，1.

［101］湖北省考古研究所、随州市博物馆. 湖北随州叶家山西周墓地发掘简报［J］. 文物. 2011，11.

［102］山西省考古研究所大河口墓地联合考古队. 山西翼城县大河口西周墓地［J］. 考古. 2011，7.

［103］洛阳市文物工作队．洛阳体育场路东周墓（M8830）发掘简报［J］．文物．2011，8.

［104］洛阳市文物工作队．河南洛阳市西工区M8832号东周墓［J］．考古．2011，9.

［105］洛阳市文物考古研究院．河南洛阳市西工区西小屯村春秋墓葬［J］．考古．2016，4.

［106］安丘市博物馆．山东安丘柘山镇东古庙村春秋墓［J］．文物．2012，7.

［107］安徽省文物考古研究所、六安市文物管理局．安徽六安市白鹭洲战国墓M585的发掘［J］．考古．2012，11.

［108］王文昶．故宫博物院藏部分青铜器辨伪［J］．故宫博物院院刊．1989，1.

［109］景宏伟、曹建宁．陕西凤翔小沙凹村发现春秋时期窖藏青铜器［J］．考古与文物．2016，4.

六、研究论文

［1］李济．记小屯出土之青铜器［J］．中国考古学报第三册．1948.

［2］唐兰．郑县出土的铜器群［J］．文物．1954，5.

［3］王献堂．邳伯罍考［J］．考古学报．1963，2.

［4］齐文涛．概述近年来山东出土的商周青铜器［J］．文物．1972，5.

［5］邹衡．夏商文化研究［J］．夏商周考古学论文集［C］．北京：文物出版社．1980.

［6］邹衡．试论殷墟文化分期［J］．夏商周考古学论文集［C］．北京：文物出版社．1980.

［7］李学勤．论汉淮间的青铜器［J］．文物．1980，1.

［8］杨锡璋．安阳殷墟西北冈大墓的分期及有关问题［J］．中原文物．1981，3.

［9］刘彬徽．罍、缶辨证［J］．江汉考古．1982，2.

［10］宋治民．广汉三星堆一号、二号祭祀坑几个问题的探讨［J］．南方民族考古．第三辑.

［11］高至喜．论湖南出土的西周铜器［J］．江汉考古．1984，3.

［12］广西壮族自治区博物馆．近年来广西出土的先秦青铜器［J］．考古．1984，9.

［13］杨锡璋、杨宝成．殷墟青铜器礼器的分期与组合［J］．殷墟青铜器［M］．北京：文物出版社．1985，2.

［14］郑振香、陈志达．殷墟青铜器的分期与年代［J］．殷墟青铜器［M］．北

京：文物出版社．1985，2.

［15］童恩正．试论我国从东北到西南的边半月形文化传播带［J］．文物与考古论集［C］．北京：文物出版社．1986.

［16］李学勤、唐云明．藁城台西青铜器的分析［J］．中原文物．1986，1.

［17］黄展岳．论两广出土的先秦青铜器［J］．考古学报．1986，4.

［18］蒋廷喻、蓝日勇．广西出土的楚文物及相关问题［J］．江汉考古．1986，4.

［19］李伯谦．从灵石旌介商墓的发现看晋陕高原青铜文化的归属［J］．北京大学学报．1988，2.

［20］周亚．伯游父诸器刍议［J］．上海博物馆集刊［C］．第10期.

［21］李丰．黄河流域西周墓葬出土青铜礼器的分期与年代［J］．考古学报．1988，4.

［22］安金槐．关于郑州商代二里冈期陶器分期问题的再探讨［J］．华夏考古．1988，4.

［23］李学勤．非中原地区青铜器研究的几个问题［J］．东南文化．1988，5.

［24］陈芳妹．商周青铜酒器［J］．故宫文物月刊．1988，11.

［25］邵望平．《禹贡》“九州”的考古学研究［J］．考古学文化论集［C］．北京：文物出版社．1989.

［26］刘彬徽．两广先秦青铜容器研究［J］．东南文化．1991，1.

［27］安金槐．对郑州商代二里冈期青铜容器分期问题的初步探讨［J］．中原文物．1992，3.

［28］张懋镕．周人不用日名说［J］．历史研究．1993，5.

［29］孙敬明、徐鹏志．两周金文与莒史补［J］．齐鲁学刊．1995，4.

［30］刘一曼．安阳殷墓青铜礼器组合的几个问题［J］．考古学报．1995，4.

［31］张懋镕．周人不用族徽说［J］．考古．1995，9.

［32］杨文胜．新郑李家楼大墓出土青铜器研究［J］．华夏考古．2001，3.

［33］宋治民．四川茂县牟托1号石棺墓若干问题的初步分析［J］．四川大学考古专业创建四十周年暨冯汉骥教授百年诞辰纪念文集［C］．成都：四川大学出版社．2001.

［34］杨文胜．郏县太仆乡出土青铜器研究［J］．考古与文物．2002，5.

［35］傅举有．皿天全方罍［J］．学习导报．2004，2.

［36］孙岩．三星堆出土青铜尊罍的艺术风格和文化含义［J］．四川文物．2004．3.

［37］李学勤．夏商周与山东［J］．中国古代文明研究［M］．上海：华东师范大学出版社．2005.

［38］张昌平．论殷墟时期南方的尊和罍［J］．考古学集刊［C］．15.

［39］李学勤．皿方罍研究［J］．文博．2001，5.

［40］李济．殷墟出土五十三件青铜容器之研究：殷墟发掘出土五十三件青铜容器的形制和文饰之简述及概论［J］．李济文集［C］．上海：上海人民出版社．2006.

［41］张懋镕．试论中国古代青铜器器类之间的关系［J］．古文字与青铜器论集（第二辑）［C］．北京：科学出版社．2006.

［42］张懋镕．关于青铜器定名的几点思考——从伯涓父簋的定名谈起［J］．文博．2008，5.

［43］石璋如．殷墟最近之重要发现附论小屯地层［J］．中国考古学报．第二册．

［44］吴镇烽．工师文罍考［J］．陕西历史博物馆馆刊［C］．第4辑．

［45］唐兰：西周铜器断代中的“康宫”问题［J］．考古学报．1962，1.

［46］周世荣．湖南出土战国以前青铜器铭文考［J］．《古文字研究》第十辑［C］．北京：中华书局．1979.

［47］王恩田．陕西岐山新出薛器考释［J］．古文字论集（一）［C］．1983.

［48］毕经纬．红卫村青铜器与殷人“持其祭乐器奔周”［J］．文博．2009，1.

［49］张天恩．石鼓山户氏青铜器相关问题简论［J］．文物．2015，1.

［50］张天恩．商周之际青铜制造重心徙移的观察［J］．金玉交辉——商周考古、艺术与文化论文集［C］．台北“中央”研究院历史语言研究所会议论文集之十三．台北：“中央”研究院历史语言研究所．2013.

［51］张天恩．晋南已发现的西周国族初析［J］．考古与文物．2010，1.

七、学位论文

［1］曹艳芳．山东出土商代青铜器研究[D]．济南：山东大学博士学位论文，2006.

［2］张小丽．出土商周青铜尊研究[D]．西安：西北大学硕士学位论文．2005.

［3］徐世权．出土商周青铜器铭文中的国名考察[D]．长春：吉林大学硕士学位论文，2009.

［4］王宏．商周青铜罍研究[D]．西安：陕西师范大学硕士学位论文．2010.

八、电子文献

［1］吴镇烽．商周青铜器铭文暨图像集成[G/CD]．2012.

［2］吴镇烽．商周青铜器铭文暨图像集成续编[G/CD]．2016.

九、工　具　书

［1］吴镇烽．金文人名汇编［M］．北京：中华书局．2006.

［2］孙稚雏．金文著录简目［M］．北京：中华书局．1981.

［3］孙稚雏．青铜器论文索引［M］．北京：中华书局．1986.

［4］张懋镕、张仲立．青铜器论文索引（1983年至2001年）［M］．香港：香港明石馆出版社．2005.

［5］张懋镕．青铜器论文索引（2002年至2006年）［M］．北京：线装书局．2008.

［6］张亚初．殷周金文集成引得［M］．北京：中华书局．2001.

后　记

这本小书是在我的硕士毕业论文的基础上完成的，也是我的第一本学术著作。本书能够顺利的付梓出版，我的导师张懋镕先生付出了大量的心血。

我自2007年投身于先生门下研习古文字与青铜器，毕业后继续从事文物的鉴定与研究工作。在这近10年的时间当中，先生从不间断对我的关心与教诲，并不时发来自己的研究成果以供我研习。通过学习先生的著作，使我逐渐掌握了学术论文的写作方法与技巧，并为今日的写作打好基础。在本书10多万字的编写工作当中，先生更是在百忙之中抽出时间为我逐字逐句地进行调整、梳理，对存在的问题进行耐心的分析、指正，直到最后定稿。恩师这种严谨治学的作风和诲人不倦的态度将是我一生学习的楷模，在此只有借寸管之笔来表达我的感谢之情了。

同时感谢为我写作提供诸多指导与帮助的文博界前辈、师友、同事们，是你们的鼎力相助，我才能顺利地完成这份作品。

科学出版社的李茜编辑为本书的出版付出了大量的劳动，在此一并表示感谢。

由于本人水平有限，本书内容中的粗率之处在所难免，谨望学界同仁批评指正。书中所引用别人的材料及观点，我都尽可能地加了注，不慎遗漏之处，谨望谅解！

王　宏

2016年11月于陕西长安